现代传记研究

第 18 辑

2022 年春季号

No.18，Spring 2022

JOURNAL

of

MODERN LIFE WRITING STUDIES

上海交通大学传记中心主办
Center for Life Writing,SJTU

上海交通大学出版社
SHANGHAI JIAO TONG UNIVERSITY PRESS

内容提要

本书为《现代传记研究》丛刊之一辑，收录国内外传记学者原创性论文，以专栏形式刊发传记研究各种领域的最新成果，展示国际传记学术潮流。本书可供国内外传记研究者和爱好者参考。

图书在版编目（CIP）数据

现代传记研究.第18辑/杨正润主编.—上海：
上海交通大学出版社，2022.8
ISBN 978-7-313-26912-6

Ⅰ.①现… Ⅱ.①杨… Ⅲ.①传记—研究—丛刊
Ⅳ.①K810-55

中国版本图书馆CIP数据核字（2022）第102571号

本书出版得到上海交通大学专项经费的资助，谨致谢忱。

The *Journal of Modern Life Writing Studies* gratefully acknowledges the
special financial support received from Shanghai Jiao Tong University.

现代传记研究（第18辑）
XIANDAI ZHUANJI YANJIU (DI 18 JI)

主　　编：杨正润			
出版发行：上海交通大学出版社		地　　址：上海市番禺路951号
邮政编码：200030		电　　话：021-64071208
印　　制：上海天地海设计印刷有限公司		经　　销：全国新华书店
开　　本：710mm×1000mm　1/16		印　　张：19
字　　数：287千字		
版　　次：2022年8月第1版		印　　次：2022年8月第1次印刷
书　　号：ISBN 978-7-313-26912-6		
定　　价：75.00元		

版权所有　侵权必究
告读者：如发现本书有印装质量问题请与印刷厂质量科联系
联系电话：021-64366274

目　录

Contents

Conversation with Zachary Leader, General Editor of *The Oxford History of Life-Writing*

Jean-Louis Jeannelle, Bruno Tribout

Background of the Interview: "Écrits de soi", a programme led by Jean-Louis Jeannelle and Jean-Christophe Igalens (CELLF 16–21, Sorbonne Université), aims, among other things, to provide a survey of current research into life-writing across European countries. As part of this project, we have interviewed Zachary Leader, general editor of *The Oxford History of Life-Writing*.

Interviewee: Zachary Leader is Emeritus Professor of English literature at the University of Roehampton in London. Although born and raised in the United States, he has lived in Britain for more than forty years and has dual British and American citizenship. In addition to teaching at Roehampton, he has held visiting professorships at Caltech and the University of Chicago. He was educated at Northwestern University; Trinity College, Cambridge; and Harvard University; and is the author of *Reading Blake's Songs, Writer's Block, Revision and Romantic Authorship, The Life of Kingsley Amis*, a finalist for the 2008 Pulitzer Prize in Biography, and *The Life of Saul Bellow: To Fame and Fortune 1915–1964* and *The Life of Saul Bellow: Love and Strife: 1965–2005*. He has edited *Romantic Period Writings, 1798–1832: An Anthology* (with Ian Haywood); *The Letters of Kingsley Amis; On Modern British Fiction; Percy Bysshe Shelley: The Major Works* (with Michael O'Neill); *The Movement Reconsidered: Essays on Larkin, Amis, Gunn, Dav*ie, *and Their Contemporaries*; and *On Life-Writing*. He is a Fellow of the Royal Society of Literature and General Editor of *The Oxford History of Life-Writing*, a seven-volume Series, and is currently at work on a book about Richard Ellmann's biography of James Joyce.

Interviewer: Jean-Louis Jeannelle is a Professor at Sorbonne University. In 2015, he published *Cinémalraux* (Hermann), an essay on the film work of André Malraux, and *Films sans images* (Éditions du Seuil, coll. "Poétique"), an account of the unrealised scenarios drawn from *La Condition humaine*. His previous works include *Résistance du roman: genèse de "Non" d'André Malraux* (CNRS Éditions, 2013), *Écrire ses mémoires au XXᵉ siècle: déclin et renouveau* (Gallimard, coll. "Bibliothèque des idées", 2008) and *Malraux, mémoire et métamorphose* (Gallimard, 2006). He edited several collective works, in particular the *"Cahier de l'Herne" Simone de Beauvoir* (2012), co-edited with Éliane Lecarme-Tabone, *Modernité du "Miroir des limbes": un autre André Malraux* (Classiques Garnier, 2011), co-edited with Henri Godard, as well as *Genèse et autofiction*

(Academia Bruylant, 2007), co-edited with Catherine Viollet. Jean-Louis Jeannelle is also the editor of the online literary review Fabula-LHT (http://www.fabula.org/lht).

Bruno Tribout, Reader in French at the University of Aberdeen, is interested in early modern life-writing and generally in the intersections between literature, historical cultures and political thought in early modern France. He has co-edited a collection of essays on *Narrating the Self in Early Modern Europe* (2007), published on Memoirs as a genre and on the written lives of Retz and La Rochefoucauld, and he is currently preparing a genetic edition of the latter's *Mémoires* (Classiques Garnier).

标题：《牛津传记史》主编扎卡里·里德尔谈话录

访谈背景： "自我书写"是让-路易·让奈尔与让-克利斯朵夫·伊加兰斯共同主持的项目（CELLF 16-21，索邦大学），其目的之一是对欧洲各国传记的研究现状展开调查。在该项目工作中，我们采访了《牛津传记史》主编扎卡里·里德尔。

受访者： 扎卡里·里德尔，伦敦罗汉普顿大学英国文学荣休教授。里德尔教授生于美国，但在英国定居40多年，拥有英美双重国籍。里德尔教授在罗汉普顿大学任教之外，还曾在加州理工学院与芝加哥大学任客座教授。他毕业于西北大学、剑桥大学三一学院和哈佛大学，著有《解读布莱克诗歌》《作家的写作障碍》《浪漫派的写作与文本校订》《金斯利·艾米斯传》（进入2008年度普利策奖最终入围名单）、《索尔·贝娄传——走向功成名就之路1915—1964》《索尔·贝娄传——爱情与冲突1965—2005》，编有《浪漫主义时期作品选1798—1832》（与易安·海伍德合编）、《金斯利·艾米斯书信集》《论现代英国小说》、《雪莱主要作品集》（与迈克尔·奥尼尔合编）、《对运动的重新考量——拉金、艾米斯、冈恩、戴维和他们的同辈》《论传记》。里德尔教授是英国皇家文学学会会员，主编了七卷本丛书"牛津传记史"，目前正在为艾尔曼的《乔伊斯传》写一部传记。

采访者： 让-路易·让奈尔，索邦大学教授。2015年出版《电影之马尔罗》（赫尔曼出版社）与《无画面电影》（瑟伊出版社，"诗学"丛书），前者论述了安德烈·马尔罗的电影作品；后者评述了《人的境遇》一书改编剧本中未拍摄的部分。此前出版作品有《小说的抵抗：安德烈·马尔罗的"不"的生成》（法国国家科学研究中心出版社，2013）、《20世纪的回忆录书写：衰落与重生》（伽利玛出版社，"思想丛书"，2008）和《马尔罗：记忆与变形》（伽利玛出版社，2006）。他主编过几部论文集，包括与爱莉安娜·勒卡姆-达波纳合编的人物传记系列丛书之一《西蒙娜·德·波伏娃》（l'Herne，2012）、与亨利·戈达合编的《"灵薄狱镜像"的现代性：另一个安德烈·马尔罗》（Garnier经典系列，2011）、与凯瑟琳·瓦尔莱特合编的《生成与自我虚构》（布吕朗学术出版社，2007）。让-路易·让奈尔同时也是在线文学期刊Fabula-LHT（http://www.fabula.org/lht）的编辑。

布鲁诺·特里布，阿伯丁大学法语高级讲师，研究方向为早期近代传记，也研究法国早期近代的文学、历史文化和政治思想之间的交叉领域。特里布曾参编论文集《早期近代欧洲对自我的叙述》（2007），并就回忆录文类和雷斯与拉罗什富科传记发表过论述，目前为拉罗什富科的《回忆录》（加尼尔经典出版社）编写手稿研究。

Bruno Tribout: Thank you, Zachary, for agreeing to talk to us as general editor of *The Oxford History of Life-Writing*. This series of seven volumes (of which the first two have been published in 2018) considers a range of life-writing genres and texts in English, from the Medieval to the contemporary period. We are particularly interested in this series as part of a project currently mapping out research into autobiography across Europe.

Jean-Louis Jeannelle: Sorbonne Université (CELLF XVI-XXI) is putting together a research group, "Écrits de soi", bringing together researchers working on autobiography from the 16th to the 21st century. As part of this, with Françoise Simonet-Tenant (CEREDI, Rouen), a website entitled "ÉcriSoi" is currently being developed, with a view to complementing the *Dictionnaire de l'autobiograhie* (edited by Prof. Simonet-Tenant, Champion, 2017).

Zachary Leader: Does the *Dictionnaire* concern itself with autobiography only?

Jean-Louis Jeannelle: In fact, it deals with all life-writing genres, but we used "autobiographie" in the title of the book as it is a notion which is more easily recognisable by the intended readership. We would now like to expand on the work initiated around the *Dictionnaire*, this time in a European context. Our objective is to focus in the first instance on linguistic issues, looking at the continuum of terms used by researchers (such as "autobiographie", "Mémoires", "témoignage"), applied to different time periods from the 16th to the 20th century, comparing various European languages. We would like to warn against quick, misleading translations, such as with "autofiction", a term which has been used across Europe in very different ways. We would aim for something akin to Barbara Cassin's *Dictionnaire des intraduisibles* (2004), which made it possible to re-examine philosophical concepts such as "être" or "vérité" that had become untranslatable between European languages, by looking at the numerous layers of meaning constituted through their linguistic use in various national traditions. For life-writing, a good example is the term "Mémoires" which, in French, refers to something very different from "Memoirs" in English, which in turn we would translate as "récit de vie". So, in this context, we are organising reviews of large-scale projects on autobiographical writing in the U.K., Germany, Italy, etc., which will be complemented by interviews, in particular for works which have not been published yet.

Zachary Leader: I can tell you that the last volume of *The Oxford History of Life-Writing*, which takes us from 1945 to the present, is about to be published. This may be the most radical, theoretically engaged volume of the series. Its author is Patrick Hayes of Oxford and it should come out in 2021. It contains all sort of writings which are not conventionally thought of as life-writing, such as works of philosophy which we would not think of as autobiographical or biographical, but which present philosophical notions of the self or of personal identity. I will be interested in the reception that it gets. For your project, comparing European traditions, you might be interested to talk to Juliette Atkinson, who teaches in the Department of English at UCL but who is French. She is currently working on the nineteenth-century volume of *The Oxford History of Life-Writing* and will make much use of continental examples or of contrasts between British and European practice. Her volume should be published in 2022 or 2023.

Bruno Tribout: Looking at the project as a whole, we are interested in how it came about and what your main objectives were.

Zachary Leader: The main aim of the project was to gather together and interrogate current academic thinking about life-writing, a term that dates back to 1906, but has gained currency in the last decade or so — an umbrella terms which has managed to confer academic credence to forms of writing previously undervalued in British and American universities. When "life-writing" began to take the place of biography and autobiography as a literary genre, somehow it managed also to gain the interest of theoretically minded academics (partly because it broke down distinctions between "literature" and "writing"). I thought: why not establish a history of the forms life-writing has been thought to encompass, a benchmark history for critics and scholars to aim at or undermine? I wanted each volume to tell the story of the nature and evolution of life-writing forms in its period. The idea came to me because I had PhD students who wanted to write about life-writing, or various forms of life-writing, but who couldn't find the kind of overall history they sought. I should say that, when I came up with this idea, and proposed it to Oxford University Press (OUP), I was very fortunate in the fact that the literary delegate at OUP (the person who passes judgment on English literature proposals) was Professor Hermione Lee, a distinguished literary biographer, who had no prejudice against studies of biography, autobiography, or "narrative." Hermione became consulting editor for *The Oxford History of Life-Writing* and having her support meant that the project was going to happen. When she stopped being the literature delegate for OUP, her place was taken by Professor Laura Marcus, who has written influential theoretical accounts of autobiography. So she, too, would be on board, so much so that she agreed to write the penultimate volume of *The Oxford History of Life-Writing*. As a consequence, I had a lot of help from the beginning from the authorities who were being asked to green light this project. I also ran a conference at the Huntington Library in California on life-writing, which brought together a number of people who were interested in the project, several of whom went on to become volume authors.

Jean-Louis Jeannelle: When would you say that life-writing became an institutionally recognised and legitimised field of study within British universities?

Zachary Leader: The students were coming to me in the late 1990s. I got involved in this because I had written a biography of Kingsley Amis (2006) and one of Saul Bellow (2015). My biographies of Kingsley Amis and Saul Bellow are traditional in form, organised chronologically, and intended for academics, as well as general readers. My aims in both biographies were: a) to encourage readers to read the writings of Amis and Bellow, by providing a sense of what is most interesting and admirable about them, b) to provide a biographical context for the writings, to help explain and interpret them, c) to give readers a sense of the life that was lived by the writers as the writings were produced — that is, the life away from the desk, and d) to give readers a sense of what it was like both to meet and to be the writers in question. The conference I organised at the Huntington Library was in 2012 and, by then, the idea of *The Oxford History of Life-Writing* had already been approved by OUP. So, I think it is probably the end of the 1990s and the beginning of the 2000s.

Jean-Louis Jeannelle: So, it is a rather old project in fact.

Zachary Leader: Yes. A big project like this takes a while to get off the ground. It has taken a while to find the right volume authors, people at the right moments in their careers. My great hope at the beginning was that the volumes would be written not just by scholars, critics and literary theorists, but by non-academics, biographers or authors of autobiographies or memoirs. However, non-academics make their living by advances and OUP, an academic press, was unable to produce the sorts of advances they needed. We almost got Adam Sisman, a freelance biographer, who wrote terrific biographical studies of William Wordsworth, Hugh Trevor-Roper, John Le Carré, among others, and a wonderful book about Boswell's biography of Samuel Johnson. We almost had a different medieval author, who was seduced away by a trade press which offered him a larger advance to write a biography of Chaucer. These practical considerations played a part in selecting volume authors, as did the need to find people at the right stage of their careers, which is partly to say, the right time in relation to the REF (the Research Excellence Framework, a national exercise assessing research at UK universities every six years). For the 18th-century volume, a crucial volume, we had two authors who had to give up on the project, and only now, just a few months ago, have we signed someone to take on the job. The two earlier prospective authors had produced detailed proposals and excellent sample chapters, but their circumstances prevented them from continuing with the project.

Bruno Tribout: I was wondering if you could tell us more about your role as general editor. What part did you play in setting the overall direction for the series? How important were theoretical considerations in selecting and accompanying volume authors? What was your approach to possible discrepancies between volumes?

Zachary Leader: I had a sense of the different topics that I wanted discussed, different areas having to do with audience, history, politics, notions of the self and so forth, but I did not want authors to feel they had to cover the same areas with the same degree of thoroughness. I wanted there to be variety in the approaches. At the same time, in choosing what to write about, I wanted my authors to give readers a sense that behind their choices lay a sense of the field as a whole, that "they could if they would" not "they would if they could" — that absences were conscious choices, no product of ignorance. If an author decided that the kind of life-writing she was interested in, or that mattered most in her period, was narrative non-fiction, and that she would say little about, say, correspondence or writs or wills or depositions, as long as she made clear that she was aware of these other forms, and explained briefly her reasons for omitting discussion of them, that was fine by me. The other thing I wanted to make sure of was that *The History* would be taken seriously by both the theoretically inclined readers and those unfamiliar with or suspicious of theory. On the one hand, I was eager to avoid specialist vocabulary, works written for adepts only. On the other hand, I did not want somebody to write who was unaware of the theoretical questions the term "life-writing" raises. I wanted to find a middle ground in some way. On the whole, however, I was not very directive. When I wrote the general proposal for *The History*, several readers wanted me to be more directive. But I was terribly concerned that the formats of the volumes would end up being boringly predictable: there would be a chapter on biography, a chapter on memoirs, a chapter on letters, etc. The first two volumes are quite different in character. Karen Winstead, the author of the Medieval volume, focuses on narratives pretty much, whereas Alan Stewart, the author of the Early Modern volume, takes us all over the place. Among his most interesting chapters is an account of the life of an Elizabethan official of the Exchequer as it emerges not from memoir or correspondence but from his account books. These are two quite different approaches to the field.

Jean-Louis Jeannelle: Did you think of one author per volume from the start or did you envisage volumes with multiple authors?

Zachary Leader: No, I wanted to have one author per volume from the outset. I think you are more likely to get a strong and useful response to a single-author volume than you are to a handbook. Also, I wanted the narrative. I did not want little chunks of information. I wanted a story presented, and then I was happy to have someone attack the story or find flaws in it.

Jean-Louis Jeannelle: Were there in the Anglo-Saxon world any existing books you used as a reference for your project?

Zachary Leader: No, there wasn't a multi-period history of life-writing in English. There were histories of biography and histories of memoirs, and then there were histories of life-writing and memoirs for specific periods, but there wasn't a multi-volume history of life-writing in the way there are multi-volume histories of the novel or poetry. There were single-author, one-volume histories, such as Richard Altick's *Lives and Letters: A History of Literary Biography in England and America* (1965), Nigel Hamilton's *Biography: A Brief History* (2007) or Donald Stauffer, *English Biography Before 1700* (1930), but there was no history that went from the Medieval period onwards.

Jean-Louis Jeannelle: In France, researchers do not study biography and autobiography alongside each other the way Anglo-Saxon researchers do, thanks to the term life-writing, which encompasses both biography and autobiography. In her general introduction to the three-volume *Handbook of Autobiography/Autofiction* she edited, Martina Wagner-Egelhaaf chooses not to use the term life-writing, which does not translate into German. The same is true for French.

Bruno Tribout: Life-writing might well be one of these untranslatable notions which Jean-Louis mentioned earlier, referring to Barbara Cassin's work. "Récits de soi" or "récits de vie" individually do not convey the whole meaning of life-writing.

Zachary Leader: So, you don't have a sense of one form blending into the other; there is a clear sense of demarcation for you?

Jean-Louis Jeannelle: Precisely, we are either looking at biography or autobiography. And we cannot unite the two using just one term.

Zachary Leader: But taking, for instance, Rousseau's *Confessions* or Wordsworth's *Prelude*, neither is a biography, but they played crucial roles in shaping biography in and after their period. You could not write a history of biography without talking about them. You don't see this as a problem?

Jean-Louis Jeannelle: In literary studies as they developed in France, we do not have the same tradition about biography, which generally is less studied than autobiography. And within a history of biography, I don't think we would really discuss Rousseau, who is associated with autobiography to us. We never really consider both genres together and as forming a whole.

Zachary Leader: For many years I taught a course at my university called "Classical Greek Literature in Translation". In it, I had a terrific problem convincing my students of the differences between our notions of personal identity and those of the Greeks. If you wanted to produce an account of who a person was in Athens in the fifth century B.C., some have argued, it was enough to produce an account of what this person had done, of his or her acts, whereas our notion of the interior life, of the things that went on inside someone's head that then resulted in acts, these things were largely immaterial to the Greeks. We would not say today that there is no difference between the person who agonised over whether to send his child to a private school and the person who didn't. To the Greeks they were both people who sent their children to private schools. Do the French not consider the history of biography or autobiography as being effected by evolving notions of the self or personal identity as depicted in non-biographical works? This is not a concern for you in France?

Jean-Louis Jeannelle: I don't think so.

Bruno Tribout: If this approach is sometimes pursued in French studies, it is only on a very limited scale. Looking at early modern French literature, for instance, there is little research on biography, and it is generally considered distinct from other genres of life-writing, such as "Mémoires", mostly due to long-standing scholarly traditions.

Jean-Louis Jeannelle: Yes, there isn't a similar tradition of researching biography in France. And Philippe Lejeune's theory of the "pacte autobiographique," developed in the 1970s, which created a new field of research in France, did so by leaving biography out, and this had a long-lasting impact on how research was constituted around these issues, meaning biography is often a blind spot of our research in this field. Going back to your role as general editor, I was wondering if you worked with volume authors on life-writing terminology. Was everybody happy with the term life-writing? Were there discussions on how to name the various genres across the series?

Zachary Leader: As I say, I wasn't directive, everyone was free to do what they would. I am currently writing a book, which is a biography of a biography, looking at Richard Ellmann's biography of James Joyce (1959), which Anthony Burgess considered the finest literary biography of the 20th century. I am writing a biographical account of how this book was written. I don't know if this is true in France, but, in the UK and the US, if you put the word biography in the title of a work of history or criticism, then you are more likely to get it sold. So, you have books at present called *Chicago: A Biography* (by Dominic Pacyga, 2009) or *Cod: A Biography of the Fish that Changed the World* (by Mark Kurlansky, 1999). It is thought that biography sells, that it reaches beyond an academic or specialised audience. Does biography have that power in France?

Bruno Tribout: It seems to me that there still is a prejudice against literary biography in French universities. Things are different in other areas, such as History, where biographies play a greater part due to evolving conceptions of historiography. In terms of wider readership, I think the situation in France is fairly similar to that you described for the UK and the US, and biographies sell well.

Jean-Louis Jeannelle: In History, biographies sell well, but are not always well received in the academic world, and this is due to the history of historiography in France, and a conception of history influenced by the Annales School.

Zachary Leader: There is the same prejudice in literary studies in the UK and the US, but there is less of it now. The professors who hold named chairs in Britain and the US are now perfectly likely to be writing biographies as well as works of academic criticism or theory or literary historical scholarship. I think there isn't as much of a sense of it being a lesser thing. Biography has more critical prestige than it used to have. This has also something to do with the gradual loss of prestige of theory, which in Britain and in America is thought by some to have removed the Humanities from any influence on the general public. I can offer one possible reason for the popularity of literary biography in Britain and the US. Traditional biography, the sort I have written, is old-fashioned in form. It is like nineteenth-century realistic narrative. For some time now contemporary fiction has been in thrall to modernism, which calls the assumptions — the pleasures — of narrative realism into question. Good biography restores those pleasures for readers. There is also increasing governmental and institutional support for works that reach out to wider audiences and biography is thought to do just that. The existence of a non-academic audience for biographies is recognised by the fact that, in the US, you can get a Pulitzer Prize for Biography or a National Book Award in the category of biography; in Britain, you could win the Samuel Johnson Prize for a biography. In France is there a prize for biography equivalent in stature to a Prix Goncourt, as the Pulitzer Prize in Biography is equivalent in prestige to the Pulitzer Prize in Fiction?

Jean-Louis Jeannelle: There are prizes, but less prestigious ones, such as the Prix de la Biographie. Going back to *The Oxford History of Life-Writing*, you mentioned that the next volume to be published will be the last one, authored by Patrick Hayes. Was it meant to be like this or is it because he wrote more quickly than the other authors?

Zachary Leader: It is just accidental. I would have liked for the next volume to be the 18th-century volume, but, as I told you, this is the volume which for which two authors were approved, both of whom had to give up because of personal and other circumstances. The current author, a brilliant young eighteenth-century scholar, has only just signed on. The order in which volumes are going to be published is not the ideal order, but the order in which they are finished. This is not unusual for a large series.

Jean-Louis Jeannelle: Are volumes discussed with you only or as part of a team involving other volume authors?

Zachary Leader: Every volume has to be approved by the literature delegate of Oxford University Press, and what they approve first of all is a proposal, which has been sent out to readers. The readers' comments are then responded to by the author and often result in alterations in the proposal. Only then is the proposal sent out to the literature delegate. When the work is finished, it is again sent out to readers. Every volume author gets the proposals of all the other volume authors. For instance, the young American scholar who has taken on the 18th-century volume, Jacob Sider Jost, has been given the early modern volume by Alan Stewart, which has just been published, as well as Julian North's proposal for the Romantics volume, which has not yet been published. I read every proposal; every reader's report; every response to the readers' reports, and then, when the work is finally commissioned, I read the finished volume and make suggestions before it goes again to readers. So the volumes are checked a number of times. If, for instance, the person who does the 18th-century volume wants to write about something that was published in 1791, which is also within the remit of the author of the Romantics volume, and he wants to say something quite different from what is said in the Romantic volume, I would make sure that he knew what was said in the Romantics volume. If he disagrees, that's okay by me. If he makes an argument that is going to be answered by the later volume, I will remind him of this fact. So far I've had no insurmountable problems of overlap or conflicting interpretation.

Jean-Louis Jeannelle: For volumes 6 (Modernist) and 7 (Later Twentieth Century and Contemporary), did you have writers difficult to allocated or authors discussed in both volumes?

Zachary Leader: There could very well have been problems, but both volume authors are from Oxford. One, the author of volume 6, Laura Marcus, taught Patrick Hayes, the author of volume 7. They are friends and have consulted together about their volumes. The Oxford Centre for Life-Writing (Wolfson College), founded and presided over by Hermione Lee, has organised three conferences about *The Oxford History*, where volume authors have been able to discuss their plans: one to celebrate the publication of the first two volumes, one to celebrate the publication of a volume of essays I edited called *On Life-Writing* (OUP, 2015), and one, after this series had been commissioned, to celebrate the publication of the second volume of my biography of Saul Bellow (2018). Each of the volume authors came along and we had dinner afterwards and they talked to each other about how they were getting on. So, there is contact between volume authors. But no attempt has been made to make their volumes compatible in every respect. You can see that the first two volumes are very different, Karen Winstead's, on the Medieval period, is quite different from Alan Stewart's, and that is okay by me.

Bruno Tribout: In the outline proposal that you very kindly shared with us, you refer to a consensus around the historical development of life-writing, which the series would help to test and complicate. Now that the first volumes have appeared, in what ways would you say they challenge this consensus and some of the assumptions behind it?

Zachary Leader: Karen Winstead struggled heroically to get out from under the notion that Medieval life-writing has no complexity or interiority, is solely hagiographic, and I think she does make a clear case that this is not so. You can think of that as a challenge to a sort of "Whig" interpretation of literary biography, where things just get better and fuller, until they reach an apotheosis in works like Richard Ellmann's biography of James Joyce. The Patrick Hayes volume will atomise everything. It will emphasize the constructed nature of all supposed improvements and their historically determined character. Whether or not the 18th-century volume, covering the period which is often associated with a flowering of biography, will be shown as such, I don't yet know. From the proposal by Jacob Sider Jost, it looks like here, too, the conventional account will be called into question and complicated. So, I believe clichéd notions of biography and autobiography in different periods will be complicated by these works. A good thing, I think.

"谁来教育老师"
——现代师门回忆录中的"师道"传统

梁庆标

内容提要：中国文教历来强调师承门户，往往以尊师重道为训、颇重人伦，西方未尝不如是，不过亚里士多德"吾爱吾师，更爱真理"的崇智求真姿态使之几多波澜。纵观中外"师门回忆录"，弟子对师长学问人格的追忆固然以敬为主，遵从了学术传承的智慧阶梯，不过也不乏竞逐、辩驳乃至击打之辞，暗含了后辈审视前辈，特别是批驳"智术师"式教师的"反向教育"意识。因而，如何看待师门回忆录中的师生关系、把握"爱吾师/爱真理"之张力及"谁来教育老师"的问题，进而防范可能的智术师式倾向，使师徒关系维系在良性传承与竞争中，促发人类智性在"角力"中合力共进，未尝不是有益的现实课题。

关键词：师徒　回忆录　真理　智术师　角力

作者简介：梁庆标，江西师范大学文学院教授。主要研究方向为传记学、莎士比亚评论。近期成果有《角力：传记的生命剧场》（广西师范大学出版社，2022年）、《诗人秦纳之死：莎士比亚如何为诗辩护》（《外国文学评论》，2020年第2期）等。邮箱：qbliang@163.com。

Title: "Who Teaches Masters": The Tradition of "Dignity of Teaching" in Modern Disciple's Memoirs

Abstract: The Chinese culture of education has always stressed the importance of the succession of teachings from a master to his/her disciple, and especially the ethical relationship between masters and disciples. However, Aristotle's attitude of "Plato is dear to me, but dearer still is truth" has complicated this issue in western cultures. Surveying the "disciple's memoirs", we can find that a disciple's recollection of teacher's knowledge and personality is certainly based on respect, but there is no lack of competition and even criticism, which implies the "reverse education" consciousness of disenchantment of "sophist". Therefore, it would be beneficial to explore how to treat the "master-disciple relationship" and maintain it in benign inheritance and wrestling.

Keywords: master-disciple, memoir, truth, sophist, wrestling

Liang Qingbiao is Professor at Jiangxi Normal University. His research interests are on Life Writing and Shakespearean Criticism. He is the author of *Wrestling: The Theatre of Life Writing* (Guangxi Normal University Press, 2022), "The Death of Cinna the Poet: How Shakespeare Defended Poetry" (*Foreign Literature Review*, No.2, 2020). **E-mail:** qbliang@163.com.

　　学界中人常撰文追怀师友长辈。近如余英时离世，弟子友朋纷纷记述问学经历及其嘉言懿行，钱穆逝世后，余英时也曾作《犹记风吹水上鳞》追溯老师流寓香港草创新亚书院时的艰辛，尤其是"一个人孤零零地躺在一间空教室的地上养病"的情景（496），当然更多侧重所受教益，呈现了作为良师名士的钱穆。这条师门回忆之线似可向上"无限"延伸，钱穆晚年就徐徐运笔《师友杂忆》，刻绘了诸多师长德行。复而溯之，中经世代传承，至少可远追仲尼弟子编撰的"教学语录"《论语》——中国第一部且最直观的"师门回忆录"，西方可匹敌者即柏拉图数篇"苏格拉底对话"及色诺芬《回忆苏格拉底》。足见在中外文教传统中，弟子门徒怀念老师人品德行、回顾承教经历的忆师著述不绝如缕，且以晚近尤甚。

　　教师之重要人所公认，而从学生亲历的角度看尤其如此。加缪获得诺贝尔文学奖后不久就致信小学老师热尔曼，称"没有您伸给当时的我——那个贫穷小男孩的温存的手"及教诲，一切都不会发生（640）。相反茨威格在《昨日的世界》中则对高中生活耿耿于怀，彼时的老师无意了解学生，权威之墙阻碍师生自然交流，当作为名人被母校邀请校庆致辞时，他婉拒了："因为我对那所学校没有什么可感激的，所以，任何一句感谢之类的话也无非是谎言而已。"（35）因此不难理解刘小枫在谈及姜亮夫、蒙文通、俞振基、伯纳德特等"幸运学生"时笔带艳羡："喜欢念书的人无不企望从学时师从好老师，但天命并不安排每个时代都出现好老师……没有福分亲炙于好老师，从有福分的学生那里听到一些关于他们经受好老师教诲的经历，也算求之不得的美事。"（伯格1）而无论有福分的学生对"好老师"教诲的追怀，还是不那么幸运的学生对"不甚好老师"教育的酸涩回忆，无疑都属于传记中的"师门回忆录"传统，自有其教谕意义。

不过虽古今中外无不强调尊师崇道，由于中西之于"师道"伦理理解的差异，如"天地君亲师"之伦常次序与更具张力的"吾爱吾师，更爱真理"，或"重情"与"崇智"之别，兼之传记这一文类独特的民族文化根性，"师门回忆录"就呈现出更细微的中西差异。在这看似差异的表象背后，又暗含了更普遍但也更隐蔽的论题：谁来教育老师，特别是柏拉图曾致力批驳的那类贩卖知识的古今"智术师"，以及所有教师身上都难避免的"智术师式倾向"？从"师门回忆录"具有的"反向教育"功能出发，探掘生命人格教育勾连起来的复杂多元力量，引导其在师生"角力"中合力共进，或许更能接近此"灵魂化育"大业。

一、尊师重道：中国之"爱吾师"传统

如上所述，中国的师门回忆录可上溯至《论语》，它是中国尊师重道传统之肇始。此后在学而优则仕风习下，塾师地位之重可想而知，相关的尊师式记述自然成了传统。虽韩愈作《师说》以修正，不过本意是师生同道砥砺并进，并非对师长的悖离。激烈变动则起自"五四"，鲁迅等新式知识分子奋起打倒"孔家店"，开展反私塾与旧式教育运动，矛头针对的也是旧式教育内容与方法而非老师本身。最极端的结构性颠覆则是"文革"，为人师表者被无情丑化、文攻武斗、肆意践踏，以致斯文扫地、愚智颠倒，好在这被认为是支脉逆流，并未根本颠覆中国尊崇师道传统。

大致而言，在现代中国，弟子门生有意识地记述求学过程、回忆老师学问品格并以专书发表当在民国。罗尔纲的《师门五年记》（1944年）即为代表。1948年胡适在为此书作序时特别提到"师友自传"，并称罗尔纲为独创者："尔纲这本自传，据我所知，好像是自传里没有见过的创体。从来没有人这样坦白详细的描写他做学问经验，从来也没有人留下这样亲切的一幅师友切磋乐

趣的图画。"（罗尔纲 5）无疑，胡适并没有把鲁迅的《藤野先生》（1926 年）、丰子恺的《为青年说弘一法师》（1943 年）这类单篇怀师文算在其中。因而谨慎一点说，《师门五年记》至少是现代最早的师门回忆之一。此传主题乃"跟胡适之先生做学问"经验（罗尔纲 6），其教益主要是两个方面，胡适对后进的关爱提携及学问上的"不苟且"，关涉这类回忆的两大主题：人品与学术。1930 年罗尔纲在胡适任校长的中国公学毕业，有幸到其家中做"抄写工"兼家庭教师，得到了师徒式的亲密指导，胡适对他的尊重体贴、不失时机的夸赞无疑增强了这位"卢梭或于连"般敏感青年的自信（17）。人格熏陶之外就是学问上的"苛责"、重视考证等方法训练，即"受训"事件。出版《太平天国史纲》（1937 年）后，罗尔纲很快就被"盛怒"的胡适训斥，根由是做学问"学时髦"而不严谨：胡适那天破例不睡午觉，"在书房等候我。他那天是盛怒的，吴晗陪我出来说他听了也惊怕"（63）。无疑，学生往往满怀感激追忆此类"师严"故事，以之为师之大德而非对老师不满，堪称约翰生博士棍棒教育观的回响，他认为自己"精湛的拉丁文"就是"被老师揍出来的"，因而称许体罚教学，"鞭子本身就有斩钉截铁的力量；孩子们害怕挨揍，只好用功，问题就解决了"（包斯威尔 4）。

从微妙的人性角度看，严师故事又大抵是作为过来人的学生对老师的赞誉或要求，是"爱吾师"的成熟期体现，而在少时则未必做如是想，大概更愿免受皮肉之苦。于此，丰子恺对"温而厉"的李叔同先生的追忆鲜活动人，其《为青年说弘一法师》着重记述了老师的两大特点："凡事认真"与"多才多艺"（146）。从教育角度看，李叔同对待学生是平等尊重前提下的严厉而不滥用权威，其严肃令人敬畏，如对上课看闲书、乱吐痰的同学都用"轻而严肃的声音"事后劝告，之后对学生"一鞠躬"，敦促其在羞愧中反思改正。典型莫过于琴室"放屁事件"，他对臭味虽难忍受但并未发火，"眉头一皱，自管自弹琴（我想他一定屏息着）"，等气味散尽"眉头方才舒展"，鞠躬散课后叫住学生"很轻而严肃"地说："以后放屁，到门外去，不要放在室内。"（145）丰子恺如此称许卓异良师李叔同："他是实行人格感化的一位大教育家。我敢说，自有学校以来，自有教师以来，未有盛于李先生者也。"（153）他不吝至高修辞礼赞先生，"爱师"之情溢于言表。

上文言及的《师友杂忆》是钱穆84岁后（1978年）断续写下的怀人忆往之作，反顾求学时受到的道德垂范、思想引领。书中对国文老师童先生的描述甚为鲜活，这位"道学先生"平时庄严持重、"步履不苟"，"而上堂则俨若两人，善诙谐，多滑稽，又兼动作，如说滩黄，如演文明戏"，特别在讲《史记·刺客列传》时，先后扮做荆轲与秦王，果真图穷揶匕于后墙并效秦王绕桌疾走，搬演出刺秦现场（钱穆 156），展示了为师的多面性、责任心与身份意识。亦有小学"体操钱先生"培养其民族观念和民主革命思想、吕思勉尽职尽责且对其关爱赏识等记述，令后生艳羡不已。民国老北大的尊师传统更令人神往，教师上课前可先到系主任办公室休息："初到，即有一校役捧上热毛巾擦脸，又泡热茶一杯。上堂时，有人持粉笔盒送上讲堂。退课后，热毛巾热茶依旧，使人有中国传统尊师之感。"（53）这就把尊师传统视为了自然而然的中国文化现象。

换个角度看，若没有学问上的教导与提升，单纯的人格教育也难令人信服，回忆录就不免落入尊师"讳道"之虚伪风习，所以"承教""问学"是这类回忆录不可或缺的部分。如翻译家屠岸回忆说，1942年就读于上海交通大学时，老校长唐文治之子唐庆诒给他的专业英文教育使其终生受益。庆诒是哥伦比亚大学硕士，不幸37岁失明，讲课只能口授，他全英文授课且注重启发引导并关注社会。更幸运的是，屠岸被选为他的私人"伴读"，四五年间受到了私淑弟子式的中西文化教育，此经历虽不可复制，但足显良师化育之功（屠岸 47-50）。而何兆武在《上学记》中则深情回忆说，他有幸在西南联大这一最具"自由散漫的作风"因而得以培养众多杰出人才的大学中惬意地度过了七年时光（95）。他虽专门追溯了闻一多、张奚若、金岳霖等先生的学问人品，但根柢在于对联大诸师教学风范与治学门道的高度概括，即"自由"。"联大老师讲课绝对自由，讲什么、怎么讲全由教师自己掌握"：同上《中国通史》，钱穆与雷海宗的授课方式就大不相同；郑天挺的《明史》课吸引不同专业学生来凑学分，他花一节时间大谈朱元璋相貌，竟令人印象深刻到"恐惧"；钱锺书上课喜玄虚而不讲明，似更可刺激学生精进；陈寅恪不以口才取胜也没有教学大纲，但对材料如数家珍，不能不令人钦佩（107—120）。通过对比1949年前后之受教育经历，这一时期有幸浸染的"自由师风"更令何兆武铭刻终生。

而从切题角度言之，俞宁的《吾爱吾师》更契合中国师道传统，深得"爱吾师"精髓。作者虽在美国任英文教授，但其父乃语言学家俞敏且与启功交好，某个特殊时期，他借居"启大爷"家中亲受教导多年，书中多篇对"如师似父"的元白先生温良洒脱人格、尽心言传身教的怀念，充满尊重与挚爱。类似地，他对既严且慈的父亲"俞师傅"、学问精深而方正自律的硕导周珏良、耿介多难的李长之等师长的记述亦着墨于敬与谢。而在最得意的《两位师傅》中，记述的虽是做瓦工学徒时的曹、董两位匠师，字里行间亦一往情深，详叙其砌墙的精湛技艺、为人的方正机智乃至无奈遮掩的"二尾子"阴阳性征等（俞宁 57-68）。除情感上情真意深外，颇可称道的是此书行文气象颇有"魏晋风度"，可比《世说新语》，形式精短而字斟句酌，韵味凸显古风意趣，与传材的尚奇裁剪相合，勾勒了若多苦乐交叠的如戏人生。如《启大爷》篇写唐长儒与启元白做"危墙清谈"：启家东山墙因雨而圮坏，便写诗自嘲，"东墙受雨朝西鼓，我床正在墙之肚。坦腹多年学右军，而今将作王夷甫"。唐先生登门探望，特意把被有意移到西墙的椅子挪到东墙，"然后正襟危坐，轻言细语，大有晋人挥麈清谈的风度"。此类情节显然是用"魏晋典"写《世说》文，堪入"新世说新语"之"德行篇"（34-35）。可见，当下的师门回忆其实也在有意识地建立与传统"师道学统"的关联，从而促使今之师者不断地反顾并沉潜自省，使古老优良的文教风习延承不绝。

二、超越与"背叛"：西方师门忆旧的"求真"意志

反观西方，以文学、哲学等形式存世的师门回忆亦源远流长，柏拉图30多篇"戏剧性对话"中塑造的自称"无知"而以"充沛爱欲"与责任心诲人不倦的教育家苏格拉底世人皆知，可视为苏格拉底之"哲学传记"。而相较于以苏格拉底为自身面具的柏拉图，色诺芬对"爱说俏皮话"的苏格拉底的刻画更为率直真切，喜欢让老师更直接回应食色欲念、亲情友谊等伦常问题，特别是

使其以父亲角色处理儿子朗普洛克莱对母亲大发脾气这一忘恩负义行为（色诺芬 51-55），从一个侧面披露了作为常人的苏格拉底的境况，更贴近人性底色。似乎他们对老师的敬爱并未阻碍反倒激发了对其古怪癖性乃至嬉笑行止的喜剧化塑造，不如此"丑化"便不能反衬其超凡智慧。同样机敏诙谐的拉伯雷就特别点明，柏拉图让雅典美男阿尔喀比亚德将苏格拉底比作"西勒诺斯之匣"，匣盖画像"滑稽唐突"内里"却收藏着上好药料"，苏格拉底实属同类，他堪称丑陋又"没娶着好老婆"，然而你会在匣子里"发现高贵的上品神药：超凡入圣的智慧，坚不可摧的毅勇，炉火纯青的修养，无比的清心寡欲，十分的安贫乐道"（拉伯雷 4-5）。苏格拉底这一双重形象似乎也隐喻着真理、智慧的本来面目，即表象与本质的悖立依存，它召唤并考验求智寻真者的耐心、谦逊与洞察力。

因而，亚里士多德能针对柏拉图说出"吾爱吾师，更爱真理"就不令人意外了。而在"更爱真理"亦即"不盲从、不虚饰、重异见"信条熏染下，西方师门回忆录就呈现出与中国迥然不同的样态或模式：追怀纪念老师，自然要情真意切抒写师生情谊，但大多还要写出其若干不足，无论是身体外貌、生活习性还是思想观念，以此展示学生门徒的不加避讳、独立思考和学术长进，不然才真是悖离师道传承；如果一味造像塑圣、顶礼膜拜、不敢造次，在爱吾师口号下强行掩饰老师弱点或弟子内心的不以为然，此伪善矫饰之风反而会导致对老师更严重的鄙夷、造次乃至无情背叛。

这一传统无疑在现代西方被大加承继。1930年代后期马尔科姆曾跟随维特根斯坦修习哲学，后在回忆录中记述了老师"古怪"的教学状态与人格：他讲课坚持不念讲稿而是实时思考，暴露而非回避困惑，常自嘲"我是一个傻瓜"；他会为讲课中的事例发笑却严肃地禁止别人发笑，经常躁怒而使人害怕，如曾粗暴回应听者"我不如对着这只火炉说话"（马尔科姆 21-22）；其固执己见也导致曾与马尔科姆产生矛盾，在大庭广众之下"眼里闪着愤怒的火花"指责学生没有理解自己的授课。当然马尔科姆对老师古怪抑郁癖性的塑造乃基于深度理解，清楚老师最大的苦闷在于缺乏知音和成就感，学生不能理解他反而去追求浅薄庸俗的知识，导致授课时他经常哀叹自己是"一个糟糕的老师"，撒播的唯一种子"只是一堆难懂的行话"（54）。生命末期的维特根斯坦更为精神衰退、思维下降而苦恼，曾自贬只配同哲学家一起吃蜜饯苹果，终身未婚的他因家族性癌症逝世，晚景悲凉。

伯纳德特在访谈中对欧美大学教授群像的塑造更为典型。他一生精研柏拉图与荷马，独辟蹊径贯通诗哲，在学术圆熟的中年接受弟子采访，畅谈了与老师们的相遇、反思及学术进路，高谈阔论间无所讳避，可谓欧美高校的一部亲历式"儒林内史"，风趣幽默而颇具《世说》风范，以轶事片段活灵活现地把学界名流之虚荣做作、无知自傲、面具伪饰等喜剧状态演示出来，亦通过拉开时空距离的反讽性审视，凸显了阅历中的成长收获。他虽为列奥·施特劳斯高足，在芝加哥大学深受老师影响且不免崇拜有加，但这并未妨碍他大谈老师的逸闻趣事：施特劳斯曾因不够严谨差点陷入欺诈大学出版社窘境，乃至携夫人离家避难；他其实是太太的第三任丈夫，而这位"浪漫夫人"的第二次婚姻颇为传奇，她以死逼宫银行家丈夫离婚，第二任画家丈夫死后则嫁给保守古板的学者施特劳斯，更是"一反常态"（伯格 47）。施特劳斯是伯纳德特的硕士导师，在学术问题上弟子亦不遑多让，多次强调与老师所见略同或有独到发现，甚而有意揭老师之短，指出他"没有真正研读过整部《奥德赛》"（58），使整个忆师叙述具有了"青胜于蓝"的超越意识。

书中关于其他老师、教授之尴尬轶事的直录更是"真理胜于师尊"。如关于敏感高傲并鄙夷学生的哈佛教授艾纳森"疯笑"举止的刻录颇具漫画风格：其身形如圆球，常常无来由发笑，盖因曾获得过学生的"最差评价"，在疯人院两年后出来"便不能止住笑"，但又因"鄙夷"而不愿教给学生任何东西（27—29）。里茨勒教授在芝加哥大学授课，却因傲倨而被慕名而来的学生们无情抛弃：他满头银发、五官优雅，是典型的智者形象，但第一堂课就接连抛出两个令高才生们不屑回答的"白痴"问题——"有人知道柏拉图是谁吗？""唔，那有人知道亚里士多德是谁吗？"（64）伯纳德特详细揭示了这些大名鼎鼎学者们的无知、虚荣等幽暗人性，并戏谑地说自己在这些"大师"身上学到的最大教益就是人其实何等"荒谬"。更有意味的是，在访谈尾声，伯纳德特明确将耶鲁教授哈维洛克称为"当代的普罗泰戈拉"，当他应聘伯纳德特任职的大学时，第一个要求竟是解雇伯纳德特，事实上其应聘谈判仅仅是出于个人恩怨的报复之举及抬高自己的花招。其间过节大概在于，施特劳斯曾严厉批评过哈维洛克的著作，而耶鲁所有讨厌他的人都读过此文，施特劳斯告诉伯纳德特，"这是我唯一一次拿出一把尺子，敲打某人的关节"，采用的方式正是柏拉图《普罗泰戈拉篇》中苏格拉底"对待普罗泰戈拉的方式"（134-135）。这一故事可以视为当代"儒林硕儒"与柏拉图笔下"智术师"的遥远回应，足见无论时空如何变换，人的类型没有根本变化，该受教育应被敲打的依然要接受训导，特别是已经身为"教授""专家"的所谓教育者——由此必然转向"谁来教育老师"之难题。

三、"爱吾师/爱真理"：谁来教育老师？

施特劳斯拿出尺子狠狠敲打耶鲁教授的关节，采用的训诫方式正是苏格拉底对待"名师"普罗泰戈拉之法，"以其人之道治其人之身"来对付古今智术师。这就关系到一个重要的师教文本：柏拉图的《普罗泰戈拉篇》。它与《智者篇》等类似，都是在讽刺、训诫某类归属于智术师的"教授"。在《智者篇》最后，代表苏格拉底的客人把前面的线索都"打了个结"，概括了所谓智术师："智者的技艺是制造矛盾的技艺，来自一种不诚实的恣意的模仿，属于制造相似的东西那个种类，派生于制造形象的技艺。作为一个部分它不是神的生产，而是人的生产，表现为玩弄辞藻。"（柏拉图 82）他们并不进行创造性生产，而是长于派生性的"恣意的模仿"，以贩卖知识为生，强不知以为全知，为私欲名利而颠倒黑白，善于诡辩辞令，结果会败坏热情求知青年的灵魂。

《普罗泰戈拉篇》正是苏格拉底出于对求学青年的责任、对智术师式教师的警惕而进行的对驳。柏拉图以戏剧性策略结构了这一故事，苏格拉底被朋友拦住，朋友打趣说他又被阿尔喀比亚德迷住了，他则回说昨天遇到了一个"漂亮得多"的异邦人并与之进行了长谈，奇怪的是当时阿尔喀比亚德也在，但他无暇关注其爱欲，而是全身心投入交谈，现在趁机把过程讲述出来，以下则是苏格拉底的亲历回顾：好学青年希波克拉底顾不上追捕逃跑的奴隶，一大早就吵醒苏格拉底，因为闻名希腊的大师普罗泰戈拉再次莅临讲学，机会难得。苏格拉底在美梦中被吵醒却未恼怒，反而认真考虑这件于己无关之事，决心去见识此"网红教授"，通过审查来验证他能否有资格成为青年的老师，此事关系希波克拉底等雅典青年的灵魂大业，"那些带着各种知识周游列邦的人"长于"夸耀他们所销售的所有知识，把它们卖给需要这些知识的人"，问题就在于"售卖者"与"购买者"都并不清楚这"灵魂粮食"是否有益，因此青年就是在"拿最珍贵的东西作危险的赌博"，"购买知识所冒的风险确实要比购买粮食大得多"（434）。

苏格拉底便亲自去"审核"这位智术师，看青年人的灵魂是否值得托付给他。他极其喜剧化地描绘了大师被信徒前呼后拥的壮观场面，并以惯有的谦逊激发其傲慢，让后者答应论辩或借此炫示才能，普罗泰戈拉便一步步落入圈套。二人对话可分三幕，在中间一幕看似松散的发言中，苏格拉底通过评论"西蒙尼德的诗"这一看似离题的插曲，以戏仿普氏为自己辩护的方式反讽了其所谓"智慧"，显示出高其一等的能力，因为他要阐明的是"西蒙尼德是普罗塔戈拉的替身"，共同之处在于含糊其辞、任意曲解，出于"争强好胜的本性"以及为了"致富和成名"，都不惜玩弄伎俩破坏对手声誉，"他们作践自己的手艺——将诗和教育学降格来为个人野心服务"，完全不像真正的哲人去追求纯粹智慧，更不如苏格拉底那样勇于承认自己的无知，只不过"用'老道地'玩弄心智替换了崇尚蛮力的战争技艺"（柯弼 151）。如普氏号称可以教人"政治德性"，却并未认真区分"智慧、节制、勇敢、正义和虔诚"，未仔细探究它们与美德之关系（柏拉图，《普罗泰戈拉篇》473）。最后普罗泰戈拉显得变成了学徒一般，越来越小心翼翼，苏格拉底似乎教他"意识到通过智慧来矫正自己的无知的重要性"（柯弼 158），至少知晓了平等、诚实对话的必要，顺利完成审查即"教育老师"后，苏格拉底回家美美地睡去。故事的现实意义在于，傲慢自利的普罗泰戈拉常被视为当代学术明星的前身，以贩卖知识为业但又伪装成高深模样，"如果普罗塔戈拉是所有大学教授的原型，希波克拉底则是典型的大学生"（赛奈柯 247），那么苏格拉底就是"学术打假者"，意在净化学术"小世界"，提升学者的学问与人格。

不过，更现实的棘手问题是，当我们不如热切的求知者希波克拉底那么幸运地拥有自己的"苏格拉底"时，"谁来教育老师"问题就只有一种答案："学生们……他们只好自己来审查他们的老师。"（265）他们学着苏格拉底严肃而智慧地与老师论辩斗智，从而达到对双方的教育，勇于接受如此审查的老师值得敬爱，敢于质询的学生是真正的求知者，都是爱真理胜过爱吾师的表现。然而鉴于学识与能力的限度，学生们未必在当时就能有效地审查、辩驳老师，更何况那些顶着大帽子的"学术大师"，他们也更容易被师者的谦逊面貌或屈尊迎合所欺骗，恶果是使教育降格为庸俗的共谋。柏拉图早就让苏格拉底预示过这种教育（被）民主化，教师（被）非权威化即变成迎合学生以获取利益的智术师状况："教师害怕学生，迎合学生，学生反而漠视教师和保育员。普遍地年轻人充老资格，分庭抗礼，侃侃而谈，而老一辈的则顺着年轻人，说说笑笑，态度谦和，像年轻人一样行事，担心被他们认为可恨可怕。"（柏拉图，《理想国》344）柏拉图担忧的现象并非危言耸听，在中外都有现实呈现，如与中国"批斗臭老九"同时，西方也发生了"文化革命"，典型即美欧高校激进的"反精英""反经典"改革。作为历史见证，阿兰·布鲁姆的同事唐豪瑟回忆了1968年康奈尔大学的学生民主运动："猥亵的符号、持枪的学生和迎合他们的怯懦的教授们，将会把这个院子的怡人的景致给毁了。"（唐豪瑟 10）所以"保守"的布鲁姆离开康奈尔远走多伦多。而本尼迪克特当时也正在康奈尔，事后回忆了研究生们面试大学教师的古怪经历：应聘教师"不再仅仅由教授面试，而且要被研究生面试"，教员们就曾"屈服"于学生（安德森 134）。

那么，拉开历史时空距离，若干年后的师门回忆录可能是更为有效的教育老师的评断方式，学生大可凭此路径与老师展开遥远对话，由此避免制造所谓的"个人崇拜"。而当老师真正意识到学生将来会对自己进行评价时，更可能激发老师们的自我教育，即通过预设学生的"远程教育""反向教育"来促发老师的自我反思与完善。学生眼下将灵魂托付给老师，他的成长后效及未来回忆将是对老师的最终评判，老师们如果对此能有充分意识，就可以不断调整或强化身份认同，审慎地考量与调适自身，保证其"权威"的权威性而非任意性、欺骗性，抗拒有意无意的"智术师式"陷阱，践行师道尊严，体会从教之乐。

当然这对学生也提出了高度的学术伦理要求，他们也不能出于名望或私利而任意抹黑、贬低被视为同道/对手的老师。就此而言，亚里士多德"吾爱吾师，更爱真理"背后的意图其实值得审查，按照彼特拉克的说法，亚氏此语隐含了对老师的攻击，乃借助求"真理"之名来打压老师，正可谓普罗泰戈拉式伎俩："我深知亚里士多德多么习惯在他的著作中攻讦柏拉图……不错，他在某处宣称'吾爱吾师，但更爱真理'，不过他更应反躬自问这一说法：'与死人争论，此易事也。'"（彼特拉克 125）如此看来，在同行间平等竞逐、角力斗智基础上的相互教育构成了另一维度，可激励师生比照高水平的同行以自我检视，补充深入问题的各个侧面与罅隙。赫西俄德曾区分过两种不和女神：前者带来暴力战争与死亡，后者则激发良性竞争、将嫉妒理性化（赫西俄德 1-2）。文学上如荷马与赫西俄德、埃斯库罗斯与欧里庇德斯、柏拉图与荷马、彼特拉克与但丁、尼采与卢梭等作家之间的明争暗斗，事实上都构成了他们独创自立的关键，合力构筑并提升了"人类共同体"的品格，教师与教师、学者与学者之间的良性竞逐亦当如是。

总而言之，"爱吾师"与"爱真理"固然有"重情""重智"之别，在不同文化中也都普遍存在，乃两种主要的怀师模式，当然也突出体现了中西文化在偏重人伦与推举智性、溢美遮丑与审过求真之间的不同倾向。因而有必要申述的是，从教育老师的反向维度看，真正敬重老师、崇尚智慧而且业已成熟了的学生最堪当老师们的"老师"，尤其是通过回忆录这种事后反顾的形式，在超脱了直接利害关系的境况下，岁月的历练使他们能更理性地辨明和洞察师道真谛，还原及评说老师们的高下曲直，与老师展开跨时空的对话。无疑，这类性质的师生关系其实构成了互补对话而非悖立冲突，关键乃一"爱"字，其辩证张力即：爱吾师但不盲从，不受门户情义拘囿；爱真理但不悖德，不借真理之名辱师。真理原本裸赤，不讲情感也无温度，而师生情谊、人性关怀则超越千古，爱老师是人伦之必然，但从精神传承与智性演进角度言之，真理更高踞首位，学生对老师，尤其是所谓"智术师"的超越甚至"背叛"就属自然正当，从而得以实现反向教育，方不失师道化育之本。

致谢【Acknowledgement】

本文基于2021年9月在上海交通大学"传记与非虚构写作"工作坊的演讲，并受2021年国家社科基金项目"西方反传记批评研究"资助，特致谢忱。

I am grateful to the invitation of Forum on "Life Writing and Nonfiction" of SJTU, and the Foundation of NSSFC Project "Research on Western Anti-Biography Criticism".

引用文献【Works Cited】

本尼迪克特·安德森：《椰壳碗外的人生：本尼迪克特·安德森回忆录》，徐德林译。上海：上海人民出版社，2018年。

[Anderson, Benedict. *A Life Beyond Boundaries*. Trans. Xu Delin. Shanghai: Shanghai People's Press, 2018.]

包斯威尔：《约翰逊传》，罗珞珈、罗洛夫译。北京：中国社会科学出版社，2004年。

[Boswell. *The Life of Samuel Johnson*. Trans. Luo Luojia and Luo Luofu. Beijing: China Social Sciences Press, 2004.]

罗娜·伯格编：《古典诗学之路——相遇与反思：与伯纳德特聚谈》，肖涧译。北京：华夏出版社，2016年。

[Burger, Ronna. *Encounters and Refelections: Conversations with Seth Benardete*. Trans. Xiao Jian. Beijing: Huaxia Press, 2016.]

加缪：《加缪全集》（小说卷），柳鸣九译。上海：上海译文出版社，2010年。

[Camus. *Complete Works of Camus (Novels)*. Trans. Liu Mingjiu. Shanghai: Shanghai Translation Press, 2010.]

柯弼：《一位智术师的教育：〈普罗塔戈拉〉面面观》，《谁来教育老师：〈普罗塔戈拉〉发微》，蒋鹏译，刘小枫编。北京：华夏出版社，2015年，第129—159页。

[Coby. "The Education of A Sophist." *Who Teach Masters: Interpretations of Plato's* Protagoras. Ed. Liu Xiaofeng, Trans. Jiang Peng. Beijing: Huaxia Press, 2015. 129–159.]

唐豪瑟：《追忆阿兰·布鲁姆》，《巨人与侏儒》，张辉等译，布鲁姆。北京：华夏出版社，2007年，第10—24页。

[Dannhauser. "In Memory of Allan Bloom." *Giants and Dwarfs*. Allan Bloom. Beijing: Huaxia Press, 2007. 10–24.]

丰子恺：《丰子恺文集》（第六卷）。杭州：浙江教育出版社，1992年。

[Feng Zikai. *Selected Works of Feng Zikai*. Vol.6. Hangzhou: Zhejiang Education Press, 1992.]

何兆武：《上学记》，文靖执笔。北京：人民文学出版社，2019年。

[He Zhaowu. *Records of Education Experiences*. Retouched. Wen Jing. Beijing: People's Literature Publishing House, 2019.]

赫西俄德：《工作与时日 神谱》，张竹明、蒋平译。北京：商务印书馆，2009年。

[Hesiod. *Works and Days: Theogony*. Trans. Zhang Zhuming and Jiang Ping. Beijing: The Commercial Press, 2009.]

拉伯雷：《巨人传》，鲍文蔚译。北京：人民文学出版社，1983年。

[Rabelais. *Gargantua and Pantagruel*. Trans. Bao Wenwei. Beijing: People's Literature Publishing House, 1983.]

马尔康姆：《回忆维特根斯坦》，李步楼、贺绍甲译。北京：商务印书馆，1984年。

[Malcolm. *Ludwig Wittgenstein: A Memoir*. Trans. Li Bulou, He Shaojia. Beijing: The Commercial Press, 1984.]

罗尔纲 :《师门五年记 · 胡适琐记》。北京 : 三联书店，1998年。

[Luo Ergang. *Five Years in Master's House. In Memory of Hu Shi*. Beijing: SDX Joint Publishing Company, 1998.]

钱穆 :《八十忆双亲 师友杂忆》。北京 : 九州出版社，2012年。

[Qian Mu. *In Memory of Parents at Eighties. In Memory of Teachers and Friends*. Beijing: Jiuzhou Press, 2012.]

彼特拉克 :《论自己和大众的无知》，张沛译。上海 : 华东师范大学出版社，2021年。

[Petrarch, *On His Own Ignorance and That of Many Others*. Trans. Zhang Pei. Shanghai: East China Normal University Press, 2021.]

柏拉图 :《普罗泰戈拉篇》,《柏拉图全集》(第一卷)，王晓朝译。北京 : 人民出版社，2011年，第427—489页。

[Plato. "Protagoras." *Complete Works of Plato (Vol.1)*. Trans. Wang Xiaochao. Beijing: People's Press, 2011. 427–489.]

——:《智者篇》,《柏拉图全集》(第三卷)，王晓朝译。北京 : 人民出版社，2012年，第1—82页。

[—. "Sophist." *Complete Works of Plato (Vol.3)*. Trans. Wang Xiaochao. Beijing: People's Press, 2012. 1-82.]

赛奈柯 :《谁来教育老师》,《谁来教育老师 :〈普罗塔戈拉〉发微》，蒋鹏译，刘小枫编。北京 : 华夏出版社，2015年，第246—266页。

[Sinaiko. "Who Teach Masters." *Who Teaches Masters: Interpretations of Plato's* Protagoras. Ed. Liu Xiaofeng, Trans. Jiang Peng. Beijing: Huaxia Press, 2015. 246–266.]

屠岸 :《生正逢时 : 屠岸自述》。北京 : 生活 · 读书 · 新知三联书店，2010年。

[Tu An. *Right in Time: Confessions of Tu An*. Beijing: SDX Joint Publishing Company, 2010.]

色诺芬 :《回忆苏格拉底》，吴永泉译。北京 : 商务印书馆，2009年。

[Xenophon. *In Memory of Socrates*. Trans. Wu Yongquan. Beijing: The Commercial Press, 2009.]

俞宁 :《吾爱吾师》。北京 : 人民文学出版社，2021年。

[Yu Ning. *I Love My Teachers*. Beijing: People's Literature Press, 2021.]

余英时 :《现代危机与思想人物》。北京 : 生活 · 读书 · 新知三联书店，2005年。

[Yu Yingshi. *Modern Crisis and Great Thinkers*. Beijing: SDX Joint Publishing Company, 2005.]

茨威格 :《昨日的世界》，舒昌善译。北京 : 生活 · 读书 · 新知三联书店，2010年。

[Zweig. *The World of Yesterday*. Trans. Shu Changshan. Beijing: SDX Joint Publishing Company, 2010.]

卢梭《忏悔录》与18世纪俄国忏悔自传
——以冯维辛、卡拉姆津作品为例

夏益群　余　敏

内容提要：卢梭及其《忏悔录》对18世纪俄国文学影响深远。本文从比较传记影响视角，探析卢梭《忏悔录》与冯维辛、卡拉姆津忏悔自传的影响关系。他们的作品不是对卢梭忏悔自传简单的模仿、继承、接受和吸收，而是引力和拒力的复杂结合，既有对话，也有变异，与俄国民族文学传统以及当时的文学语境相关联，他们的忏悔自传是宗教和人性自我的回归，呈现了从私人话语走向公众话语的过程，也反映了俄国知识分子对俄国社会文化的思考。

关键词：卢梭　《忏悔录》　冯维辛　卡拉姆津　比较传记

作者简介：夏益群，湖南工商大学副教授，博士，研究方向：俄苏文学。

余敏，湖南工商大学研究生，研究方向：比较文学与世界文学。邮箱：717924483@qq.com。

Title: Rousseau's *The Confessions* and the Confessional Autobiography of Russia in the 18th Century: A Case Study of the Works of Fonvizin and Karamzin

Abstract: In the 18th century, Russia was profoundly influenced by French Enlightenment, especially Rousseau and his *The Confessions*, which had an impact on Russian literature. From the perspective of comparative biography, this paper analyzes the influence of Rousseau's *The Confessions* on the works of Fonvizin and Karamzin, arguing that the literary works under the influence of Rousseau's *confessions* are not simple imitation, inheritance, acceptance and absorption, but a complex interaction of attraction and resistance, which features dialogue and change, and this process can not be separated from the Russian national literary tradition and the literary context at that time. The confessional autobiography is actually a process of reverting to religion and humanity, a process from the private discourse to the public discourse, and also reflects the Russian intellectuals' concepts of Russian society and culture.

Keywords: Rousseau, *The Confessions*, Fonvizin, Karamzin, comparative biography

Xia Yiqun, PhD, is Associate Professor of Hunan University of Technology and Business and her research interests include Russian Literature.

Yu Min is a MA Candidate of Hunan University of Technology and Business whose research interests focus on comparative literature and world literature. **E-mail:** 717924483@qq.com.

俄罗斯的忏悔自传可以追溯到17世纪阿瓦库姆的《使徒行传》，"作者打破了在上帝面前忏悔的基督教教规，呼吁人们学会在公众面前忏悔"（Василенко 157）。彼得大帝西化改革后，俄国忏悔自传在深受西方文学影响之下，形成了自己独特的风格。"比较传记中的影响研究，是研究某一部传记作品或文化社会思潮对其他语言、文化中的传记作品的影响。"（杨正润 60）我国学者对俄国的忏悔自传与卢梭的《忏悔录》做过一定的比较研究。如，李建军认为，"某种程度上，伟大的俄罗斯文学就是忏悔的文学"；并在与法国卢梭式的忏悔自传的"利己主义"特点比较中，分析了俄国忏悔自传"精神获得拯救之后的圆满而宁静的图景"（15–16）。曹蕾从对奥古斯丁、卢梭的忏悔自传分析中，剖析了19世纪俄国作家陀思妥耶夫斯基对卢梭自传忏悔真实性的思考，认为"陀思妥耶夫斯看到了其世俗性忏悔的僵局，却没有找到解决的办法，最后仍转回了宗教"，而托尔斯泰"在卢梭忏悔精神的基础上融入了俄罗斯民族的宗教情感和文化特征"（206）。而对卢梭《忏悔录》与18世纪俄国作家忏悔自传的影响，我国学者鲜有研究。本文试从18世纪俄国社会现实出发，探析卢梭《忏悔录》对18世纪俄国作家冯维辛和卡拉姆津忏悔自传文本的影响，分析他们之间的对话性和变异特征，追溯俄国贵族知识分子在探寻自我存在的话语中，回归宗教，回归人本身的过程。

一、18世纪的俄国与卢梭及其《忏悔录》

俄国地处欧洲中部，是东方和西方的结合之地，为其接受西方思想提供了便利的地理位置。17世纪末的俄国落后而闭塞。彼得一世的改革，以"'野蛮的'、'强制的'方式开始了俄罗斯民族和国家'文化转型'的历史进程"（张建华 31），加上叶卡捷琳娜二世"开明君主专制"下的西式改革，俄国知识分子的自我意识形成，法国的启蒙思想顺势进入了俄国。"当时法国小说波澜壮阔地涌入，法国的启蒙哲学在其最先进的代表中开始寻找热切而积极的俄罗斯继承者（信徒），法国迷们首次越过纯文学兴趣的框架进入日常生活。"（Айзеншток 770）俄国不断地涌现西方启蒙运动的受影响者和拥护者。

彼得一世和叶卡捷琳娜二世改革的根本实质是为了维护其统治。因而，他们的改革只能称为"保守的、有选择的"改革。叶卡捷琳娜二世表面上极力推崇法国启蒙思想，甚至把狄德罗请到彼得堡，称自己为伏尔泰的学生，装腔作势地承认她的《敕令》是剽窃了孟德斯鸠，并提出所谓"君主与哲学家相结合"的开明专制，其实质是把启蒙主义作为维护帝王独裁统治的工具。"俄国的专制君主和法国进步的启蒙运动者互相呼应，不是偶然的。其原因不仅仅在于叶卡捷琳娜伪装开明进步，还在于法国启蒙运动者的政治观点中存在着弱点。"（吴育群 6）同时，18世纪俄国的进步知识分子，吸取了启蒙主义运动者的积极思想，并能结合俄国社会的实际，发出了声讨专制制度的呼声，其中尤以拉吉舍夫及其《自由颂》等为代表。俄国马克思主义思想家普列汉诺夫曾谈到，"我国先进社会思想从法国影响中得到的教益，要比从其余整个欧洲影响中得到的多得多"（1）。启蒙思想的传播，也促进了18世纪俄国文学的发展。

卢梭作为法国启蒙思想的代表人物之一，其作品和思想对俄国社会和文学影响深远。苏联文艺理论家洛特曼在《卢梭与18世纪至20世纪初俄罗斯文化》的长文中提到，"外国思想家和作家当中，特别深刻影响俄罗斯文学、社会思想、整个俄罗斯文化的作品，应首推卢梭的作品。事实上，也很难再说出一个外国作家对俄国读者影响如此深远和长久"（Лотман 555）。俄罗斯学者阿·扎娜多博利斯卡娅在《卢梭〈忏悔录〉和18、19世纪俄罗斯思想》一文中认为，"卢梭主义是俄罗斯文化的根基"，"卢梭的形象和他的自传写作的接受紧密相连，首先且最主要的是他的《忏悔录》"，称卢梭为"智者""日内瓦的公民"（Златопольская 157）。卢梭的《忏悔录》在俄国的传播晚于其他作品。1778年8月7日《圣彼得堡杂志》中刊载了关于卢梭的讣告，其中也没有提到卢梭的《忏悔录》。虽然当时俄国上流社会的贵族们已用法语阅读了卢梭的《忏悔录》，但直到1797年，卢梭的《忏悔录》的前六卷才被翻译成俄语。

18世纪俄国作家冯维辛在法国旅行期间见到了卢梭，他的书信和忏悔自传文本中可以见到卢梭《忏悔录》的影子。1778年，即卢梭去世当年，冯维辛在写给他姐姐的信中提到，"命运不会让我再见到伟大的卢梭了"，并称卢梭为当时那个世纪哲学家中"最值得尊敬、最正直和最大公无私的一个"（库拉科娃 13）。冯维辛也曾高度赞扬卢梭的《忏悔录》，认为其以忏悔话语深刻地认识并展现了人内心的某种本质。青年时期醉心自由思想的冯维辛，晚年转入了宗教信仰当中，思想发生了深刻的变化。他晚年未完成的自传《关于我的事业和思想的真心自白》被称为"俄国第一部回应卢梭《忏悔录》的作品"（Cooper 609），在回应卢梭《忏悔录》的同时，也呈现出不同的特点。卡拉姆津作为俄国18世纪感伤主义文学的代表作家，以其小说《可怜的丽莎》而著称。他不仅把卢梭看作是一个政治作家，而且称其是一个伟大的心理学家，并认为"卢梭在其迷惘中甚至也闪烁着强烈的仁爱的光芒"（Гончарова, *Карамзин и Руссо (о повести «Моя исповедь»)* 136）。但卡拉姆津的人生观和世界观是复杂和多变的。他早年为自由主义者，后来又成为保守主义者。法国大革命时，卡拉姆津在巴黎目睹了这场变革的血腥和暴力，影响了他对法国大革命和卢梭的看法。1800年，卡拉姆津彻底对卢梭展开了论战。卡拉姆津这种思想上的变化，在他1802发表的《我的忏悔》中得到体现。

二、冯维辛忏悔自传与卢梭《忏悔录》的宗教对话

冯维辛是俄国著名的戏剧家，代表作品有戏剧《旅长》和《纨绔少年》。晚年，他却被文学拒之门外，身心都受到了严重的摧折，不得不从宗教中寻找人生的寄托。他在生命最后时期创作了未完成的自传《关于我的事业和思想的真心自白》。这一自传的前言和前两章于1798年发表在《圣彼得堡杂志》上，而剩下的章节到1830年才发表。冯维辛的忏悔自传受到了卢梭《忏悔录》的

影响，但又是在与之对话中回归宗教的一种表述。

冯维辛自传的标题为"自白（признание）"，而非"忏悔（исповедь）"。不仅如此，更令人不解的是，冯维辛是一位翻译家，应不会不理解卢梭的法文忏悔一词，却在自传中将卢梭的《忏悔录》译为《自白》。冯维辛在自传开篇写道，"伟大的法国作家让-雅克·卢梭出版了《自白》一书，书中作者呈现了自己从儿童时代开始所有的事情和思想，——据说，他写了自己的忏悔，他认为自己这本书没有先例，也将不会有模仿者"。[①] 此处，冯维辛明确地将卢梭的书名译为《自白》。接下来，冯维辛继续写道，"卢梭说，我想将一个人赤裸裸地展现在世人面前，而这个人就是我。这就是卢梭在自己自白中的功绩"。冯维辛在此处进一步提到的依然是卢梭的"自白"，而非"忏悔"。冯维辛曾经给卢梭的作品是如此定义的，"他所写作的书，正是他所有事业和思想的忏悔"（579）。冯维辛之后在自己的自传中，却将"忏悔"改成"自白"，究竟意味着什么？库拉科娃在《十八世纪俄国文学史》中谈到冯维辛未完成的自传时指出，"冯维辛是真正地追悔他的自由思想，或是看到拉吉舍夫和诺维科夫受到迫害而想向政府表白自己，这就很难说了"（154）。是不是这就是正确的答案呢？下文试图深入文本，从冯维辛自传的标题、题词、前言和结构的细读中，探寻其真正的原因。

冯维辛自传的标题，并非如卢梭《忏悔录》的标题。他的标题为《关于我的事业和思想的真心自白》。这个标题形成了一个宗教与非宗教式忏悔的悖论式对话。首先，标题用到了一个形容词"真心的（чистосердечное）"，这可以看作是其对卢梭《忏悔录》的认同。被誉为"真诚的先知"的卢梭曾在自传中表达了这样的思想：我当即决定以一种绝对没先例的真实性来使这部回忆录成为一部无出其右的作品，同时嘲笑蒙田自传中的假天真。冯维辛在此正是打算如卢梭一般以真诚之心来书写自己的传记。俄语词"真诚的（искренний）"包含有"公开的（откровенный）"和"真心的（чистосердечный）"两层含义。但冯维辛并没有用"真诚的（искренний）"一词，而是更强调"真心的（чистосердечное）"。此词更明确地表达了中世纪使徒行传中的精神含义，这一词的前半部分"纯净的"意味着"神圣的"（чистый—«святой»，«освященный»）；后半部分"心"指精神，在古俄罗斯语言中指灵魂的容器

(*сердце*— «дух», «душа», в старославянском языке — вместилище души).

由此可见，冯维辛从标题开始，在认同卢梭忏悔自传叙事的基础上，又将自传叙事融入宗教叙事当中。其次，标题没有用宗教式词汇"忏悔（исповедь）"，而是用的"自白，承认（признание）"一词。"忏悔"一词是与圣礼仪式、教会宗教话语相联系的，在直接与上帝交流的情境中出现。如果只是讲述人们在人间的罪恶，这种倾向是世俗的，这种自我表现的形式用"自白"一词更适宜。②冯维辛自传标题中宗教式忏悔与世俗式的自白形成的对话空间，体现的是作者试图以宗教式的虔诚来面对世俗的罪的心境：一方面对人的个体世俗生活的关注，一方面又无法摆脱俄罗斯宗教话语的羁绊。

"基督教神学观念认为，人们通过忏悔可以把整个心灵奉献给上帝"，并"通过忏悔赎罪以拯救灵魂"（梁工 281）。冯维辛的自传忏悔叙事深受此种宗教思想的影响，小说文本与圣经文本有着紧密的联系。冯维辛自传中的题词，"我向你陈明我的罪，不隐瞒我的恶"，引自《旧约·诗篇》第32章中大卫训诲诗的第五句的前面一部分，《诗篇》的后半部分是如此记载的，"我说，我要向耶和华承认我的过犯，你就赦免我的罪恶"。题词中的"你"，指的就是上帝。借此，冯维辛表明了书写此文的目的。冯维辛试图以宗教文学传统中引用圣经的叙事方式，来实现叙述的说服力，并展开"说的方式"。这样的叙述方式与宗教式叙述有着类似性。冯维辛为何在文中、序言中谈到的却是卢梭的《忏悔录》？冯维辛在与其对话中的背离，可以追溯到俄国当时的社会状况。18世纪俄国叶卡捷琳娜时期，俄国国内有着严格的书刊审查制度，对宗教书籍进行检查和没收，而卢梭的书在幸免之列。可见，冯维辛的自传书写是有意借启蒙主义思想家卢梭的忏悔话语表达自己的宗教求索之心境。

冯维辛自传中的前言，更可见其自传叙事在宗教叙事中与卢梭《忏悔录》的分歧。冯维辛在肯定卢梭的忏悔之后，转而叙述，"而我，快接近生命的五十岁，人生过了一半，忍受着疾病的困扰，我发现，我恐怕没有时间悔过了，因此在我自白中没有任何的功绩，除了基督式的悔过：真诚地打开我内心的秘密并宣布我不道德的行为。我没有打算为自己辩护，甚至不会用卑鄙的话语掩盖自己的堕落。主啊！不要让我的心转向卑鄙的词汇，上帝保佑，我对真理的热爱，让这爱进入我的灵魂。就像使徒所宣传的：忏悔彼此的罪过，当然是你们的，不是别人的，我认为我有责任不透露那些成为我罪恶和放荡方式的人的名字，甚至是把我引入堕落的人的名字"。而这样的话语在《圣经·雅各书》第五章中也有类似的句子，"所以你们要彼此认罪，互相代求，使你们可以得医治。义人祈祷所发的力量，是大有功效的"。冯维辛在自白自我罪过的同时，还提到，倘若自己罪恶之身有良善之处，也是上帝所赐予的。不仅如此，冯维辛在自传叙述中，着重强调了他的父亲是一个"爱真理不容谎言"的基督徒。由此可看出，冯维辛的自白不同于卢梭的忏悔。卢梭虽然力图在自己的叙事自传中，以一颗水晶般透明的心毫无隐瞒地展现一切，但是他想以自己的忏悔来回应污蔑他的人。因而，在他的自传叙事中，一方面是他真诚意志的表达，一方面却是他在竭力地为自己辩护，试图为自己的罪过推卸责任。这也是冯维辛在其自传中所不能苟同的，更是冯维辛晚年在自己的自传中反而将卢梭的《忏悔录》译为《自白》的原因之一。

冯维辛以第一人称"我"的口吻将自传叙事分成了四部分，也就是西方自传叙事的共同模式：童年，少年，成年，老年。冯维辛只完成了前三个阶段的自传叙事，这三部分的结构也充溢着宗教的情愫。童年期，年幼的"我"因父亲讲述约瑟夫的故事而忍不住号啕大哭，却因羞怯不敢说出真实原因假装牙痛。少年的"我"，在莫斯科、彼得堡求学的过程中，曾一度丧失自我，陷入迷茫之中，到了皇村中学，"我"遇到了格里高利·尼古拉耶维奇·特洛莫夫，[3]读到了英国哲学家和神学家塞缪尔·克拉克[4]关于上帝的存在和基督教信仰的书，才逐渐成熟。此后，宗教思想对"我"的影响根深蒂固，"我随身带着俄语的圣经，为了便于理解，我还带了法语和德语的圣经"，遵循《旧约·申命》的告诫"无论你坐在家里，行在路上，躺下，起来，都要谈论"，日日在花园中思考。在这部作品结尾，冯维辛写道，"就在我的'自白'最后，我真诚地希望我的努力能给明智的读者带来一些好处"。冯维辛的这一部分自传叙事，隐约透露出《旧约·路加福音》第十五章中"浪子回头"主题的隐喻叙事，展现了"我"在宗教思想引领下，最终找回迷失自我的过程。

由此可见，冯维辛的自传是借卢梭的《忏悔录》之名，与之进行文本的对话，并实现"自我"进入宗教世界的自传自白。冯维笔下这份自传，不同于卢梭的《忏悔录》，是回归到内在世界的自我寻找，以期获得精神的圆满拯救，奠定了后世俄罗斯自传文学回归主体意识与宗教叙事的基调，与之后托尔斯泰的《忏悔录》自传有着更多的类似性。

三、卡拉姆津忏悔自传对卢梭《忏悔录》的接受变异

"任何影响或借用必然伴随着被借用模式的创造性改变，以适应所借用文学的传统，适应它的民族的和社会历史的特点，也同样要适应借鉴者个人的创作特点。"（日尔蒙斯基 314）卡拉姆津在《我的忏悔》中借用卢梭《忏悔录》的语体，塑造了一个玩世不恭的"怪人"，一个俄国社会的典型形象，融入了作者个人的创作特点，体现出作者独特的人文思考。

卡拉姆津《我的忏悔》这一标题，与卢梭的《忏悔录》有着一致性，可见卡拉姆津对"忏悔"这一文体叙事的肯定。而其副标题"致杂志编辑的一封信"，又体现出作者自传私密叙事的公开性。这部作品发表在1803年的《欧洲导报》上，文末署名"伯爵NN"（Граф NN）。卡拉姆津借用卢梭《忏悔录》的体裁以第一人称"我"的形式展开一个私人化的忏悔自传叙事，却借名"伯爵NN"。从小说所体现的"隐私"与"公开"，"自我"与"他人"的矛盾存在中，可见卡拉姆津《我的忏悔》在接受时的变异，具有鲜明的戏谑性。

作品开篇，卡拉姆津继续以一种戏谑的方式表达自己的写作动机："先生，向您坦白，我未读您的杂志，但是希望把我的文字放入里面。"⑤接着，作者直接点明主人公的人生箴言，一个简单的词"就如此"。作者以"我"的口吻自述：我在世上生活了四十年，从未弄清楚什么是希望，什么是事业。不仅如此，主人公继续调侃式地描述自己的创作："我"不用绞尽脑汁，只要回忆下自己的胡闹，书就写好了。"我"在叙述中一再表明，自己的忏悔与所有的忏悔者不同：从未打算为自己辩护，也没有任何的道德目的，"我写——就这样！"主人公这样的处事原则，正如卢梭《忏悔录》中叙述格里姆的人生箴言

一般，"他的道德纲领只有一条：人的唯一义务就是要在一切事情上都随心所欲"（190）。这种引起卢梭"无穷的感慨"的话语，与卡拉姆津《忏悔录》的上述话语，形成极具讽刺性的张力。

卡拉姆津笔下的"伯爵NN"，天生就是一个与众不同的人，"我"满不在乎地叙述着自己可笑的人生经历：从小就是个顽童；十岁在剧院里玩耍；十五岁了还没有作为人和公民的责任感；十六岁时被授予了相当不错的官级，莫名其妙就被派往别的地方。

18—19世纪的俄国，富裕家庭请的家庭教师都是外国人。作者在文中描写了一个与卢梭同乡的瑞士家庭教师，一个自由主义者。"我"讲述了与家庭教师的荒唐生活，是对卢梭式的"忏悔"戏谑式的另一种表述。家庭教师跟"我"真诚交流，"亲爱的伯爵，自然和命运把你塑造成了一个有礼而幸福的人，你俊美、聪明、富有和显贵，在这世上是颗耀眼之星。其余的努力都用不着"，并希望他的纵容能得到"我"的感激。在家庭教师的陪同下，主人公来到了莱比锡大学，几乎没有听过老师的课。家庭教师还帮着对主人公的父母隐瞒事情真相，告知虚假的成绩。三年之后，两人一起去旅行，还特地雇了个秘书，来记载"我"一路上"令人心奇"的事物。"我"在旅行中惹了不少事：与德国皇宫傲慢的夫人们跳队舞，故意以非常失礼的方式把她们弄倒在地；更夸张的是，"我"以天主教徒的虔诚亲吻一位教皇的鞋子，却咬了他的腿，使得这个可怜的老人大声尖叫；在巴黎结交些轻浮的人；在英国喝得大醉在床上躺了几个月。这里的主人公俨然就是一个无所事事、极其叛逆的浪荡公子哥。因为一个英国女人杰娜琳，主人公恼怒地试图把家庭教师从楼梯下推下，导致两人关系最后破裂。"我"终于回到了祖国，冷漠地把整个世界当作中国皮影戏。接着，小说继续以第一人称的方式叙述主人公在俄国的风流韵事和婚姻生活。主人公结婚的目的，"不仅仅是为了讨好我的母亲，还是为了在家中上演一幕高雅的戏剧，让我这个时尚之人承担起营造美好氛围的艰难的责任"。主人公和妻子艾米莉不听母亲和管家的劝告，将家里的财产挥霍荡尽，陷入穷困潦倒之中，却如此自我表述：这样的情形对别人来说是特别痛心的事情，而"我"是个天生的哲学家，可以冷漠地忍受这一切。主人公被债主们送到监狱后，才觉得"关于黑暗狗舍的思想令我的哲学感到害怕"。而更荒唐的是，主人公居然同意将自己的妻子艾米莉再嫁给一个有钱的公爵，来替他还清债务，之后，"我"从"我前妻的第二个丈夫身边"带走了她。小说结尾，作者为"我"做了一个总结："总而言之，我看到一切命中注定的事，我对自己的处境感到满足，在我的生活中我没有一分钟悲伤的悔恨"，我甚至于愿意旧戏重演，"我实现了自己的命运，像一个流浪汉一样，我站在高处，心满意足地环顾着路人，高兴地回想起我发生过的事，对自己说：这就是我的生活"！

卢梭曾谈到彼得大帝是一个"模仿的天才"，俄国走上欧洲的道路是彼得大帝"模仿"欧洲的结果，并认为彼得大帝不但没有实现征服欧洲的企图，"却发现自己被欧洲征服了"（《社会契约论》55-56）。卡拉姆津曾对此做出过一系列的回应，并指出，"作为人，人类，开始总是模仿的，但是随着时间的流逝，就成为自己的了"（Гончарова, *Философские и Литературные Контексты Повести Н.М.Карамзина «Моя Исповедь»* 42）。不仅如此，卡拉姆津以《我的忏悔》对卢梭这一思想做出了进一步回应。

卡拉姆津《我的忏悔》是在"模仿"卢梭《忏悔录》基础上的俄国式变异。他笔下的"我"文末署名"伯爵NN"，是一个十足的自我中心主义者。关于他的自传叙事，与其说是他的"忏悔"，不如说是他个人世俗生活的自叙，是自我荒唐生活的一种调侃，也是对当时俄国贵族糜烂生活讽刺性地叙述。从这部作品中"伯爵NN"的身上可以见到19世纪俄国文学贵族"多余人"形象的影子。有俄罗斯研究者认为，"莱蒙托夫在创作时，毫无疑问，关注了卡拉姆津的经验。毕巧林的一位前辈是"伯爵NN"——俄罗斯文学中的第一个怪人形象"（Кудреватая 15）。

卡拉姆津借用卢梭《忏悔录》的自传形式，在"我"的忏悔自叙中，探寻人之自我的存在，实现对当时俄国社会现实的思考。他较早地看到了"俄罗斯必须从欧洲的阴影下解放出来而成为自我"（李琦 93）的迫切性。不仅如此，卡拉姆津《我的忏悔》对卢梭《忏悔录》变异地接受，更好地拓展了影响研究的审美与批评观照，突破了影响研究神话化的理论局限，为影响研究的变异提供了例证。

结　语

　　"一国文学同另一国文学的接触会引起一国文学对别国文学某种现象的一种'解释'，对这些现象的'反应'，会引起'抗拒'，甚至'斗争'"（康拉德276）。卢梭《忏悔录》影响之下的冯维辛和卡拉姆津的忏悔自传中体现的对话和变异的特点，应是这一观点的极好明证。从叙事文体本身来说，梁庆标在《自我的现代觅求》一书中谈到，"人们面对《忏悔录》，不管是何种方式和态度，其实都是在与卢梭进行对话和争辩，以卢梭为镜审视自己、认识自己"（122）。冯维辛和卡拉姆津作为18世纪俄国的贵族知识分子，以忏悔自传实现人之自我本身的认识，并不断探索对俄国社会的认识，即俄国的出路问题：是从俄国传统文化宗教传统中寻求出路，还是持续走西化的道路？他们借鉴卢梭《忏悔录》的体裁展开自我的忏悔叙事，最终探究的是俄国"往何处去"的思想，也就不仅仅局限于人的自我认知的深度解析，更增加了"为国、为民"的深度思虑，尽管此种思考依然没有为当时的俄国找到正确的发展道路。

　　当然，我们也可看到这两位18世纪作家的忏悔自传也深刻影响着俄罗斯文学忏悔叙事的形成和发展。此后，正如19世纪作家陀思妥耶夫斯基在《彼得堡纪事》一文中提到的，"似乎到了一个普遍进行忏悔的时刻，大家又说又写，在社会面前反省自己，常常怀着痛苦的心情，感到切肤之痛"（陀思妥耶夫斯基23）。可见，冯维辛《关于我的事业和思想的真心自白》和卡拉姆津《我的忏悔》在俄国文学和社会发展历程中起着十分重要的作用，其忏悔叙事的命题值得学界关注和探讨。

致谢【Acknowledgement】

本文为湖南省社会科学课题一般项目"俄罗斯白银时代自传体小说研究"（19YBA118）的阶段性成果，得到湖南省社科院的资助，作者谨致谢忱。

本文受益于《现代传记研究》匿名评审人和编辑提出的修改意见，作者谨致谢忱！

My acknowledgement and gratitude go to the research project "Research on autobiographical novels in

Russian Silver Age" sponsored by Hunan Academy of Social Sciences.

I am grateful to the editor of *Journal of Modern Life Writing Studies* and anonymous reviewers for their suggestions and comments.

注释【Notes】

① 此处及下文所引文本，冯维辛的《关于我的事业和思想的真心自白》均来自俄文网站：http://az.lib. ru/f/fonwizin_d_i/text_0080.shtmll。

② 杨正润先生谈到，按照基督教教义，人在现实世界的生活就是在上帝的感召下的一种"救赎"的过程，"忏悔"是基督徒的日常功课，参见杨正润《现代传记学》（南京：南京大学出版社，2009年）第326页。俄罗斯学者也分析了忏悔（исповедь）和自白（признание）两词的区别，认为前者更具有宗教性，参见 Растягаев А.В. "Чистосердечный Фонвизин" [*Знание. Понимание. Умение* 5(2009)]。

③ Григорий Николаевич Теплов(1717–1779)，俄国百科全书式的哲学家、作家、诗人、翻译家、作曲家、画家和政治家，科学和艺术学院院士，植物学博士，皇家科学和艺术学院名誉博士。

④ Самуил Кларк(1675–1729)，英国哲学家和英国圣公会神职人员。他被认为是约翰·洛克和乔治·伯克利之间主要的英国哲学人物之一。

⑤ 本文所引文本卡拉姆津的《我的忏悔》来自俄文网站：http://az.lib.ru/k/karamzin_n_m/text_0340. shtml。《我的忏悔》出版于1802年，但因在俄国文学史上卡拉姆津一般被列入18世纪作家之列，故将其作品也列入本文的研究之中。

引用文献【Works Cited】

曹蕾：《自传忏悔　从奥古斯丁到卢梭》。北京：中国社会科学出版社，2012年。

[Cao Lei. *Autobiographical Confessions from Augustine to Rousseau*. Beijing: China Social Sciences Press, 2012.]

Cooper, Nancy L. "A Chapter in the History of Russian Autobiography: Childhood, Youth, and Maturity in Fonvizin's 'A Sincere Avowal of My Deeds and Thoughts'." *The Slavic and East European Journal* 4 (1996): 609–622.

Айзеншток, И. "Французские писатели в оценках царской цензуры." *Литературное Наследство* 33 (1939): 769–858.

[Isenstock, E. "French Writers in the Assessment of King's Check." *Literature Inheritance* 33 (1939): 769–858.]

康拉德：《现代比较文艺学问题》，周南译，《比较文学研究译文集》，于永昌等选编。上海：上海译文出版社，1985年，第262—284页。

[Conrad. "*Problem of Comparative Literature.*" Trans. Zhou Lan. *Translation of Comparative Literature Studies*. Yu Yongchang et al. Shanghai: Shanghai Translation Publishing House, 1985. 262–284.]

陀思妥耶夫斯基：《小小的图景：陀思妥耶夫斯基精品集》，刘季星、李鸿简译。上海：复旦大学出版社，2009年。

[Dostoevsky. *Dostoevsky's Collection of Fine Works: Small Picture*. Trans. Liu Jixing and Li Hongjian. Shanghai: Fudan University Press, 2009.]

Кудреватая, А.Н. "Значение опыта Н. М. Карамзина в создании образа «странного человека»: М. Ю. Лермонтов «Герой нашего времени»." *Филологический Класс* 4 (2014): 13–16.

[Kedltvtay, A.H. "Significance of Experience of Karazmin in Shaping the Image of "Strange Man": Lemontov's *Hero of Modern Time*." *Linguistical Class* 4 (2014): 13–16.]

Гончарова, О.М. "Карамзин и Руссо (о повести «Моя исповедь»)." *Slavica Tergestina* 23 (2019): 130–151.

[Konchalova, O.M. "Karamzin and Rousseau (about the Novel *My Confession*)." *Slavica Tergestina* 23 (2019): 130−151.]

—." Философские и Литературные Контексты Повести Н.М.Корамзина «Моя Исповедь»." *Культура и Текст* 2 (2018): 37−56.

[—. "Philosophical and Literary Background of Karamzin's Novel *My Confession*." *Culture and Text* 2 (2018): 37−56.]

库拉科娃：《十八世纪俄罗斯文学史》，北京俄语学院科学研究处翻译组译。北京：北京俄语学院，1958年。

[Kulakva. *Russian Literature in 18ᵗʰ century*. Trans. Translation Group, Scientific Research Office of Beijing Russian University. Beijing: Russian College of Beijing, 1958.]

梁工：《基督教文学》。北京：宗教文化出版社，2001年。

[Liang Gong. *Christian Literature*. Beijing: Religious Culture Press, 2001.]

梁庆标：《自我的现代觅求——卢梭〈忏悔录〉与中国现代自传（1919—1937）》。北京：中国社会科学出版社，2014年。

[Liang Qingbiao. *Modern Pursuit of the Self: Rousseau's The Confessions and Contemporary Chinese Autobiography (1919−1937)*. Beijing：China Social Sciences Press, 2014.]

李建军：《忏悔伦理与精神复活——论忏悔叙事的几种模式》，《小说评论》2006年第6期，第10—16页。

[Li Jianjun. "Confession Ethics and Spiritual Resurrection: On Several Modes of Confession Narration." *Novel Review* 6 (2006): 10−16.]

李琦：《面对变革与传统的卡拉姆津》，《党的文献》2007年第3期，第92—93页。

[Li Qi. "Karamzin Facing Reform and Tradition." *The Party's Literature* 3 (2007): 92−93.]

Лотман, Ю.М. "Руссо и Русская Культура XVIII–начала XIX века." *Ж.-Ж. Руссо Трактаты. Утверждено к печати редколлегией серии "Литературные памятники"*, редактор Манфред А.З. М.: Изд. Наука, 1968. 555−605.

[Lotman, U.M. "Rousseau and Russian Culture in the Early 18th Century." *Jean-Jacques Rousseau Thesis. Approved by a series of collection "Literature memory."* Manfred A.Z. et al. M.: Science Press, 1968. 555−605.]

卢梭：《忏悔录》，黄勇编译。天津：天津教育出版社，2008年。

[Rousseau, *The Confessions*. Trans. HuangYong. Tianjin: Tianjin Education Press, 2008.]

——：《社会契约论》，庞珊珊译。北京：光明日报出版社，2009年。

[—. *The Social Contract*. Trans. Pang Shanshan. Beijing: Guangming Daily Press, 2009.]

普列汉诺夫：《俄国社会思想史（第三卷）》，孙静工译。北京：商务印书馆，1990年。

[Plekhanov. *History of Russian Thought (Volume 3)*. Trans. Sun Jinggong. Beijing: The Commercial Press, 1990.]

日尔蒙斯基：《文学流派是国际性的现象》，倪蕊琴译，《比较文学研究译文集》，于永昌等编选。上海：上海译文出版社，1985年，第301—323页。

[Zhirmonsky. "Literary Schools Are International Phenomena." Trans. Ni Ruiqin. *Translation of Comparative Literature Studies*. Eds. Yu Yongchang et al. Shanghai: Shanghai Translation Publishing House, 1985. 301−323.]

Василенко, А.Н., *Исповедь как Жанрообразующий компонент «Жития Протопопа Аввакума»* [J]// Религиоведение. 2009 (4): 156−160.

[Vasilenko, A.N. "Confession is a Generic Component of Life in *Biography of Apostle Avakuma*." *Religious Studies* 4 (2009): 156−160.]

吴育群：《拉吉舍夫》。沈阳：辽宁人民出版社，1988年。

[Wu Yuqun. *Radishev*. Shenyang: Liaoning People's Publishing House, 1988.]

杨正润：《比较传记：历史与模式》，《现代传记研究》第 2 辑（2014 年），第 51—68 页。

[Yang Zhengrun. "Comparative Biography: History and Patterns." *Journal of Modern Life Writing Studies* 2 (2014): 51-68.]

张建华：《俄国知识分子思想史导论》。北京：商务印书馆，2008 年。

[Zhang Jianhua. *An Introduction to the Ideological History of Russian Intellectuals*. Beijing: The Commercial Press, 2008.]

Златопольская, А.А. ""Исповедь" Руссо и Русская Мысль XVIII–XIX веков." *Вестник РХГА* 2 (2010): 157-169.

[Zlatopolskaya, A.A. "Rousseau's *The Confessions* and Russian Thought in the 18-19 Centuries." *Journal LXKA* 2 (2010): 157-169.]

萧红传记文学与传记电影的跨媒介视差比照

韩旭东

内容提要：传记文学与传记电影中的萧红形象分别为被抛弃的怨妇、痴迷写作的女作家、充满同情心的人道主义者。本文以平石淑子的《萧红传》、许鞍华的《黄金时代》、霍建起的《萧红》为对象，在跨媒介视角下考察萧红形象的多维性与不同隐含作者的叙事视差，探究偏狭视差的性别立场和文化心理来源。文章从萧红"文名"与"艳名"的辩证关系入手，纠正父权话语对女作家两性关系的本质化想象，观照萧红理想中的男性气质与其抵抗父权压迫的话语裂痕，深究其日本之行的自我超克意义及主体意识觉醒的动因，希冀还原萧红不同成长阶段的内面情感变化。

关键词：萧红形象　传记文学　传记电影　性别视差

作者简介：韩旭东，南开大学文学院助理研究员。主要从事中国当代小说研究、性别研究。邮箱：673201498@qq.com。

Title: Comparison of Cross Media Parallax between Xiao Hong's Biographical Literature and Film Biography

Abstract: The images of Xiao Hong in cross media texts are presented as an abandoned resentful woman, a women writer obsessed with writing and a compassionate humanist. Taking Yoshiko Hiraishi's *The Biography of Xiao Hong*, Xu Anhua's *Golden Age* and Huo Jianqi's *Xiao Hong* as the research objects, this paper investigates the multidimensional image of Xiao Hong from the perspective of cross media and the narrative parallax of different implied authors, and then focuses on the gender position and the cultural origin of parallax. Starting from the dialectical relationship between Xiao Hong's literary name and gorgeous name, this paper corrects the essentialist imagination about the definition of female writers' gender relations in previous studies, observes Xiao Hong's ideal masculinity and the representation of her resistant patriarchal discourse, and deeply studies the self transcendence and gender awarness of Xiao Hong during her trip to Japan, hoping to restore Xiao Hong's inner emotional changes at different growth stages.

Keywords: Xiao Hong's image, biography, film biography, gender awareness

Han Xudong is assistant research fellow in the School of Literature at Nankai University, China. His research concerns contemporary Chinese fiction and gender studies. **E-mail:** 673201498@qq.com.

在消费文化语境下，萧红"艳名"压倒"文名"，是"才女＋荡妇"形象。大众多关注她隐秘的爱情絮语，作家形象被本质化、商品化，这消解了女性写作的美学价值。相反，女权批评以反男权窥视为基点，将萧红建构为受父权制戕害的大智勇者，这遮蔽了男性知识分子人格的多维性和女作家繁复的内面情感，并未还原历史语境来考察作家的心理动因和性别意识。"形象"的意义诞生自塑造者的"文化基础、运作机制和社会功能"（孟华 123），因研究者性别观、文化积淀、美学偏好不同，故他们建构的萧红形象/事件各有侧重。本文以平石淑子的《萧红传》、许鞍华的《黄金时代》和霍建起的《萧红》为对象，将"娜拉"离家抗婚、多角婚恋形态、女性知识分子写作作为关键词，对焦不同媒介如何想象萧红形象；主要讨论传记作者和电影导演怎样表述女作家的性别意识，隐含作者对她婚恋自主的态度为何，图像/文字如何界定女性写作的特质。目的是以文字/图像传递的信息、事件爆发的语境、女性情动为切入点，指认各类文本的特点，力图还原女作家多维的情感体验。

《萧红传》穿插大量口述史料，以详细可靠的考证消解了此前女权批评的戾气，将萧红放置在人道主义和启蒙现代性的历史语境中解读。该书在补充汪恩甲与萧红的关系、萧红日本之行的人生意义上有突出贡献。《黄金时代》的叙事形式别开生面，影片使用间离手法，人物和叙事人跳出古典情节模式困囿，打破纪实与虚构的界限。该片宣传海报、镜头语法、叙事话语均体现了隐含作者对女性写作的独特见解，彰显出女导演的性别主体意识。《萧红》再现霍建起的美学建构：若隐若现的雾化滤镜、慢镜头下的唯美场景、水流与雪花等浪漫意象等，显现出诗性特质。但多维复杂的三角关系、人物歇斯底里的情绪宣泄、霸道的大男子主义情结，侧面暗示了男导演的性别观。

一、开场:"娜拉出走"的隐秘

《萧红》沿用滥俗的套话，将萧红本质化为被父权困囿的女儿。祖父去世，无人庇护萧红，父母因觊觎汪家财产，强行将其嫁入豪门。正反打镜头快切萧红与继母的冲突，双人近景对焦父母在土炕上谋划女儿婚礼，构成视觉紧张感。炸裂式戏剧冲突再现萧红倔强的性格、强势的父母和暴虐的家庭氛围，这曾出现在《呼兰河传》中。在祖父葬礼上，灰蓝白冷色调凸出东北的地方性。镜头特写萧红下跪时麻木的表情，院中跳大神的女巫在原地转圈祭鬼，极地雪景和萨满女巫复现了自传体小说中的民俗风景：这是萧红的生命之书。两位导演均以文字、声音配合影像来概览作家的一生，但《萧红》开端强烈的戏剧冲突，因未交代人物性格成因和过往行事风格，而略显浮夸单薄。《萧红传》中弟弟张秀琢回忆，姐姐自青年时代起，便不认可父亲规范的"三从四德和稳重文雅"。她难以忍受精神束缚，第一个"剪掉辫子、梳短发，拉同学到街上示威"，曾扬言如果不能顺利升学，便出家做修女。同学徐微曾说，萧红上学时特别爱读"《野草》《女神》《死水》"（平石淑子 45-47）。女作家自幼性格倔强、不受约束，又受到"五四"风潮的洗礼，敢于和家长抗争。在口述史的对照下，影像中的亲子冲突，对她而言是顺理成章之事。

《黄金时代》平和舒缓，饰演萧红的汤唯直视摄影机，此时画面灰白，作家自陈出生年月和死亡日期，及重要人生经历。影片将隐含读者、人物／演员、叙事者间离，以女鬼的自白交代她遭人误解的一生。该片中父母未登场，仅以汪恩甲和哥哥的肢体冲突暗示汪家对萧红出走的不满，但影片遮蔽了萧红恋慕表哥并与其同居的事实，以及父亲怀念女儿的亲情人伦。汪萧早有婚约，汪家将萧红判为家族耻辱，绝不仅是因她与汪恩甲未婚同居。同居之事得到过萧红父亲的认可，"耻"的根源是她在同居前，曾与表哥陆振舜私奔到北京。萧对陆产生好感而厌弃汪，在离开陆之后，又"回到汪身边"（60-62）。一女不侍二夫，好马不吃回头草，此民间朴素伦理。同时，父亲并不只是影片中武断的暴君。在萧红离家后，张庭举时常挂念她，经常谈论有关女儿的回忆，并托人在图书馆中寻找萧红的作品（平石淑子 282）。传记还原了人性亲情本能和家族耻辱的真实来源。

《萧红》《黄金时代》均将萧红构型为被丈夫羞辱的弃妇，忽略了她与汪恩甲离婚前的私下谋划和汪恩甲被族权困囿的事实。《萧红》中的萧红走出父亲的家门，又被夫权挟持。作家在屋中踱步，手持《玩偶之家》，当汪恩甲抵达住处后，她以身体换取求学机会。慢镜头特写身着皮草大衣，在教学楼内走动的萧红，此时她是丈夫手中的玩偶。当与汪恩甲发生冲突后，她被丈夫掌掴。霍建起重在表述萧红身为妻子的附属性和无经济来源的弱势地位。《黄金时代》中在西餐馆吃饭的萧红与汪恩甲则是闲话家常的夫妻，汪兄的出现打破日常的宁静。在汪恩甲将她抛弃前，全知镜头呈现了他抚摸妻子腹中之子的场景，夫妇二人并非毫无感情。电影均将汪恩甲构型为背信弃义之人，遮蔽了他被族权戕害，有身为人子难言之隐的纠结。据刘俊民、曹革回忆，汪恩甲不是无情无义之人，萧红对他也并非仅有抱怨不满，汪家人曾扣留过汪恩甲，逼迫二人离婚。开庭前，汪"不忍看到哥哥被法律处分"，为了保全家人名声，将责任揽到自己身上。离婚后，萧红由最初对此事的气愤，转为再度燃起对前夫的情感，二人才同居在东兴顺旅馆中。由于"赊账回家拿钱""亲戚王廷兰去世"等原因，汪恩甲消失，再也没回来（60-61）。汪恩甲与萧红是家族制度的受害者，他们不愿让亲人难堪，孤寂中急需情感庇护等情绪波动，补足了残缺影像的武断性。

二、亮相：西西弗斯之网

萧红身为女儿/妻子，被族人和夫家厌弃，且多次承受生产、疾病等身体之痛，她需要阳刚男性的情感庇护，以缓释孤寂悲凉的心绪。身为职业作家，她以为萧军誊稿走上创作之路，对文学体裁、写作手法、语言调度、历史意识均有独到见解，不甘于做丈夫的附庸。这两种身份相互矛盾。平石淑子认为，萧红在选材、主题和语言方面，受过萧军的影响。萧军对此表示认可，且表现出对萧红的大度，妻子也承受了丈夫的"度量"。但萧红过于性急，想"走在时代前端"，自觉将性别困境化合在故事中。时代语境决定她无法独自勇猛前行，庇护者们又将其视作被掩护的弱者。每当男性们想让萧红以"回报"来报答"庇护"时，她总会感到"厌恶和屈辱"，想切断双方的绝对权力关系（103、171、318、319）。以萧红为中心，对照她与男性伴侣及鲁迅间的关系，可看出"亟待被切断的庇护"和"理想的庇护"间的差别，以及萧红服膺何种男性气质，意图挑战哪类男权话语。

《萧红》中的鲁迅仅是配角，他帮二萧出书，送萧红去日本旅行，除此之外，再无叙事功能，许广平镜头亦不多。《黄金时代》的鲁迅是萧红的精神导师、理想父亲。鲁迅扶植后辈，常将二萧请到家中做客，把他们引荐给胡风等人。许广平是鲁迅的贤内助，在二萧产生矛盾后，以同情悲悯的女性视点呵护萧红的精神创伤。二萧到鲁迅家中做客时，鲁迅和许广平的正反打主视点对视，鲁迅在躺椅上，许广平在择菜，二萧与他们闲话家常。在萧红去日本前的送别宴上，许广平、鲁迅、萧红在餐桌前构成三角形稳定结构，长焦镜头向右缓慢平移，门板遮蔽饭桌景象。隐含作者将萧红与鲁迅夫妇的关系构型为亲人间岁月静好的日常，鲁迅如慈爱的父亲指导萧红写作、搭配衣服。导师逝世后，影片并未再现丧葬场景，仅以中景内万年青特写，暗示文豪离世和萧红隐忍定静的悲痛。萧红理想的"庇护"体现在她与鲁迅的关系中，鲁迅尊重女性写作的主体性，在她羽翼未满时，提供了平台和人脉。当她在上海离乡背井、与萧军爆发矛盾后，鲁迅从不多问一句，仅以无言的关怀疗治其精神创痛。鲁迅从未要求萧红报恩，萧红从导师处感到平等关怀，而非被施舍的屈辱。

《萧红》中的萧军有大男子主义情结，自认为是拯救女性的神祇，凭勇猛阳刚之气到处征服女性。平行蒙太奇对切二萧在洪水中寻找对方的场景：萧红迷茫无助，萧军是劈开洪水的摩西。全知中景俯拍二萧在洪水街道中相拥的场景，隐含作者认同勇武无畏的英雄救美和弱者的满足感。当他们搬进欧罗巴旅馆后，影片着重表现作家匮乏的物质生活，二萧共同承受苦难贫困。叙事人以萧红的主视点镜头观看挂在房门上的列巴圈，萧军哭诉自己无能力养家（霍建起）。自责与出轨均源自男性中心主义意识：他居高临下，妻子是被豢养的玩偶；摆脱经济困境后，又用阳刚气质与象征资本勾引其他女性。当二萧因萧军多次出轨、端木蕻良追求萧红而爆发矛盾时，萧红同泼妇般歇斯底里，反复对萧军唠叨他的错处和自己的委屈；萧军则理直气壮顶撞妻子，对情敌醋意大发。影片在处理萧红与骆宾基的关系时，以双人近景镜头对视、骆宾基为萧红挠背的手部特写、骆宾基的示爱自白，将萧红构型为对任何男性文人都有吸引力的文艺女青年。她神秘孱弱，勾起男青年的保护欲。影片全方位揭私作家们的恋情，未给当事人留有一丝体面，知识分子仿佛除了男情女爱外，再无精神追求。

《黄金时代》温和内敛的语调显露了独立的女性立场。在表述萧红逃离东兴顺旅馆时，萧军并未出场，萧红的自由源于自救。逃脱行为带有俏皮喜剧色彩，萧红欢乐地从窗户上跳下，乘船离开。当二萧有稳定收入后，隐含作者羡慕他们生活中的浪漫情调。饱餐一顿后，二萧从中景固定机位中相跨远去，配乐响起手风琴声，此为一起吃苦的幸福。在表述萧军的婚外恋时，叙事人并未让第三者登场，仅以对面阳台的两个女人同时俯瞰楼下萧军的场面调度，暗示丈夫出轨。影片也未展现萧军殴打萧红的暴力场景，仅以萧红眼角的伤疤点出恋情不可复原。二萧分手也是由于事业追求不同，萧红因想南下安心写作，并非无法容忍第三者。隐含作者以矜持含蓄的语调，保全了萧红的尊严和体面，这使知识分子的婚恋关系不致沦为滥俗的三角恋和通俗情节剧。

两部电影中的端木蕻良内敛温和，散发书卷气，他与萧红如弟弟依赖姐姐。萧军曾说"叔嫂不亲爱，君子防未然"，萧红用《陌上桑》罗敷的话回复丈夫。萧红托罗烽买去重庆的船票，让端木先走，但端木想等她一起。平石淑子笔下的萧红与端木蕻良是姐弟和母子，端木"患有风湿，面容憔悴、举止羞涩"，萧军"只想占上风"，忽视妻子的情感诉求（平石淑子243、251、320）。萧红以地母身份庇护端木，端木尊重萧红的性别立场和文学见解，照顾病中的姐姐，未逃避夫职。《萧红》中的端木蕻良以二萧恋情破坏者、媚俗的追求者形象出现。他与萧红在豪华的酒吧内畅谈文学梦，散发着小布尔乔亚气息，凸显其地主少爷出身。三人共躺一张床的俯拍中景内，端木偶尔猥琐地向萧红处探头（霍建起）。到重庆逃难时，端木独自乘船离开，萧红在香港生病时，他将夫职推脱给骆宾基。萧军出轨、端木弃妻，霍建起将萧红本质化为不断被男性抛弃的怨妇。《黄金时代》建构萧红与端木蕻良的主体间性。萧红欣赏端木渊博的学识，端木认为她的女性写作别具一格，二人在文学志业上彼此欣赏。萧红只想和端木过平淡的生活，不想再找有英雄情结的丈夫，且理解他为娶一个"名声不好"的女人所做的牺牲。在香港时，二人因对战势理解不同而暂时分离，端木并未抛下萧红。萧红临死前，端木守在她身旁，牢记遗嘱。许鞍华的端木蕻良平和儒雅，虽没有萧军勇猛的武人气质，但亦不失为合格的丈夫。

三、终曲：女性写作的自我超克

许鞍华以电影海报表述"女性写作"的概念与困境。海报化用与创作/书写、文字相关的元素——钢笔尖、墨汁点、刀锋文字，轻盈的鹅毛象征女作家漂泊的一生。许鞍华以图像展现萧红的漂泊经验、从业机缘、工作性质和性别境遇，图像寓意如下：萧红穿冬装站在洒满墨汁的白纸上，黄金笔尖的镂空处是她的黑色侧影，作家的天职是书写。白纸象征洒落白茫大雪的极地东北，萧红以文字再现地方生命经验。萧红、萧军欢乐地走在大街上，墨汁落入水中如空气中弥散的烟雾，二萧因写作结缘，又因文学观不同而分手。萧红坐在板凳上抽烟的侧影，折射在文字刀锋之间，知识分子写作的批判性，如锐利的尖刀般揭破社会痼疾。同时，"遭人白眼"的女作家亦要承受如刀剑般的流言蜚语。光线将图墙斜切为明暗两面，萧红站在斜三角亮光分界线处，人像被光逼迫至图角，此为女性生之艰难。随风漂浮的鹅毛落入水面上，远景处是提箱出走的萧红，女作家在战乱中随遇而安，客死异乡。此外，电影中大量女性间的凝视，说明隐含作者同情两性关系中的弱者，肯定萧红女性写作的性别立场。许广平被叙事人间离，跳出故事层，直对摄影机讲话。观众与影像间的第四堵墙被打破，叙事人将隐含作者对萧红的态度，借许广平之口强行灌输给隐含观众。许广平对萧红的评价如下：写作上的大智勇者，感性大于理性，为人妻与做知识分子的两难。鲁迅家狭窄的门是萧红坐凳抽烟图中逼仄的画框，与萧军爆发矛盾后，女作家被狭窄的画框困囿在院中。叙事人将观看萧红抽烟的主视点镜头交给许广平和梅志，三人互看的立体视镜是双眼透视，三位女性间构成相互理解的主体间性。她们均是男性文豪背后的贤内助，自身也有写作才华，故惺惺相惜。

《萧红》未过多呈现作家的写作经验和文学成就，仅以创作《王阿嫂的死》、复现香港演讲场景，暗示萧红已得到公众认可。《黄金时代》片名出自萧红赴日后的随感。异国之旅让她潜心创作，个体不受限制地表述思想，在文学中抒发情感，没有既定准绳规范写法，便是女性知识分子的"黄金时代"。该说个人主义倾向明显，许鞍华的女性写作观与平石淑子的萧红形象共鸣，又与西方女性主义的"女性写作"相区别。西方"女性写作"强调写作实践的反叛/抵抗性，目的为颠覆男权话语，挑战二元对立结构，将"身体作为武器""混淆叙事声音""强化文字朦胧破碎的诗性"，凸显女性写作的独特性（杨莉馨 209-218）。《萧红传》超越单一化性别立场，在互文本对读和文史互证的基础上，将女性小说放在人道主义和个人主义话语下阐释，从文格到人格，想象萧红形象。萧红年少时的偶像郭沫若曾说："真正的个人主义者才能是真的人道主义者，不以精神的努力生活为根底之一切的人道的行为，若非愚动，便是带着假面的野兽之舞蹈。"（郭沫若 88）作家首先是一个"大写的人"，之后才是一个女人，人文关怀高于性别立场。

平石淑子从女性写作的话语资源、观察角度、对启蒙精神的向往等方面，想象人道主义者形象。首先，她认为在《生死场》中，潜在的忍耐/抵抗无处不在，自杀/反叛是隐忍的极限。农村女性的苦难是"她们日常生活的一部分"，人们已经习惯了悲剧，忘了反抗。"生"是已被民众接受的理所应当之事，"要死就必须死，不死就得活到死"，忍耐是某种宿命（平石淑子 98）。人物的尊严被历史践踏，忍耐看似麻木，实则是人在消极自由中以"生"的韧性向命运抗衡。诸多有韧性的生命是作家自我人格的一部分，作家与人物在分娩的艰难和身体苦痛上共情。当切身体验变为虚构情节时，萧红难以控制情感呓语，致使表层文本零碎混乱。王婆死而复生一节精妙绝伦，她"已经完全活过自己之前的人生的角色"。平石淑子注意到，萧红将王婆比作"幽灵"，"文本中的人物各自都有赌上生死换来世的故事"：世上本不存在幽灵，女性"将自己杀死一次，才能转世成人"。自杀带有存在主义色彩，源于个体对现状的不满和对来世的期盼。"人"只有质疑当下人生，勇于改变它，才有意义（168-169）。

其次，萧红由为萧军誊写文稿走上创作之路，当女作家掌握写作方法、形成自己的风格后，她便以回溯/后设语调，在文本中自我辩护：萧军的妻子也是一个有感受力和思考力的"人"，自己不只是被丈夫庇护的"安琪儿"，当下自我故意排斥萧军文字间刻意提到的甜言蜜语（192）。萧红消灭旧我的动力、洗刷丈夫带来的屈辱感、急于成长的野心，显现在二萧叙事视角的差异性上。表述同题材/事件的作品，二者观看视点与立场均不相同。萧红注重对生命的哀怜和对弱者的悲悯，关注底层人身上的美好品质，拒绝回忆二人甜蜜生活的细节。萧军的诸多行为有利己性，他害怕妻子成长，重演茅盾《创造》的悲剧。但随着萧红不断成长，二萧必会分道扬镳。

最后，平石淑子考证出《呼兰河传》中主要人物的原型，找出现实与虚构的差异处，肯定底层生而为"一个人"的生存权与个体价值。小团圆媳妇无意识反抗传统，此为另类的自我拯救。有二伯有没落的知识分子气质，旧文人在新时代洪流中不知所措。冯歪嘴子不屈服于无主名无意识杀人团，挑战大家的"期待"，未来即使被人蔑视，也是明亮的。平石淑子认为，尽管人物的行为不自觉，但他们均希望自己以"人"的尊严活下去。萧红将呼兰图像转换为文字，观者对故乡"风景"、人物灵魂的透视也生成透视化的内心与反思主体。《呼兰河传》里的这些"我们＝中国人"，"我们"从一开始就不包括萧红自己，知识分子以批判性视点跳出被审视对象之外。继而，作家认为"我们"源于"我"，只有个体成为"我"后，个人的集合/"我们"才能发挥力量（237）。平石淑子对萧红作品/形象的解读，源于启蒙现代性话语。现代文学是人的文学，既有人本位之意，也涵盖对底层的同情悲悯。启蒙现代性即个性解放和人道关怀：肯定人之为人的价值，个体不受外在约束，反叛不合理的压抑，勇于承担义务和责任。平石淑子解读思路的价值在于，肯定了《呼兰河传》中每个卑微的灵魂均有存在价值和生之意义，该读法超越了单一的性别视角，显现隐含作者对"灵魂"的独特理解。

三部文本均再现萧红的日本之行。《萧红》将旅行处理为萧红无法忍受萧军出轨，独自到外国疗治情伤，这又掉入滥俗的多角恋中。《黄金时代》的日本之行激发了萧红对女性自由写作的理解，但未具体表述她在日本的自我超克。《萧红传》先交代日本之行的原因是二萧情感裂痕，萧红状态不好，但未将论述格局止步于男情女爱。平石淑子考证"东京时代"二萧书信往复的具体内容，萧红在日本的文学创作与日常生活，及她在异国的情动变化。研究者问题意识的出发点如下：既然二萧即将走向决裂，为何萧红到日本后依然频繁与萧军通信，且语调并不单是控诉？萧红从第四封信开始，便已适应异国生活，她向萧军讲述了"租房过程、身体病痛""鲁迅死后的焦躁"。重要的是，在努力学习日语后，萧红打开了新世界（220—221）。语言内蕴人/民族的思维模式，亦是一种文化认同。日本之行是女性知识分子的自我超克，表现为知识体系更新、写作手法转换、与旧爱诀别。萧红在信中表明，随时间推移，她逐渐反思清楚二者矛盾的根源。在创作步入正轨后，二人因创作观差异而触怒对方，他们的"生活习惯"和"写作习惯"也不同（229—230）。旅居日本的萧红已不再困囿于男情女爱，她只想打开自己的创作格局、精进绘画技法，完成向内转的自我超克。萧军停留在对"历史的怀念"中，无法理解一心想超越/否认历史的前妻。日本之行结束后，萧红创作了带有物哀韵味的《小城三月》，该作余韵委婉冷寂，男女主人公神似《红楼梦》的宝黛，《红楼梦》不难让人联想到《源氏物语》。翠姨与哥哥朦胧的爱情若有似无，二人无声的交流深潜隐秘、彼此吸附，短暂的相处让局中人难以把握稍纵即逝的幸福。翠姨之死源于她性格敏感和不幸的婚约，悲剧爱情如小说结尾处消逝在氤氲雾气中的马车一样，带有无言悲寂之味。日本之行精进了萧红的写作技法和美学格调。

结 语

《萧红》内蕴男性主义色彩。霍建起的萧红是掉入爱情陷阱中痴狂的疯妇，也是散发迷人文艺气息的流言女作家。男性视点体现在对萧军阳刚气质的构造、多角恋的叙事动力上，这消解了现代作家的精神追求。《黄金时代》肯定女性知识分子的尊严及作品价值。间离手法意在让观者跳出对萧红形象的前理解，按"罗生门"中的驳杂话语，重新建构一位知识分子。但这对不熟悉萧红生平的观者构成解读障碍：叙事时间混乱、填充闪回穿插、多处原文摘抄的文艺腔自白。《萧红传》以史料为证，结合人物动机的合理性，同情、理解每位当局者或故事人物的困境，隐含作者有悲悯之心。平石淑子将萧红人格的关键词指认为屈辱/耻辱、个人，这源于日本的耻感文化。受恩于人会使人背上恩债，个人要小心谨慎，观察别人是否是在评论自己。罪恶感与"耻辱心"相关联，两种意识相互交叠（土居健郎 30-34）。罪恶感来自"个人被集体排斥的恐惧"。羞耻心是一种有效的"强制力"，知耻为德行之本，人必须按规矩行事，才能得到别人的承认（本尼迪克特 200-203）。萧军对萧红的保护/恩情、萧军朋友圈对她的排斥、身为女性的性别原罪，让平石淑子笔下的萧红充满"耻"感。相反，羞耻也催动着其自我超克之心。不同媒介中的萧红形象均呈未完成状态，这也是本文以视差比照来建构萧红多维形象的基点。

致谢【Acknowledgement】

本文为国家社科基金重大项目"《中国女性文学大系》（先秦—今）及女性文学史研究"（17ZDA242）的阶段性成果，得到国家哲学社会科学规划办公室的资助，作者谨致谢忱。

My acknowledgment and gratitude go to the the major project of the National Social Science Foundation of China "The Department of Chinese women's Literature (pre Qin to the present) and the Study of The History of Women's Literature" sponsored by the National Philosophy and Social Science Planning Office.

引用文献【Works Citied】

鲁思·本尼迪克特：《菊与刀》，吕万和等译。上海：商务印书馆，2012年。

[Benedict, Ruth. *Chrysanthemum and Knife*. Trans. LV Wanhe, etc. Shanghai: The Commercial Press, 2012.]

土居健郎：《日本人的心理结构》，阎小妹译。上海：商务印书馆，2006年。

[Doi, Takeo. *The Psychological Structure of The Japanese*. Trans. Yan Xiaomei. Shanghai: The Commercial Press, 2006.]

郭沫若：《中国文化之传统精神》，成仿吾译，《创造周报》1923年第2号，第88—90页。

[Guo Moruo. *The Traditional Spirit of Chinese Culture*. Trans. Cheng Fangwu. *Creation Weekly* 2 (1923): 88-90.]

平石淑子：《萧红传》，崔莉 等译。北京：中国人民大学出版社，2019年。

[Hiraishi, Yoshiko. *Biography of Xiao Hong*. Trans. Cui Li, et al. Beijing: China Renmin University Press, 2019.]

孟华主编：《比较文学形象学》。北京：北京大学出版社，2001年。

[Meng Hua, ed. *Iconography of Comparative Literature*. Beijing: Peking University Press, 2001.]

萧军：《为了爱的缘故》。北京：金城出版社，2011年。

[Xiao Jun. *For the Sake of Love*. Beijing: Jincheng Publishing House, 2011.]

杨莉馨：《西方女性主义文论研究》。南京：江苏文艺出版社，2002年。

[Yang Lixin. *Research on Western Feminist Literary Theory*. Nanjing: Jiangsu Literature and Art Publishing House, 2002.]

自我与"他者":谈罗斯金传记中的"真实"问题

石琪琪

内容提要:"真实"是传记的核心价值之一,却时常引起人们的质疑。罗斯金的各类传记同样存在这个问题,其自传的交流式创作与旅行游记式写作,过于强调传主的主观"自我",将真实的传主隐匿在了事件背后;传记影视的叙事手法与传记体形式,过于追求一种"他者"影像,加深了我们对传主虚实间距离的认识。他传异本中的差异叙述,则可以为我们提供一种解读传记中"真实"相对性的立场。

关键词:罗斯金 真实 自传 传记电影 他传

作者简介:石琪琪,浙江大学中文系博士研究生,研究方向为西方艺术史论。近期发表了《约翰·罗斯金与维多利亚时期的学院派之争》《从拉斐尔到前拉斐尔:罗斯金艺术批评建构的基本路径》等。邮箱:there_s@163.com。

Title: The Self and the "Others": The Problem of "Truth" in Ruskin's Biography

Abstract: "Truth" is one of the core values of biography, but it often arouses our doubts. This issue also appears in Ruskin's biographies. The communication and travel writing in his autobiography overemphasize the subjective "self" of the preacher and hide the real preacher behind the event. The narrative technique and biographical form of biographical film and television drama excessively pursue an image of "otherness", which deepens our understanding of the distance between the virtual and the real of the originator. Through the differential narration in his biography, we are provided with a position to interpret the relativity of "truth" in biography.

Keywords: Ruskin, Authentic, autobiography, biographical film, biography

Shi Qiqi, a PhD candidate in the Chinese Department of Zhejiang University. His research interests include the history of Western art. He is the author of "John Ruskin and the Victorian Collegiate Controversy" and "From Raphael to Pre-Raphael: The Basic Path of Ruskin's Construction of Art Criticism". **E-mail:**there_s@163.com.

对于各类传记而言，"真实"的重要性毋庸置疑，杨正润在其卓著《现代传记学》中将"真实"视为传记的生命（27），并对不同文类中传记的真实问题进行了详细阐释。笔者在梳理相关罗斯金的传记文本①时，注意到他的自传《往昔》所塑造的传主形象，难以使读者获得客观、真实、准确的认识；而涉及他的传记影视、纪录片，也大都将其作为一种"重要的他者"，②成为电影媒介功能的政治话语表达；在不同的他传异本中，传记家的关注视角虽然更具多元，不过却呈现出针对同一历史史实的差异叙述。由此，我们对各传记体在叙述同一传主时的"真实"问题产生一定的困惑。虽然传记中的"真实"具有一定的相对性，但关于罗斯金的一些传记，通过"虚构"的细节，表述"真实"的史实，将"真实"的传主掩盖在历史史实之下，所塑造出的形象成为传记家的一种主观"创造"。笔者拟就此问题，针对罗斯金的自传过于关注"自我"，传记影视过于关注对"他者"的虚构，以及他传异本中不同传记家的"他者"视角，讨论传记中"真实"问题的相对性。

一、"自我"：自传中的"真实"问题

维多利亚时代不仅是英国现代转型的重要时期，同时也是人类社会文化发展过程中传统与现代的转折阶段。在这一历史大背景之下，罗斯金所阐发的批评理论，一方面具有极强的传统、保守特征，另一方面还明显具有对"工业化"的前瞻预示。但其自传《往昔》塑造出的传主形象却很难体现出这种传主的内在矛盾性，这部作品不仅在书写传主人生史实方面与传统自传极为不同，而且作品的文本结构也较为迥异。

如果结合对自传写作中"真实"问题的思考，我们首先应该关注罗斯金在写作自传时对传记"真实"问题的理解。罗斯金在《往昔》中曾提到，我们"无论是梳理国家历史，还是书写个人传记，都不可能在连续的岁月中稳定

的追根溯源。影响着它们的力量此起彼伏，并且通常都没有任何规律，一些事情往往在某些倦怠期过后，可能又会重新焕发新的热情"（Ruskin, *Praeterita* 159）。他在这里其实是将个人情感与历史史实结合考虑，认为不论是记录国家历史还是写作个人传记，个体情感对历史事件的选择具有极为重要的影响，这同样意味着自传中的"真实"具有一定的相对意义，但这种相对性依然具有表现真实人生价值的功能。罗斯金在自传中，重点论述早年间的旅行经历对人生价值观念的形成所产生的重要意义，他更加强调的是其思想、情感塑型的内在历程，而非直接通过重要的人生经历将自己"堆砌"为一位艺术先知形象。我们可以理解为，自传作者对传主人生的叙述，往往具有一种由内而外对性格的塑造，而非他传作者直接以一"伟大"形象为标准，逐层分析传主的个性何以成就这一卓越贡献。相比较而言，这种"自我"的内在塑造往往能够使我们更加认可自传写作中的"真实"价值。

针对自传中的"真实"问题，杨正润曾谈到，"自传中的所谓真实，要求事实的客观、准确和全面，也要求描绘出人格的真实和心理世界的真实"（《现代传记学》300）。杨先生将自传中的"真实"置于叙事的客观、全面，情感与性格的真实进行考虑。但我们需要思考的是，自传者在选择书写人生史实时，能否做到公正、客观，且不讳以溃化污，以及自传者对"自我"的认识是否正确。作者的"自传冲动"或许可以为自传的客观价值提供一定保证，不过《往昔》的写作却与此相去甚远，它的成书主要受到罗斯金的晚年挚友诺顿的教促，作品的创作目的更多是为了献给亲情，而非受到情感冲动的影响。自传中所述的一些事件，罗斯金参考了曾经发表在《命运·持棒者》中的内容，而非本人跟随回忆书写人生，作品中一些情节的后续安排，受到了读者对所发表内容的书信建议的影响。所以，罗斯金写作这部自传，在个体情感冲动方面不具有"自我"诉说的冲动，而且所选择的历史事件更不具自发性与客观性，这必然对整部自传的"真实"意义产生影响。这正是相关学者认为罗斯金写作《往昔》更多是为了"取悦"他人的原因，"《往昔》的出版不仅如罗斯金所希望的那样取悦了大多数读者，而且帮助改变了罗斯金在公众中的形象。那个过去常常显得专横、易怒、自以为是、教条的预言家，现在却显得温文尔雅、宽宏大量、和蔼可亲、谦逊有礼了"（Alexander 354）。

此外，相较于传统自传，《往昔》的行文结构明显具有一定的"跳脱"性，不仅只写了传主人生的前三分之一，而且写作方式更类似于一部旅行游记，而非通过典型事件塑造传主的典型性格。罗斯金虽然一开始试图通过传统自传的写作方式，从童年阶段开始回顾人生，但并未严格以时间轴线作为叙事路径，而是通过旅行经历梳理各阶段的情感碎片，所以文中频频出现同一事件附着不同历史阶段的情感表达。而且前后文之间的事件选择也并非具有标准的先后顺序，而是根据旅行地点，将不同时间段的游历感受置于同一语境下。比如在旅行中反思自身的童年教育③时，作者就表现出不同历史阶段的"跨时空"对话，"如果当初父母看到心爱的儿子身上潜藏的力量和弱点，就可以顺利培养出一个拥有真正的男子气概的儿子，也有可能培育出那个时代的欧洲的第一个地理学家，但这也只是如果"（Ruskin, *Praeterita* 84-85）。结合文中语境，这里不仅表达了罗斯金对作为传主的"自我"期望，同时还体现出作者对过往岁月的遗憾，甚至还隐含了"他者"对作者的客观认识，即认识到现实中的"自我"性格所受的童年经历的影响。

从作品的章节安排方面，我们更加容易注意到《往昔》相较于传统自传的"真实"问题。整个自传三卷本共有28个章节，其中涉及旅行地点的标题有23个，比如直接以米兰、罗马、帕尔纳索斯山、普林利蒙山，以及法西勒关口、枫丹白露、勃朗峰酒店和夏尔特勒兹修道院等地点或景点作为章节标题。这种传记的章节安排似乎完全违反了传统传记的叙事"规矩"，即传统以时间顺序为轴线的叙事方式被这种以地理位置为主线的方式打破。对自传者本人而言，或许可以将之视为自我人生经历的一种独特感受，但对读者而言容易产生解读困境，甚至出现理解谬误。如果从传统自传所具有的"真实"立场来看，当传主作为作者在叙述"自我"人生时，的确具有可信性；但罗斯金的这部自传，读者看到的更多是传主人生当中的不同情感碎片，而非情感的递进式塑型。针对罗斯金的这种"自我"塑造方式，一些学者将之视为深受基督教教义宣传小说结构影响的结果，认为"《往昔》的整体结构不是源自传统的自传体模式，而是来自基督教浪漫小说的象征结构"（Redford 675）。我们通过类比《圣经》

的叙事结构，这种观点的确具有一定的参考价值，整部作品是为了传达某一核心道德信仰，即以"亲情"为重点论述。但若从传记体的立场来看，文本之间的内在结构却相对比较独立、松散，作为传主的"人"仅成为"自我"断裂情感的承载体。

在写作这部自传期间，罗斯金也曾注意到这种介于读者与作者之间可能出现的理解与解读的壁垒。他认为通过"讲故事"的方式可以为自传的"真实"提供一定的保证，他在《往昔》中谈到，"我在这里间断地讲述一些关于早年经历的考验和美德的故事，因为我认为，如果我按照的是我所想到的一些经历，而不是按照标准的时间顺序来写作这部传记，我所写的人生将会更加完整"（Ruskin, *Praeterita* 117）。罗斯金的这种论述，似乎是为了回应自传结构的不严谨问题，试图通过历史事件的客观性最终实现整部作品可提供的"真实"价值，但一方面由于这部作品远没有完成，另一方面由于在同一事件上表达的情感特质具有跨度较大的时间关联性，难以使读者获得一种"整体"的理解。尤其相较于他传作品，自传中更加强调的是经历本身，而他传更加强调的是传主与历史之间的关系，这种片段式经历带来的"碎片感"更加令人深刻。比较典型的特征就是，自传作者认为人生当中的各种经历都可成为人生史实的烘托事件，而他传作者往往认为历史中的典型人物才是凸显传主特质的重要方式。所以，《往昔》中基本未曾出现艺术史当中的杰出名家，而他传往往重点论述了罗斯金与杰出人物之间的关系。可以说，《往昔》的"真实"写作为我们塑造的传主更多的是"情感"上的形象，而他传在这方面所提供的更多的是一种来自"历史"中的形象。

从传记的"真实"价值来看，《往昔》为我们提供了一种反向解读，即作者本人创作出一位令人产生疑惑的传主，令我们难以从客观的立场"观看"这一传主的真实存在。但它依然包含了传统自传中对传主的"自我"情感、精神等较为详细、深刻的阐释。虽然，"自传者关于自己或是关于亲朋，总有许多难以启齿或是不便、不想、不能说的话，他有意无意地会隐瞒一些事实的真相"（杨正润，《现代传记学》32）。但相较于他传作者，自传者对自身的叙述更加具有权威价值，虽然或许会受到主客观问题的质疑，但传主情感的"真实"却是难以驳斥的。

二、"重要的他者"：传记影视中的"真实"问题

在《往昔》中，我们难以获得一位完整的传主形象，而在有关罗斯金的纪录片、影视剧中，传主的"真实"影像更加偏离历史真实。传记电影作为电影艺术的一个重要门类，它具备传统电影艺术的相关特征，虚构性、故事化、再创造同样是传记电影的主要叙事方式。不过，一些传记电影为了追求商业价值，过于片面追求传主的易趣奇闻、隐私八卦，反而忽略了传记影视所应遵守的"真实"范畴，对我们客观认识传主产生了负面影响。

以艺术家作为传主的传记电影一直都是该类影片的重要选题，剧本大都通过阐述传主一生中较重要的历史事件，或以重要作品受到的推崇、批评为出发点，塑造传主的伟大形象。在这个过程中往往通过设置一位"重要的他者"反衬核心传主的杰出，这位"他者"虽然是传主身边真实存在的，但其价值更多的是为了作为一种反面衬托，甚至通过虚构的再创造以达到这种目的。此类现象频繁出现在近现代以来的一些传记电影当中，编剧在塑造传主时更多偏重于追求传主的个人隐秘而不是真实史实，甚至为了拍摄出具有某种目的的主题，"杜撰"出自己需要的情节，传记中的"非虚构"书写让位于影视意识形态的价值需要。

据笔者整理，涉及罗斯金的传记电影、纪录片、连续剧，拍摄于1912年的无声电影《约翰·罗斯金的爱情》开创罗斯金传记片之先河，后有BBC分别于1975年和2009年推出的连续剧《爱情学院》和《绝望的浪漫主义者》，以及1994年的电影短片《约翰·罗斯金的情欲》、2014年上映的电影《艾菲·格蕾》和《透纳先生》，等等。这几部影视剧的叙事主题虽不相同，但全都关注到罗斯金那段"隐秘"的婚姻；导演和编剧通过对史实细节的再"创造"，结合影视媒介本身的政治功能，罗斯金成为不道德、反伦理的批判对象。杨正润将传记电影分为历史片和故事片，他认为"历史片强调的是历史的真实性，主要内容是叙述传主一生的主要活动（通常以活动地点为叙述背景）……

尽可能对传主作出完整、直观的介绍"（470）。传记历史片对传主的"真实"价值提出的要求相对较高，不仅要求真实、客观，对人生史实的描述也要足够公正。上文所列举有关罗斯金的传记影视，BBC拍摄的《爱情学院》和《绝望的浪漫主义者》可归为历史片范畴。但罗斯金在该剧中更多作为一种"他者"，编剧主要借用其伟大批评家身份，以衬托作为传主的"前拉斐尔"成员；在刻画其形象时，历史事件的"真实"掩盖了事件细节的"虚构"，作为"他者"的罗斯金成为通过客观事件背后的非客观"再造"而成的影像。

而在电影《艾菲·格蕾》中，罗斯金虽然作为该影片的两位核心传主之一，但仅从电影标题来看，显然是作为女主艾菲的一种"他者"而存在。他的那段婚姻在这里被编纂成一部女性主义伦理故事片，其故事立意主要将罗斯金作为一种反面形象进行批判。虽然"传记故事片一般叙述传主的一段或几段经历，这些经历对传主来说，可能是最重要的，也可能并不十分重要，但必须是最富有戏剧性和故事性的片段，而且时间跨度不宜太大，人物不宜过多，以符合情节集中性的原则"（474）。相较于历史片，故事片对"真实"的要求有着截然不同的取向，它更加强调"碎片"的史实和史实的趣味性。影片通过对罗斯金一生几段历史事件的摘取，将他塑造为一位道貌岸然的"伪道德学家"，这无疑具有极强的"虚构"问题。这部电影基本可分为三段剧情：其一，烘托作为大批评家的罗斯金具有的崇高身份；其二，为写作《威尼斯之石》，携艾菲前往威尼斯旅行；其三，携艾菲、米莱斯前往爱丁堡演讲。通过阅读各类罗斯金的传记，仅就这三段历史事件本身而言，其剧情的确是真实存在的，但编剧的目的明显不是为了赞扬罗斯金的伟大，而是通过各种虚构的细节将其塑造为骄傲自负、不容置疑，甚至道德伪善的"强权"形象，而艾菲则成为被"霸凌"的对象。

该影片的叙事目的主要有三点：其一，罗斯金是一位巨婴式的成年人；其二，罗斯金是一位性无能者；其三，隐讳表达了罗斯金的恋童癖。该影片在英国一经上映就引起很多批评，研究罗斯金的学者认为，该影片"粗暴地诽谤历史人物，扭曲历史本身的程度远远超出戏剧所赋予的自由，在威尼斯的时候约翰并没有单独把艾菲留在那里……罗斯金在爱丁堡演讲时也并未让艾菲和米莱斯单独在一起（两人都一直跟随着），更没有威胁如果不服从就要毁掉艾菲的名声，这些场景都是一种故意蔑视的表现"（Donoghue 54）。显而易见，该影片之所以遭到批评，正是因为它通过"真实"的史实塑造了"虚构"的人物。笔者以为，该电影主要以女性主义的立场虚构了历史的真实，虽然对事件是"真实"书写，但所塑造人物明显更具主观性，它混淆了埋藏在事件之内的具体细节的真实，罗斯金在这里作为一种女性的"他者"，成为女性主义所要反抗的对象。

与之类似，电影《透纳先生》中的罗斯金同样被当作"重要的他者"，以"真实"的人物关系，"制造"虚构的人物形象。如果从传主透纳的角度来看，这部电影的叙说或许具有典型的真实特征，但从罗斯金来看，这部电影不仅否定了他的艺术认知能力，而且演员的形象也是一个"小矮人"的外表，无视了此时（1845年左右）的罗斯金已经是一位著作等身的大批评家。《透纳先生》中涉及罗斯金的描述总共有三幕。第一幕：在透纳家中的画展室，罗斯金父子购买《贩奴船》《暴风雪——汽船驶离港口》与透纳的对话；第二幕：在罗斯金家中的会客室，与多位杰出艺术家共同讨论海景画中的影像技术；第三幕：在罗斯金的家庭晚宴中，镜头聚焦透纳和艾菲之间略带神经质的对话，并以罗斯金浮夸的话语作为背景音。前两幕的剧情否定了罗斯金的艺术认知能力，第三幕则不明主旨地展示了惊慌失措的艾菲和精神萎靡的透纳。笔者以为，该影片为了反衬传主透纳，并未将罗斯金作为足以与透纳互为衡量的角色，而是通过对一者的贬斥、污化，反衬另一者的伟大，这种通过"虚构"的他者，建构核心传主的"非虚构"形象，具有一定的非客观性。

一些传记影视中的"他者"形象，使得我们更加难以客观认识到罗斯金的真实影像。电影所传达的批评家形象更多也只是一种演绎，是为了反衬电影意欲表达的深层主题，完全无视了"罗斯金的著作为我们开辟的视角，以及这些视角对我们如何通过艺术、建筑和我们工作生活的价值体系来看待世界的影响"（Ballantyne 117）。传记电影的虚构与真实之间的距离，模糊了传主的"真实"意味，历史事件成为电影的主题，而传主却沦为事件所表达主题的执行者。

三、"他者"：他传中的"真实"问题

罗斯金在自传中所呈现出的断裂形象，与传记影视中的虚实再造，割裂了我们真实、客观地认识该形象的基本视角，而罗斯金的各类他传异本，虽可使我们从更宽广的语境弥合这种认知差异，但我们同样需要注意他传异本在塑造人物形象时对"真实"问题的不同追溯。随着罗斯金的书信和文集被广泛整理与公开出版，对他的传记书写也愈加翔实，形象塑造也逐渐由传统传记的单纯叙述，转向现代传记的深度阐释。尤其是近些年出版的罗斯金传记，传记家多为该领域的研究学者，他们不再重点关注对传主人生史实的"真实"书写，反而强调对传主思想的研究方法。

自罗斯金去世的百余年来，至少有二十余位传记家、理论家为其作传，甚至有学者为其写作两部传记。参照杨正润的分类，罗斯金的传记文本总体可分为传统传记与现代传记两类，不同类型与不同阶段的罗斯金传记对传主的"真实"问题有不同的关注。总体来看，传统传记更加注重史实的真实，而现代传记更加注重思想的真实；早期传记更加强调历史事件的真实，中、近期的传记更加追求情感与理念的真实，由此呈现出罗斯金的诸多称呼，如艺术理论家、大批评家、社会学家、经济学家，甚至环境保护的提倡者等。笔者以为，这正是传记作者根据自身学缘，在关注罗斯金时产生的不同视角，以及由对历史真实的关注转向对思想真实的关注。这之间呈现出的对"真实"问题的不同考虑尤为重要，我们不仅需要关注他传与自传、影视中的区别，更要关注他传异本对同一史实的"真实"叙述所呈现出的差异现象。

首先，我们需要关注他传中的"真实"与自传中的"真实"在表述相同、相近的历史史实时呈现出悖论的现象。"反工业化"是罗斯金批评理论提出的一个重要立场，在他的自传和他传中都重点进行了相关论述，但似乎表现为完全相反的立场。以发展工业铁路为例，罗斯金在自传中谈到现在的铁路旅行者，"就像可怜的奴隶和傻子，任凭自己像牛车一样被拖着穿越各个国家，想象着沿途的风景，根本无法体会以前的人们，在选择和安排马车时复杂的快乐和期待"（Ruskin, *Praeterita* 95）。罗斯金之所以反对铁路旅行，是因为在他看来这种方式会弱化人们接受美的过程，工业化虽然可以使公众更加容易接触到美，但是使真正的审美欣赏远离了对美的感知。自始至终，他认为"铁路就其相关功能，主要还是一种商业贸易，它把旅行者当成一件或者的包裹运送，只需快速完成"（Ruskin, *The Seven Lamps of Architecture* 159）。而他传作者却认为，"罗斯金反对铁路，一直都是被肆意误传的观点，总的来看，他对于铁路的观点一直都是前后矛盾的。事实上，他从来都没有反对贯通铁路线路，他反对的只是将铁路建设在他所关注的景区范围内"（Collingwood 204）。柯林伍德通过细化罗斯金的一些观念，将其视为仅从"美"的层面反对工业化，巴兰坦更进一步叙说这个问题，"罗斯金谴责那些使劳动失去人性、向大气排放浓烟、在乡间修筑铁路的阴险机制，他试图提醒人美和真应该成为日常生活中的一部分"（Ballantyne 12）。我们可以注意到，自传作者更多只是对某一观点进行基本的阐述，而他传作者却是通过一定的史实背景与对传主的综合认识，在叙述史实的"真实"之外，论述该历史史实阐述的基础，前者强调的是由内而外的情感表达，即一种主观的真实，而后者则是由外及内的观念深入，指一种客观的真实。

其次，他传对自传中所谈观念的进一步解释，是否具有客观的"真实"意味。"解释"是传记写作中的重要现象，"传主的生平、传主的人格和对传主的解释，这三者是传记的基本要素，从这一意义上说，传记是对一种个性化历史的解释"（杨正润，《论传记的要素》56）。"解释"是现代传记之所以凸显"当代"价值的重要原因，也是形成他传之间差异叙述的重要因素。比如罗斯金的婚姻关系问题，自传与他传的叙说就体现出这一点。关于妻子艾菲，罗斯金在《往昔》中谈到，"我们在圣马丁离开父母之后，因为我准备去夏蒙尼峰和采尔马特进行地质考察，我收到我人生中最严厉的警告——我的妻子认为我是一只冷血动物"（Ruskin, *Praeterita* 419-420），整部三卷本传记只有这一处提及了艾菲，这必然是罗斯金的主观选择，其原因可能有多种，但自传作者仅简单阐述了这一史实。而他传却从各角度对此论述进行各类深层解释，巴兰坦认为，"罗斯金的这种行为与艾菲所说的自私完全不同，她无法理解他给我们最大的遗赠正是他的作品，对我们来说（对罗斯金来说也一样），这是他生命的意义"（Ballantyne 117）。作者以罗斯金的创作冲动为出发点，回应艾菲对罗斯金的评价，并将罗斯金预设为伟大艺术理论家，主要目的是证明罗斯金与艾菲之间的本质差异，证实一位普通女性和伟大艺术家之间的对立。而以艾菲为传主的传记则认为，"约翰狂热地继续学习，艾菲尽力地紧随其后。但约翰无法理解她对此的疲倦、无聊、焦虑，甚至是因此流泪"（Cooper 50）。通过这种简单的比较，两人之间的志趣差异很明显地展现在我们面前，或许我们也就更加容易理解他们之间短暂婚姻结束的本质原因。这两种"解释"具有不同的立场，从"真实"层面而言，都具有相应的阐释基础，唯独不同的是传记家对传主与非传主之间的主观观念。显然，巴兰坦认为罗斯金的伟大并不在于他的婚姻，而在于他的文化意义，而库珀则试图描绘生活中的罗斯金，就解释的维度而言都具有可信性，但他们这种解释已经不再是一种表层的史实，而是试图引导我们认识不同的传主。

最后，他传对未完成的自传进行一定的延续与拓宽，其"真实"价值体现在哪些方面？从罗斯金的批评理论而言，《往昔》仅涉及艺术批评的部分内容，比如对"如画美""自然美""哥特艺术"等早期思想的叙述，而他的社会政治批评基本未涉及。各他传作者对其未完成的后半生的塑造却呈现出不同的倾向，比如哈里森详细讨论了罗斯金提出的"强制义务教育、养老金、保障工人的住宅、救助失业者等等，并认为这些正是20世纪初期的社会改革者们主要实践的内容，罗斯金则是这些改革举措的先驱"（Hamison 107–108）。柯林伍德重点论述了罗斯金提出的政府的父权职能，并认为他后半生的主要活动正是建立在此基础之上，是为了实现"使下层阶级获得真正的高雅，使上层阶级获得真正的简朴"（Collingwood 197）。而蒂姆·希尔顿写作的传记则将重点放在了罗斯金晚年与英国工人和劳动者之间的联系上，以及罗斯金的晚年作品与他的情感经历的关系上。这三位传记家从教育、政权、劳资关系三个立场详述了罗斯金后半生的功绩，为我们带来的思考是哪一位传主是"真实"的罗斯金呢？笔者以为，第一，他传对自传的进一步诉说建立在自传中所谈的观念之上，比如《往昔》虽极少谈及社会政治评论内容，但他的观念在早期理念中已有显现，"无论是《伊利亚特》还是《威弗利》中的君王，他们承受着比其他人更加艰辛的责任……作为统治者，他们甚至不计任何回报，让自己的随从们分享所有的战利品，或者对他们进行奖赏"（Ruskin, *Praeterita* 6）。罗斯金的政治批评总体可视为一种服务型王权与政府无功利观的结合，上述他传基本建立在此之上。第二，他传对自传的延续同样建立在合情合理之上，要求史实的真实与发展规律的真实，他传所承载的任务更多是回归历史背景，并结合"当代"历史情感对传主的解读，更多具有一种"历史"的真实，而非纯粹事件的客观真实。

总而言之，针对他传与自传中的真实，我们不仅要从传主作为作者，而且要从传主作为他者，以及传记家作为另类传主的立场去思考。诚如传记的真实具有相对性，读者对传主的"观看"同样具有主观的相对性，这是造成同一传主不同形象的原因。不论是传主本人还是传记家，甚至是读者，所能认识到的传主都具有一定的主观性，但他传具有的"真实"价值依然可以为我们提供借鉴。

结　语

一般来说，自传中的真实是难以否定的，它具有先天的客观因素，即传主本人对自我的叙事显然具有一定的真实可靠性。但从一些自传中我们又很难认识到一位完整、客观、准确的传主，当传主作为作者时，所展现给我们的更多的是作者本人所能看到的"自我"形象。罗斯金在自传中的形象，无疑就是一种作者本人所能看到的"自我"，我们从中看到的是一位作为"旅行家"的传主，以及作为"亲情"的传主。而在传记影视剧中，则完全是一种"他者"影像，对理解传主而言具有极强的偏颇感，完全成为导演、编剧通过人物传达思想主题的工具人。而在不同的他传中，虽频频出现与自传或他传之间的叙述悖论，但显然更具客观、公正价值，他传作家更多通过某一视角，通过对传主的综合认识，实现人物、史实与解释的真实，他传中的传主形象虽多样，但同样"真实"。

致谢【Acknowledgement】

本文受益于《现代传记研究》匿名评审人提出的修改意见，作者谨致谢忱！

I am grateful to the editor of *Journal of Modern Life Writing Studies* and anonymous reviewers for their suggestions and comments.

注释【Notes】

① 将传记作为一种研究范式是西语学界对个人思想研究的重要方式，这种方法尤其见于20世纪以来的传记作品。笔者在进行先期文献整理过程中发现，西方学者通过书写传记研究罗斯金的专著至少有二十册，且批判、褒扬兼顾，国内目前仅发现李大钊曾为其作略传（现收录于《李大钊全集》第四卷）。通过梳理不同历史阶段的罗斯金传记，笔者注意到早期的罗斯金传记偏向于系统梳理传主的人生［以柯林伍德的《约翰·罗斯金的一生》（1911）最具代表性］，而中、近期的罗斯金传记则更多以研究其思想为重［以兰道的《罗斯金》（1985）、巴兰坦的《约翰·罗斯金》（2015）较具代表性］。因此，我们需要注意，目前国内的多数传记创作、研究，或许还未将传记作为一种重要的理论研究方法，仅限于对传主的生平书写，即使所涉相关思想的研究，也更多属于浅层探讨。

② 关于"重要的他者"，参见W.J.T. Mitchell提出的"Significant Other"，意指每一种艺术大都依靠与"他者"的对立来描述自身。W.J.T. Mitchell. *Iconology: image, text, ideology*. Chicago: University of Chicago Press, 1987.

③ 罗斯金出生于一个虔诚的宗教家庭，他的母亲是一位清教徒，她把玩乐视为一种罪恶，基本从未给幼年的罗斯金买过任何玩具，每天早上带着他虔诚地阅读、背诵《圣经》，并将之作为人生教条引导罗斯金的言行。罗斯金的童年并未受到系统的学校教育，甚至一个人长期囿于庭院之中，很少和同龄儿童接触，在进入牛津大学之前主要由私人家庭教师指导。肯尼斯·克拉克曾将罗斯金的童年经历归纳为"极端的隔绝和严格的新教教义"。

引用文献【Works Cited】

Alexander, Edward. "Praeterita: Ruskin's Remembrance of Things Past." *The Journal of English and Germanic Philology* 3 (1974): 351–362.

Ballantyne, Andrew. *John Ruskin*. London: Reaktion Books, 2015.

Collingwood, W.G. *The Life of John Ruskin*. Cloucester: Dodo Press, 2007.

Cooper, Suzanne Fagence. *The Model Wife: The passionate lives of Effie Gray, Ruskin and Millais*. London: Duckworth, 2010.

Darragh, O'Donoghue. "Effie Gray." *Cinéaste* 3 (2015): 53–55.

Hamison, Frederic. *John Ruskin*. London: Macmillan and Co., 1907.

Mitchell, W.J.T. *Iconology: Image, Text, Ideology*. Chicago: University of Chicago Press, 1987.

Redford, Bruce B. Ruskin "Unparadized: Emblems of Eden in Praeterita." *Studies in English Literature* 4 (1982): 675–687.

Ruskin, John. *Praeterita*. Oxford: Oxford University Press, 1978.

—. *The Seven Lamps of Architecture*. New York: Longmans, Green, and Co., 1903.

杨正润：《现代传记学》。南京：南京大学出版社，2009年。

[Yang Zhengrun. *A Modern Poetics of Biography*. Nanjing: Nanjing University Press, 2009.]

——：《论传记的要素》，《岩石与彩虹：杨正润传记论文选》，袁祺编。桂林：广西师范大学出版社，2016年，第42—56页。

[—. "On the Elements of Biography." *Rocks and Rainbows: Selected Biographical Essays by Yang Zhengrun*. Ed. Yuan Qi. Guilin: Guangxi Normal University Press, 2009. 42–56.]

生命体验·抒情传统·文史追求：论王鼎钧的回忆录写作对《从文自传》的继承与超越

杨　炀

内容提要：王鼎钧的回忆录四部曲因内容涉及之广、记叙手法之新备受学界关注。王鼎钧多次谈到回忆录创作的经验和技巧，其中沈从文及《从文自传》对他人生道路的选择和文学创作的影响值得重视。回忆录四部曲中对个人生命体验的展现、抒情主体如何介入历史的思索都能在《从文自传》中找到影子。王鼎钧也能破除"影响的焦虑"，认识到《从文自传》的不足，以回归传统的人生姿态和对文史意识的自觉追求，完成对《从文自传》的超越。

关键词：王鼎钧　回忆录　沈从文　《从文自传》

作者简介：杨炀，南京大学中国新文学研究中心博士研究生，主要从事中国现代文学和戏剧史料研究。邮箱：736827258@qq.com。

Title: Life Experience, Lyrical Tradition and Pursuit of Literature and History: On the Inheritance and Transcendence of Wang Dingjun's Memoir Writing from *The Autobiography of Congwen*

Abstract: Wang Dingjun's memoir tetralogy have attracted much academic attention because of its wide scope of content and new narrative techniques. Wang has repeatedly talked about the experience and skills of memoir creation, in which the influence of Shen Congwen and *The Autobiography of Congwen* on his choice of life and literary creation deserves attention. The reflection on personal life experience and the involvement of lyrical subjects in historical events in the memoirs can be found in this autobiography. Wang can also eliminate the "anxiety of influence", recognize the shortcomings of *The Autobiography of Congwen*, and complete the transcendence of the autobiography by returning to the traditional attitude of life and the conscious pursuit of literary and historical consciousness.

Keywords: Wang Dingjun, memoir, Shen Congwen, *The Autobiography of Congwen*

Yang Yang is a Ph D candidate at the Center for Modern Chinese Literature of Nanjing University. Her research interests include modern Chinese literature and historical materials of drama. **E-mail:** 736827258@qq.com.

王鼎钧的回忆录四部曲《昨天的云》《怒目少年》《关山夺路》《文学江湖》，叙述时间横跨近半个世纪，历经作者的少年时代、抗日战争、解放战争及渡台后的文学生活，其内容涉及之广，堪比厚重史书；记叙手法之新，堪比长篇小说。回忆录四部曲的创作受到多种因素的影响。首先，丰富的生活经历是创作题材的来源。王鼎钧亲历抗日战争、解放战争、渡台等重大事件，他在回忆录中通过自己的生活写出群体的生命。其次是宗教信仰。回忆录四部曲是一组包容性极强的"大书"，儒家入世精神、基督教博爱胸怀、佛家因果律，多元文化的碰撞让回忆录异彩纷呈。再次是王鼎钧渡台后的文学思考，他曾担任台湾多家副刊主编，在"台湾广播公司"任职，他的文学语言与创作风格的形成与这段经历不无关系。王鼎钧在台湾学习写作时也曾吸收历史学家汤因比的观点，思考如何用艺术的"符号"处理历史事件。除此之外，沈从文及《从文自传》的影响更是王鼎钧经常言及的。

王鼎钧提到沈从文给予他的启发，"我失学从军，人生失去目标，有幸读过《从文自传》。他小学毕业，在军中担任文书上士，文学给他另一种身份，另一个席位，使我看见光，看见可能"（王鼎钧，《东鸣西应记》113）。王鼎钧与沈从文的比较论是一个大话题，学界尚缺乏对两者精神关联、文学脉络的系统研究，笔者尝试以传记写作为切入点，呈现《从文自传》对于王鼎钧人生道路选择及回忆录写作的影响。《从文自传》讲述了沈从文前二十年的人生，阅读沈从文"流荡"（沈从文 58）的年少经历让初尝离家之苦的王鼎钧感同身受，产生共鸣。不仅如此，阅读沈从文给王鼎钧带来了持续的审美震撼。王鼎钧也正是在文学品格的审视与文学精神内核的把握上传承了沈从文的衣钵。

舍"自传"而写"回忆录"，王鼎钧较沈从文而言有明确的文体意识，深知两者的不同。《从文自传》以军阀割据混乱的湘西为背景，但作者的写作重心是少年沈从文的成长。王鼎钧认为回忆录超越了自传只写传主自己的局限性，展现了广阔的时代背景。同时，王鼎钧也坦言写回忆录的直接动因是"借自己的受想行识反映一代众生的存在。希望读者能了解、能关心那个时代，那是中国人最重要的集体经验"（王鼎钧，《关山夺路》272）。阅读《从文自传》，王鼎钧发现了为人的无限可能，日后他也在自己的流亡生涯中不断拓宽这种可能。同时，王鼎钧承继了《从文自传》抒情主体介入历史的姿态，写回忆录为情义立传。王鼎钧服膺沈从文"文体实验家"的身份，但也从沈氏自传写作重文轻史的弊病中汲取教训，注重历史与文学的交融，从而完成对《从文自传》的超越。

一、为学立言：流荡/流亡体验的创造性转化

若要谈王鼎钧与沈从文最初相似的人生体验，莫过于二人都是失学少年。无论是沈从文因顽劣主动离开学校，或是王鼎钧因战乱被迫失学，失学后两人都养成向社会"这本大书"求学的习惯。这里的"学"已超出学校课本之外，更多指的是知识与经验。沈、王二人走上文学道路，并有意将自身经历进行文学性呈现，则是"为学立言"。

沈从文小时候顽劣爱逃学，小学刚毕业就被送到家乡本省土著军队当兵。在军阀割据的湘西，沈从文与士兵、农民、手工业者及各式各样的底层人民生活在一起，目睹了人们形形色色的生活。此时他"便开始进到一个无从毕业的学校，来学那课永远学不尽的人生了"（沈从文 163）。以往论者多注意到了沈从文的从军经历在文本中展现出的暴力美学，相对忽视了自传文体本是"反映灵魂的追寻探索历程，是一种救赎手段"（勒热讷 8）。《从文自传》的救赎作用使沈从文的内心生活外现，将经历可视化为写作素材，文本向读者"敞开"。因为"敞开"，失学的王鼎钧才能进入，产生共鸣。

1937年抗日战争全面爆发，12岁的山东兰陵人王鼎钧跟随父母来到兰陵东南桥的外祖母家避难。同在此处避难的二姐将《从文自传》带入了少年王鼎钧的世界：

> 两天以后，我的书桌上出现了《沈从文自传》。书很薄，读的时间很短，想的时间很长，依书中自序和编者的介绍，沈氏生长于偏僻贫瘠的农村，投军为文书上士，凭勤苦自修成为有名的作家，最后做了大学教授。这个先例，给笼中的我、黑暗贴在眼珠上的我很大的鼓舞。
>
> 这本书展现了一个广阔的世界，人可能有各种发展。恨大舅命中注定也看不到这本书。（王鼎钧，《昨天的云》70）

王鼎钧阅读的是《从文自传》初版本。此版是单行本，同时有自序和编者的介绍。编者在沈从文照片下道："沈先生是个天才而又多产的作家，多才多艺，远近闻名。且从苦出生，读书甚少，大都由刻苦自修中得来，先生出生蛮荒之邦，少年时当士兵，入军队工作，凡此种种，都是他与别的作者不同之点。"（沈从文，《编者的话》）王鼎钧阅读《从文自传》，冥想的时间远多于阅读时间。王鼎钧因战争避难停学，相似的经历使他对沈从文倍感亲切，但这本书带给他的思考远不止这点。

"一个人一生从事什么职业，能做出什么样的贡献，除自己主观意愿和努力外，还要看客观环境能否提供相应的机遇和条件。尤其是青年时代，往往把握住一个重要机遇，就决定一生所走的道路。"（钱念孙 18）从传播学角度来看，自传的作用在于"首先应试图表达一种生活的深刻的统一性，它应表达一种意义"（勒热讷 10）。作为《从文自传》的小读者，王鼎钧悟到的"意义"是：沈从文从农村少年，通过自修到大学教授、名作家的经历展示了人生的广阔面，同时暗示生而为人所蕴含的可能性。

沈从文是王鼎钧文学道路的引路人，他将自己从军时在沅水上迁徙波折的经历称为"流荡"。这"流荡"经历对一路流亡的王鼎钧何尝不是一种慰藉？沈从文爱水，"流荡"显愁苦但见放浪形骸之状，而王鼎钧的"流亡"是一把辛酸泪。王鼎钧十四岁参加游击队，十七岁被迫离开家乡，有幸进入了鲁籍名将李仙洲创办的专门收容山东流亡青年的学校，但日军打过来，学生还得跟着学校一路流亡。抗日战争胜利后，王鼎钧为求生存加入宪兵，不久变成解放军的战俘，直至跟随单位流亡台湾，种种艰苦难诉笔端。如果说沈从文对于人性的认知最初来自沅水上的"流荡"经验，那么王鼎钧对于现代战争和社会生活的体悟则直接来源于流亡学生与宪兵的苦难经历。

沈从文将"流荡"经验创造性地转化为富于湘西风情的文学素材，"流荡"经验成为他写作资源的百宝箱。而"流亡"于王鼎钧而言则是精神的郁结，是一种"丰富的痛苦"。"失学少年""流亡学生"名号伴随王鼎钧的一生。七十年后，学者沈卫威前去纽约拜访王鼎钧，这位勇闯文学江湖的老人挺胸、昂首，敏捷地向他行了个军礼，开口第一句话竟是："失学少年向文学教授致敬！"（沈卫威 38）相比将写作自传作为一种救赎手段，王鼎钧跳脱出"流亡学生"的身份困惑，将书写流亡经历作为纾解之道。如他所言，"现实对作家的一切亏欠，作家都可以从文学取得报偿"（王鼎钧，《怒目少年》208）。布罗茨基在演讲中如此评价"流亡"："如果说流亡还有什么好处的话，那便是它能教会人谦卑。我们还可以更进一步，把流亡称为教授谦卑这一美德的最后一课。这堂课对于一位作家来说尤其珍贵，因为它向作家展示了一幅最为深邃的透视图。"（25）就这点看，流荡/流亡对人而言都是一种深刻的社会教育，沈从文与王鼎钧都从中受益。

流荡/流亡，为作家提供了时间流转的思考和空间迁移的跋涉，延伸与拓宽了作家的生命体验，同时也扩大了他们认识与实践的关怀层面。为学立言，沈从文与王鼎钧将社会教育看作"一本大书"，将其创造性地转化为写作的内驱力。王鼎钧对《从文自传》的阅读与接受也做到了"从作品中看别人的生活，看那些与自己不同的生活，以增进我们对人的了解与谅解，扩大自己的视野，提高自己的境界"（王鼎钧，《山里山外》5）。

二、为情立传：抒情传统的现代表达

在对《从文自传》的阅读与接受过程中，王鼎钧完成了自我主体的定位与塑造。与此同时，《从文自传》展现出的文化形式和审美理想让他接受了抒情言说方式的启蒙。沈从文代表了"'五四'以来抒情表述的最后一线命脉"（王德威 17），上承陈世骧所言中国文学源于《诗经》、《楚辞》的抒情"传统"，而后持续思考司马迁《史记》中"有情"与"事功"的对话。沈从文的写作将兴与怨、情与物、诗与史等古典议题置于现代人的境遇。他的"有情"（沈从文，《事功和有情》21）书写在《从文自传》中具体表现为对于人的关注，亦即建造"供奉人性的希腊小庙"（沈从文，《全集》9：2）。

《从文自传》写的都是小人物，但读者并不会因此觉得"小"，反而觉得那些小人物格外血肉分明。如处处帮助"我"的补习班班长梁凤生、予"我"阅读启蒙的司令部秘书官白脸，鼓励"我"去北京读书治军有方的统领官。即使是越轨的"有情"，仿佛都在情理之中，如卖豆腐的年轻男子将已死去的会长女儿背到山洞睡了三天的故事。在湘西土地上，脚夫、水手、兵士、土娼等一系列小人物，生命强悍有力，人性和谐自然。王鼎钧抓住了"有情"，相较于《从文自传》中接近自然主义的表现"人性"，王鼎钧选择以抒情主体主动参与的姿态写与小人物间有温度的"情义"。

王鼎钧常称自己是小人物，回忆录写的也都是小人物的情义之事，但他能小中窥大。"大事件发生时，小人物并无地位。大事件靠牺牲小人物来发展，事过境迁以后，侥幸活下来的小人物可以作证人。"（王鼎钧，《东鸣西应记》49）在回忆录四部曲中，情、义二字重千金，为情义立传是对它最好的报答：

> 所谓情义，内容广泛，支持帮助是情义，安慰勉励也是情义。潜移默化是情义，棒喝告诫也是情义。嘉言懿行是情义，趣事轶话也是情义。
>
> 这"最后一本书"为生平所见的情义立传，是对情义的回报。无情义处也涂抹几笔，烘云托月。（王鼎钧，《昨天的云》1）

《昨天的云》中，"大老师"荆石先生通过办学把新生事物引入兰陵，将家乡文脉接通，让"我"接受了最初的新式教育；插柳口随疯爷学诗，疯爷于乱世佯狂避祸，常"疯言疯语"，但"我"受益良多。《怒目少年》中，逃至阜阳准备入学的"我"多亏了承办人的体恤，顺利进入二十二中。《关山夺路》中，宪兵学校杨排长的呵护使"我"免受皮肉之苦；沈阳地藏庵师傅提供地方让"我"安心读书。显然，王鼎钧的抒情表达比起沈从文"有情"的抒发多了主体"我"的言说。王鼎钧不惮于"我"情绪的起伏表现，以至于在叙述过程中会有声音直接总结："我是歹命，当命运打盹的时候，我就绝处逢生。"（王鼎钧，《关山夺路》245）

《从文自传》对于"有情"人性的描写没有进一步延伸，但沈从文自1920年代起因阅读《史记》而引发的对于"有情"与"事功"的思考并未结束。1940年代末在经历了自我与时代的碰撞后，沈从文对此提出了更深层次的见解：

> （作者）所抱有态度，对于史所具态度，都是既有一个传统史家抱负，又有时代作家见解的……年表诸书说是事功，可因掌握材料而完成。列传却需要作者生命中一些特别的东西。我们说得粗些，即必由痛苦方能成熟积聚的情——这个情即深入的体会、至深的爱，以及透过事功以上的理解与认识。（沈从文，《事功和有情》21–22）

痛苦的积聚使沈从文对于传记写作中"有情"的认识达到了全新的维度。但因为1949年后自身政治境遇的转变，沈从文面临抒情主体自我消解的危机，他无法将思考所得呈现于纸上。王鼎钧在回忆录四部曲中延续了他的思考，并给出了自己的解决方案。

"情义"是王鼎钧"生命中一些特别的东西"，他直言要为情义立传。让"抽象的抒情"浮出地表，抒情主体采取介入历史的姿态是他在回忆录四部曲中给出的答案。可以说，王鼎钧确实有效化解了有情与事功相悖的处境，开辟出"论述抒情"的新路径。

正如沈从文对于湘西风景人事书写的执念，故乡兰陵也是王鼎钧回忆录写作中不可或缺的一部分，王鼎钧自言回忆录四部曲是他对故乡兰陵的情义所在。王鼎钧欣赏沈从文平易亲切又隽永有味的笔调，在阅读沈从文的过程中始知"天下文章并未定于一尊，升堂入室另有蹊径"（王鼎钧，《东鸣西应记》113）。那时尚未窥见文学之门的王鼎钧感念沈从文笔下的故乡："他写湘西风土报答故乡，令我悠然神往。我也想以后以故乡为写作的题材，报答我忘不了的人物。"（227）换言之，王鼎钧写故乡是为了报答情义，而非沈氏以"有情"写故乡。因此故乡的人事成了王鼎钧回忆录写作中论述抒情的抒情本体。故乡的父亲母亲、"大老师"荆石先生、长辈田兵、为"我"讲唐诗的疯爷，他们带领王鼎钧进入历史的记忆，为情义立传，情义本身"是生命之光，煜煜照人，如烛如金"（沈从文，《全集》12：10）。

沈从文曾说："事功为可学，有情则难知。""难知"是因为情义只有经历痛苦成熟后才能理解与认识。王鼎钧与沈从文有相似的生命体验，对于沈从文本身的遭际有理解之同情，所以他能够将沈从文"有情"的思考延续，并给予现代性表达："抒情不是别的，就是一种'有情'的历史，就是文学，就是诗。"（王德威 65）

三、修辞立诚：文史意识的自觉追求

《从文自传》对王鼎钧的自我主体人格产生影响，作品与读者之间形成了苏醒的召唤结构，阅读转变成实践。这种实践不仅是思想的指引，更是方法论意义上的创作反省与创新。

汪曾祺曾评价老师沈从文的自传："这是一本奇妙的书。这样的书本来应该很多，但是却很少。在中国，好像只有这样一本。"再进一步："这是一本文学自传。它告诉我们一个人是怎样成为作家的，一个作家需要具备哪些素质，接受哪些'教育'。"（汪曾祺 171）《从文自传》在1930年代名人自传写作潮流中诞生，与同期产生的自传作品相比，它确实独树一帜。文学性见长是《从文自传》最大的优点。同时它还能给予人们"如何进行文学创作"的启发，这也就让王鼎钧对"作家的素质"有了感悟。

首先是文体实验意识。沈从文是文体实验家，《从文自传》是沈从文尝试用小说形式写自传的结集。《从文自传》内部篇章零散，如一个短篇小说集。每一篇却不失对内容与形式的斟酌考量，如叙述视角的变换，从《我的家庭》中第一人称视角到《清乡所见》《一个老战兵》中的第三人称视角；零度情感叙述给读者思考空间，如《清乡所见》中杀人砍头的写实，卖豆腐男子偷尸体的荒诞传奇等。王鼎钧虽专耕散文，但如沈从文一样，他有意实验文学作品的素材以充分表现"精彩的人生"。回忆录四部曲一言以蔽之乃是王鼎钧"本格"的散文，"以记叙为主，加上抒情、论说综合使用，希望做到'修辞立其诚'，增之则太长，减之则太短"（王鼎钧，《东鸣西应记》229）。

"修辞立其诚"，是王鼎钧回忆录写作对于修辞美学的自觉追求。从文本看，抒情、论说的综合使用使回忆录四部曲比《从文自传》更具文字美感，使得文本本身内蕴了层次的律动。如1947年，"我"有感于"于子三事件"及各地接连不断发生的学潮，联想到自己的失学境遇，发出一通形式美与语言美兼具的议论：

> "大时代"的青年是资本，是工具。我们振翅时，空中多少罗网；我们奔驰时，路标上有多少错字；我们睡眠时，棉絮里有多少蒺藜；我们受表扬时，玫瑰里有多少假花。渴了，自有人向你喉中灌酒，死时，早有人为你准备好墓志铭。天晓得，因为热血，多么狭隘的视界，多么简单的思考，多么僵硬的性情，多么残酷的判断，多么大的反挫，多么苦的果报。（167）

在特定时代，无数青年的命运只是时代进行中的工具，个体命运微不足道。通过对情与辞的精心建构，"抒情主体赋予历史混沌一个（想象的）形式，并从人间偶然中勘出审美和伦理的秩序"（王德威 65）。王鼎钧为有力的思想披上合适的语言外衣，真正做到了"修辞立其诚"。

其次是对素材的调动能力。沈从文小说里的人物大都在《自传》里可以找到影子。《自传》是他所有小说的提要；他的小说是《自传》的合编。"（汪曾祺 175）沈从文的小说创作与自传形成一种互文关系。生活经历不是影响作家创作的决定因素，却是作家写作素材的重要来源。观照王鼎钧的回忆录创作，《昨天的云》开篇自白："我听说作家的第一本书是写他自己，最后一本书也是写他自己。'第一本书'是自传式的小说，'最后一本书'指作家的回忆录。我曾经想写'第一本书'，始终没写出来。现在我想写'最后一本书'

了。"（王鼎钧，《昨天的云》1）王鼎钧散文中的人物和事件乃至情绪也可以在"最后一本书"中找到影子，他的回忆录是散文的合编。散文集《碎琉璃》可看成回忆录四部曲的前奏，《一方阳光》《失楼台》《看兵》等集子以小说笔法回忆了王鼎钧山东故乡的人和事，散文集《左心房漩涡》也是取材于王鼎钧为写作回忆录而与大陆亲友通信的信件。

《从文自传》是"文学自传"。相较于文学性，寄身于自传文体的它，史学性相对欠缺。所以沈从文才会说："为了补救业务上的弱点，我得格外努力。因此不断变换作品的内容和形式，用不同方法处理文字组织故事，进行不同的试探。"（沈从文，《全集》13：366）沈从文自知无法解决文学性与史学性兼顾的问题，以期用文体实验来弥补史学性的缺失。沈从文分别于1940年代和1980年代对《从文自传》进行修改，增加了对湘西人文地理与军队吏治的介绍，提高了自传的史料价值，但这种后见之明又破坏了文学自传浑然一体的结构。

20世纪70年代以海登·怀特为代表的新历史主义兴起，把文学与人生、文学与历史、文学与权力话语的关系作为自己分析的中心问题。王鼎钧在这样的历史语境下重新思考文学与历史之间的互动关系。与沈从文在《从文自传》中表现出的文体实验先锋姿态不同，王鼎钧选择将个人历史与文学创作置于20世纪的中国历史背景下，打破文学与历史的边界，在尊重史实的前提下以回忆录方式提供文学性的历史细节。这也正是王鼎钧所说的"为了建立某种形式而写作，或者为了颠覆某种形式而写作"（王鼎钧，《东鸣西应记》113）。

尊重史实首先要回归传统，做好充足的史料考据工作。这需要长时间的准备。回忆录第一册《昨天的云》于1992年面世，但早在20世纪80年代王鼎钧就开始从美国写信寄往大陆寻访故人，开展连续四年的通信搜索。同时，他阅读战史、方志、名人回忆录，一方面以求补足写作所需材料，另一方面是为了帮助回忆和反省。《关山夺路》涉及解放战争，是四部曲中篇幅最多的一册，如何用自己的思想、语言来描写战争时代的经验，发掘人生别样的精彩，这是王鼎钧在写作《关山夺路》时花了十三年持续思索的问题。最后也证实"从地窖拿出来的酒，最后拿出来的总是最好的"（王鼎钧，《关山夺路》269）。

描述文学性的历史细节则要对文学与历史临军对垒、各不相容的弊端有所警惕。有访者向王鼎钧求教历史学家黄仁宇的回忆录《黄河青山》与文学家齐邦媛的回忆录《巨流河》的差异，王鼎钧回答：

> 黄仁宇教授的《黄河青山》似乎没有文学抱负，齐邦媛教授的《巨流河》似乎没有史学抱负，我现在不能作具体比较。
>
> 一般而言，史学家对史料有兴趣，文学家对铺张场景、渲染气氛有兴趣，司马光的《资治通鉴》，爱好文学的人读不下去，太史公写的"鸿门宴"，史学家认为不足取法。（王鼎钧《东鸣西应记》45）

很多人都经历过抗日战争、解放战争，相似题材的历史背景是相同的。王鼎钧认为"文学作品是在大同之下彰显小异，所见者异，所闻者异，所受所想所行者异"，"人生的精彩和启发都藏在这些'小异'里，这才不会把回忆录弄成个人的流水账"（14）。这些"小异"，也就是文学性的历史细节，在回忆录四部曲中具体表现为对叙事节奏和情绪节制的把控：

> 回忆录之所以可读，应该是作者以他的风格引领读者入乎其内，进入你的世界，浑然忘我，然后启发读者的心智出乎其外，返身关照，增益其所不能。但作者并不应以作文而宣泄情绪，这既伤了回忆录之"真"，也未将读者的需求加以考虑。作为传主，写作过程中深陷往事，情绪难以自己，如何行文？只能等待激动流泪的日子过去，返身关照，这样才能"入乎其内然后出乎其外"，写自己的事情如写别人的事情，写别人的事情如写自己的事情。（68）

作者感情不加节制的涌现会损害回忆录的"真"。有些作家在写作过程中，为了使作品符合艺术原理，以达到一定的艺术效果，宁愿弃真实性不顾。王鼎钧直言："回忆录禁止这样的理想化。回忆录的文学性，只能显示在章法布局上，修辞造句上，而且有限度。"（28）

王鼎钧将"有限度"的文学性巧妙运用至回忆录四部曲的结构上。四本书因内容不同而结构有异，但合起来又成有机整体。《昨天的云》以童稚眼光看待事物的发生，恰似海上的一座座孤岛，能望见却无法说出因果联系；《怒目少年》中抗战爆发，王鼎钧作为流亡学生跟随学校一路迁徙，此间遭遇的事情呈线性发展；《关山夺路》中内战爆发，王鼎钧随军奔波，亲人离散，哀鸿遍野，人与社会环境的冲突凸显，书中描写充满戏剧性，呈现出拼图样貌；《文学江湖》中，王鼎钧在台湾安定下来，以自己所在的台北为圆心，文学事件为半径，写出自己所见所闻所感，构成一个"圆"，即江湖。

结　语

王鼎钧从不吝啬谈沈从文对他的影响。《从文自传》让少年的他看到了广阔的社会；让抗战中成为流亡学生的他备受鼓舞，开掘人生的可能性；让成年的他欣赏文学的纯粹；让他不忘为"小人物"作传，以"今日之我反身观照昨日之我"（47）。《从文自传》对于年少的王鼎钧来说既是抚慰又是机遇。王鼎钧没有局限于《从文自传》的叙述格局，将"回忆录四部曲"囿于"求学—成长史"的记录，反而自揭"流亡"伤疤，记录下个人命运变化，展现时代变迁。让人惊喜的是，王鼎钧在回忆录写作中以"抒情主体介入历史"的书写实践深化了沈从文的"有情"之说。王鼎钧是承继沈从文五四文学一脉抒情传统之人，同时他也是赋予传统新生的人。

在回忆录四部曲中，王鼎钧尊重历史，以史家的学养做历史的证人，随后出乎其外，用文学家的细腻补充了历史性细节，为我们展现了历史与文学的双向互动。王鼎钧羡慕汪曾祺"学沈像沈"（227），但单从回忆录写作上来看，王鼎钧完成了对《从文自传》的致敬，实现了对沈从文的超越。

致谢【Acknowledgement】

本文受益于《现代传记研究》匿名评审人提出的修改意见，作者谨致谢忱。

I am grateful to the anonymous reviewers of *Journal of Modern Life Writing Studies* for their suggestions and comments.

引用文献【Works Cited】

约瑟夫・布罗茨基：《悲伤与理智》，刘文飞译。上海：上海译文出版社，2015年。

[Joseph, Brotsky. *Sadness and Reason*. Trans. Liu Wenfei. Shanghai: Shanghai Translation Publishing House, 2015.]

菲力浦・勒热讷：《自传契约》，杨国政译。北京：北京大学出版社，2013年。

[Lergenne, Philippe. *The Autobiographical Pact*. Trans. Yang Guozheng. Beijing: Peking University Press, 2013.]

钱念孙：《朱光潜：出世的精神与入世的事业》。北京：文津出版社，2005年。

[Qian Niansun. *Zhu Guangqian: The Spirit of Birth and Accession*. Beijing: Wenjin Publishing House, 2005.]

沈从文：《从文自传》。上海：上海第一出版社，1934年。

[Shen Congwen. *The Autobiography of Congwen*. Shanghai: Shanghai First Publishing House, 1934.]

——：《从文自传》。南京：江苏人民出版社，2014年。

[—. *The Autobiography of Congwen*. Nanjing: Jiangsu People's Publishing House, 2014.]

——：《事功和有情》，《沈从文别集》。北京：中信出版集团，2017年。

[—. "Merit and Affection." *A Collection of Shen Congwen*. Beijing: Citic Publishing Group, 2017.]

——：《沈从文全集》（第1—32册）。太原：北岳文艺出版社，2009年。

[—. *The Complete Works of Shen Congwen*. 32 vols. Taiyuan: Beiyue Literature and Art Publishing House, 2009.]

沈卫威：《流亡学生齐邦媛、王鼎钧对历史的见证》，《读书》2018年第10期，第32—40页。

[Shen Weiwei. "Exiled Student Qi Bangyuan and Wang Dingjun's Testimony to History." *Reading Book* 10 (2018): 32–40.]

王鼎钧：《昨天的云》。北京：生活・读书・新知三联书店，2013年。

[Wang Dingjun. *Yesterday's Cloud*. Beijing: SDX Joint Publishing Company, 2013.]

——：《怒目少年》。北京：生活・读书・新知三联书店，2013年。

[—. *Angry Boy*. Beijing: SDX Joint Publishing Company, 2013.]

——：《关山夺路》。北京：生活・读书・新知三联书店，2013年。

[—. *Mountain Pass Road*. Beijing: SDX Joint Publishing Company, 2013.]

——：《山里山外》。北京：生活・读书・新知三联书店，2013年。

[—. *In and Outside the Mountain*, Beijing: SDX Joint Publishing Company, 2013.]

——：《东鸣西应记》。南京：南京大学出版社，2015年。

[—. *Response to the East and the West*. Nanjing: Nanjing University Press, 2015.]

王德威：《抒情传统与中国现代性》。北京：生活・读书・新知三联书店，2010年。

[Wang, David Der-Wei. *Lyric Tradition and Chinese Modernity*. Beijing: SDX Joint Publishing Company, 2010.]

汪曾祺：《晚翠文谈新编》。北京：生活・读书・新知三联书店，2002年。

[Wang Zengqi. *New Edition of the Late Literary World*. Beijing: SDX Joint Publishing Company, 2002.]

城市地方性精神视域下的《南京传》与《伦敦传》

葛希建

内容提要：本文在地方性精神的视角下比较叶兆言的《南京传》与阿克罗伊德的《伦敦传》，探讨城市传记的不同书写方式以及其与城市地方性精神建构之间的关系。本文从两本城市传记选取的史料切入，认为叶兆言的《南京传》中书写的是城市的"大历史"，阿克罗伊德则是书写城市的"小历史"。叶兆言在《南京传》中关注的是统治阶级与南京城的关系，而阿克罗伊德在《伦敦传》中则是关注底层人民与伦敦的关系。叶兆言在《南京传》书写的是南京城的贵族文化，阿克罗伊德在《伦敦传》中书写的是伦敦的民间文化。

关键词：叶兆言　阿克罗伊德　地方性精神　南京　伦敦

作者简介：葛希建，南京大学博士在读，主要研究英美文学。近期发表论文《真诚或真实？——格吕克诗歌中的家庭书写》（《外国文学》）。邮箱：1173926241@qq.com。

Title: On *Nanjing: The Biography* and *London: The Biography* from the Perspective of a City's Spirit of Place

Abstract: This paper compares Ye Zhaoyan's *Nanjing: The Biography* with Peter Ackroyd's *London: The Biography* from the perspective of a city's spirit of place and explores the different ways of writing city biographies and its relationship with the construction of city's spirit of place. It argues that Ye Zhaoyan writes Nanjing's "big history" in *Nanjing: The Biography*, while Ackroyd narrates London's "small history" in *London: The Biography*. In *Nanjing: The Biography*, Ye pays more attention to the relationship between Nanjing and the ruling class, while in *London: The Biography*, Ackroyd lays more emphasis on the relationship between London and its underclass. Ye Zhaoyan leaves more room for the aristocratic culture in *Nanjing: The Biography* while

Ackroyd prefers to focus on folk culture in *London: The Biography*.

Keywords: Ye Zhaoyan, Peter Ackroyd, spirit of place, Nanjing, London

Ge Xijian is a PhD candidate in the School of Foreign Languages at Nanjing University. His research concerns British and American Literature. His recent article "Sincerity or Authenticity? The Family Writing in Louise Glück's Lyric Poetry" was published in *Foreign Literature*. **E-mail:** 1173926241@qq.com.

作为享誉世界的历史文化名城，南京和伦敦吸引了无数文人墨客来书写。20世纪80年代，中国作家叶兆言和英国作家彼得·阿克罗伊德（Peter Ackroyd）在文坛崭露头角。在两人的文学生涯中，南京和伦敦皆扮演了重要角色。①因为各自城市立传之缘故，两位作家发生交集：叶兆言的同学顾爱彬曾推荐叶兆言阅读《伦敦传》（*London: The Biography*），并鼓励他写一本，叶兆言读完后说，"要是我来写，起码不会比这本差"（74）。2019年《南京传》由译林出版社出版，这就为两本城市传记的比较提供了契机。

城市传记的兴起主要有赖于文化传记的流行。在布什（Harold K. Bush Jr.）看来，"文化传记旨在将传记主体的生活故事和他所处时代的意识形态、争论、担忧、价值观念和信仰所匹配；它是传记的一种深度历史化版本，其中充满着影响传记主体命运的壮阔的历史观念以及社会和文化的变化趋势（通常包括看起来最细枝末节的琐事）"（Bush 113），他还进一步指出人物的文化传记中对地方性精神的关注影响到城市传记的创作，"这种对于特定地方精神的关注越来越有点成为文化研究的趋势，渴望处理城市历史的细微之处，这包括将纽约或是圣彼得堡作为'传记'对象"（120）。由此可以看出，城市传记源于文化传记关注对象由人到地方的迁移，其对"特定地方性精神"的强调，使其迥别于传统方志的书写。国内学者芦坚强同样认为，"作为传记的一种，城市传记以城市为书写对象，叙述较为完整的城市历史，在城与人、城市与文化的双向动态影响下注重书写城市地方性精神（spirit of place）"（芦坚强，《城市传记的书写实践研究》26）。他借用英国地理学家迈克·克朗、挪威建筑学家诺伯格-舒尔茨以及段义孚的理论，认为"城市地方性精神就是人们在城市中形成的思维方式和文化观念"（31），关于城市传记如何影响城市地方性精神的构建，他进一步指出，"城市传记对地方性文化、精神的书写具有选择性。为了突出城市地方性精神，城市传记会有意识地选择书写材料与内容，在城市发展中具有独特意义的事件、人物、建筑等等成为重点书写对象"（31）。由此观之，城市传记作者选择城市历史的哪些事、生活在城市中的哪些人与城市中的哪些文化来写，决定了其笔下的城市是怎样的，因此城市传记作者笔下的城市精神与城市形象具有建构性。本文在地方性精神的视角下比较叶兆言的《南京传》与阿克罗伊德的《伦敦传》，探讨城市传记的不同书写方式以及其与城市地方性精神建构之间的关系。从两本城市传记选取的史料切入，认为叶兆言的《南京传》中书写的是城市的"大历史"，阿克罗伊德则是书写城市的"小历史"。叶兆言在《南京传》中关注的是统治阶级与南京城的关系，而阿克罗伊德在《伦敦传》中则是关注底层人民与伦敦的关系。叶兆言在《南京传》书写的是南京城的贵族文化，阿克罗伊德在《伦敦传》中书写的是伦敦的民间文化。

一、城市传记中的"小历史"与"大历史"

关于"小历史"和"大历史"的概念，在《小历史与大历史：区域社会史的理念、方法与实践》中，赵世瑜区分如下，"这里的所谓'小历史'，就是那些'局部的'历史：比如人性的、地方性的历史、也是那些'常态的'历史：日常的、生活经历的历史，喜怒哀乐的历史，社会惯例的历史。这里的所谓大历史，就是那些全局性的、比如改朝换代的历史、治乱兴衰的历史，重大事件、重要人物、典章制度的历史等等"（10）。就城市传记而言，芦坚强认为，"城市传记以历史时间为经线，以影响城市发展的人物、事件等为纬线，书写城市空间布局、建筑风貌、人物情状、民间风俗等"（芦坚强，《城市传记的书写实践研究》29）。虽然芦坚强在这里提出城市传记要摹写"人物情状"和"民间风俗"，但他重点强调城市传记的首要线索是重要人物和重要事件，尤其是能够影响城市发展的大人物和大事件，也就是赵世瑜所说的"大历史"。然而，在微观史学的影响下，西方当代传记开始转向对小人物的生活和文化的关注，"在这方面，最近越来越多的传记从社会史的成就中汲取营养，这强化了对于不是精英的那些团体感知，因此为那些关注底层阶级的作品提供了动力，这也是现代传记学术的基础"（qtd. in Lässig 4）。这与赵世瑜提出的"小历史"有很多相似之处。由此可以看出城市传记有两种写法："大历史"的写法和"小历史"的写法。具体到叶兆言的《南京传》和阿克罗伊德的《伦敦传》，则会发现叶兆言更多关注的是南京的"大历史"，而阿克罗伊德更多关注的是伦敦的"小历史"。

早在写作《南京传》之前，叶兆言已出版两本与南京相关的作品：《南京人》和《老南京：旧影秦淮》。在《南京人》中，作者写南京人的吃喝玩乐、衣食住行以及南京的气候变化等等话题。在《老南京：旧影秦淮》中，作者谈论的是老南京，尤其是民国时秦淮河、道路、中山陵、大学、邮政、官邸的变迁。可能正因此，叶兆言在《南京传》中一改往日对"小历史"的书写，而是借由书写南京的历史折射中国历史的变迁，如作者所言，"就南京这个城市是适合于从南京来说中国历史，所以我的《南京传》是一本以南京为平台来讲中国历史的书，我其实不是在说南京这个城市的变化有什么，完全跟地方志不一样"（叶兆言、何映宇 74）。在《南京传》中，传记结构主要以在南京定都的朝代为线索，书写中国历史上的王朝兴衰和朝代更迭，这可从每个章节的标题中看出：东吴的天空、六朝人物、吴姬压酒劝客尝、南唐往事、旧时燕子傍谁飞、应天府、冶隆唐宋、民国肇生。作者在书中反复强调伟大人物对于城市历史走向有决定意义。例如，在追溯南京这座城市历史的源头时，他格外强调孙权的重要性，"换句话说，南京的城市历史，与东吴的孙权有着非常重要关系。有时候历史就是英雄创造，唯心史观也好，唯物史观也罢，反正这位叫孙权的好汉横空出世，与南京关系非同寻常，他的想法决定了南京命运，他的个人意志促使这个城市的诞生"（叶兆言 4）。孙吴迁都南京之后，南京城迅速发展，"江东大户纷纷迁入首善之都南京，渐渐地，这里已是豪门士族和富裕人家的天下"（44）。最能体现南京城受统治阶级意志影响的莫过于明朝永乐大帝迁都。迁都北京之前，"到洪武末年，南京人口大约是七十万人，无可争议成为全国排名第一的城市，不折不扣的首都，面积最大人口最多"，但是永乐大帝迁都之后，"南京人口急遽下降到三十万人"（353）。因此，叶兆言的《南京传》是一部"大历史"的城市传记。

与之不同的是，阿克罗伊德在《伦敦传》所关注的则是伦敦的"小历史"。有学者认为，"他（阿克罗伊德）的伦敦相对来说不是一个拥有议会、唐宁街和白金汉宫的政治权力中心，从这里曾经统治一个巨大的帝国；而是一个舞台，在这个舞台上，人间喜剧持续地发生着"（Niedokos 65）。换句话说，阿克罗伊德的《伦敦传》关注的不是英国的大历史，而是在伦敦发生的"人间喜剧"。实际上，在《伦敦传》中很少出现上层社会的人物和与之相关的机构。为数不多的上层人物与机构的出现，也是作者为了凸显与他们相关的地域文化。有评论家注意到阿克罗伊德在传记中提到国务大臣桑威奇伯爵（The Earl of Sandwich），紧随其后的便是"三明治"的发明和赌博文化（McGrath），阿克罗伊德如是写道："国务大臣桑威奇伯爵'在一张赌桌前度过四天又二十个小时，这整段时间里，他仅靠一点牛肉，两片吐司充饥，并且不曾离开赌桌进食，这道菜极其时尚……以发明者国务大臣的名字为菜名'。"（322）在《伦敦传》中，阿克罗伊德的伦敦是小人物的伦敦，他着重描写底层人物的日常生活和文化：他们的饮食、集市、酒、烟、赌博、性欲以及产生的垃圾和臭气。阿克罗伊德认为伦敦的发展并不是全由上层人物的意志决定。虽然阿克罗伊德承认"伦敦奠基在权力之上，这是处决和压制之地"（23），但是伦敦城的发展很大程度上是像一个有机体一样自然生长，"有时甚至对我来说，这座城市本身是自我生成的，某种程度上，它在自己的发展中扮演着主动的角色，像某个复杂的有机物逐渐发现自己的形式"（qtd. in Wolfreys 123）。伦敦城发展的主动性实际上依赖于底层民众自有的应对权力的方法。尤其阿克罗伊德在传记中提到1666年伦敦大火之后伦敦城的重建。大火之后，查理二世为防止市民擅自动工，"三日后，国王颁布文告，承诺重建工程将神速展开"（201）。雷恩和伊夫林都开始规划新伦敦城，然而，"没有一个计划可行，没有一计划行得通。一如既往，这座城市依循其古老的地志轮廓重申旧地"（201）。

二、城市传记中的城市地方性精神：城与人

两位城市传记作者采用不同的城市史视角决定着他们想要复活的城市记忆，以及他们想要建构的城市精神。杨正润认为："传记以记忆为基础，记忆的特点影响着传记。"（74）具体到城市传记，芦坚强借鉴法国历史学家皮埃尔·诺拉对历史与记忆的区分认为，"城市传记表面书写城市历史，实际上是通过想象与书写完成城市记忆的复活与还原，从而完成历史建构。在历史纪实与记忆虚构书写中一种新的历史——城市传记产生了"[②]（转引自芦坚强，《城市传记：城市记忆书写的表意》116）。换句话说，城市传记通过文学想象对已有史料按照作者对城市历史的理解重新编排，从而将城市的历史转变为一种对城市的鲜活记忆，城市地方性精神则在城市传记的书写中得到建构。地方性精神（genius loci/spirit of place）指的是"某处地方所具有的独特的氛围和影响"（OED），在汉语语境中，与"气"有相似之意。《说文解字》中"气"释义为"云气也。象形。凡气之属皆从气"。可进一步引申为"精神特质，态度，风格"。两位作者在多部作品中都吐露对各自城市地方性精神或"气"的青睐。例如阿克罗伊德认为地方性精神或地方决定论（territorial imperative）"会影响或引导居住其中的人们"（Ackroyd 448）；叶兆言在《南京传》中认为南京具有王气，"王气就是皇帝之气"（20）。实际上，无论是阿克罗伊德的地方决定论还是叶兆言的王气都旨在承认城市已有的文化传统、风俗习惯以及与之相关的人的情感体验。在两本城市传记中，两位作者通过选择书写不同的人与城关系构建出不同的城市地方性精神。

通过书写统治阶级与南京城的关系，叶兆言在《南京传》中着重建构的城市精神是南京的王者之气的繁华和作为废都的落寞。所谓王者之气，指的是南京的地形适合作为都城，"公元前210年，秦始皇第五次出巡回归，路过金陵，几个陪同的术士见金陵山势峻秀，地势险要，就对秦始皇嘀咕了一句：'金陵有天子气'"（61）。一方面，统治者被南京的王者气吸引从而建都南京。关于孙权为何建都南京，叶兆言援引刘宋的裴松之给《三国志》作的注，先是张

纮以金陵地形有王者之气为由，建议孙权定都南京，孙权未从，后刘备又如此说，孙权就决定定都南京了。另一方面，统治者在南京经营多年又给这座城增添了王者之气。关于东晋为何选择定都南京，叶兆言认为，"东晋选择定都南京，一个重要因素是曾经有过建都历史。人的思维就会有定势，孙吴在这里经营数十年，方方面面的发展，都已经初具规模"（90）。在后来的朝代更迭中，叶兆言通过书写统治阶级与南京城的相互影响，建构出南京王者之气的城市精神。然而，值得注意的是，当时秦始皇出巡说南京有王者之气，秦朝的首都当时已设在咸阳，由此可见，南京的王者之气从一开始就具有退而求其次作为备选都城的内涵。因此，金陵王气的本质，正如叶兆言所说，"盛世说到头就到头，乱世将再次来临，而南京这个城市，向来有个特点，越是乱世，越会获得机会，东吴是这样，东晋是这样，南唐包括后来的元朝末年，都毫无例外，也许这就是所谓的金陵王气"（200）。南京作为战乱中失败者的庇护所，在历史上多为短命朝廷的都城。都城不在南京，为防范金陵王气，南京备受统治者的打压，于是南京的王者之气还有盛极而衰的内涵：孙吴亡国后，南京的政治地位一落千丈；陈朝亡国后，作为三百年都城的南京，几近摧毁；隋之后的唐朝以及后来明朝迁都北京等等概莫能外。

相较叶兆言通过书写统治阶级与南京城关系构建的南京王者之气的繁华和作为废都的落寞，阿克罗伊德在《伦敦传》中通过书写底层人物与伦敦城的关系建构出一个权力压制的黑暗之都和底层人民反对压制的欲望之都。段义孚认为，"城市为我们展现的远不只优美——还有崇高。城市展现出的崇高，是一种交织着压力和痛苦的提升生活的体验，这是因为城市不仅拥有生命和光明，亦充满黑暗和死亡"（140）。阿克罗伊德显然不认为伦敦是优美的，"伦敦从来不是文明或优雅的城市，尽管那些地图意欲呈现那一番景象"（93），在他看来，"黑暗属于这座城市的精髓，属于其真正身份的一部分。直白地说，伦敦着了黑暗的魔道"（90）。早在小说《霍克斯默》中，阿克罗伊德就开始将伦敦与黑暗联系在一起。郭瑞萍认为，"阿克罗伊德试图在《霍克斯默》中重现的是一种'黑暗'的过去及其对现在的影响"（220），而在《伦敦传》中，所谓的黑暗是因为伦敦像一个怪兽一样可以很容易地吞没那些弱者的生命，"查尔斯·布思描绘的疾病和死气沉沉的状况，多少增添了这座都城的阴暗气象，这些印象象征了财富和权势对一无所有者与弱者的倾轧"（90）。阿克罗伊德在《伦敦传》一书中称伦敦为罪恶之都、监狱之都、自杀之都等等。其中有专门章节聚焦伦敦的"罪与罚"，其中涉及的话题有监狱、自杀、悔罪、无赖、谋杀、绞刑等等，这些话题都是和被边缘化的人物或者说被上帝抛弃的人相关的，在这个城市里面，他们受到权力的压迫，居无定所，贫穷愚昧，伦敦对于他们的确是黑暗之都。然而，就如阿克罗伊德所说，"这座城市先安慰它即将吞噬的人"（124）。换句话说，伦敦这座城能够释放人们的欲望从而让这座城市生机勃勃。阿克罗伊德重点突出的是底层人民在面对权势者时展现出的狂欢精神。阿克罗伊德在"城市如人体"中写道，"它（伦敦）肥硕而贪婪，因为无厌地欲求吃喝、人类、货物、从而不断发胖。它吃喝拉撒，体内保持着永恒的贪婪和欲求"（5）。伦敦底层人民热爱戏剧表演、崇尚暴力、享受肉体的欢愉……以狂欢化的方式应对生活的重负。在这里值得一提的是伦敦的圣巴塞缪节，"在圣巴塞缪节上，日常生活的社会等级地位差异消失殆尽。对于这种气氛，人们抱怨学徒和师傅可能喜欢同样的娱乐，或者在同一张赌桌上赌钱"（123），还有伦敦人民热衷观看的刑罚场面，"这么看来，去往泰伯恩的仪式也是一路的庆典。照习俗，伦敦著名的罪犯还会在帽上戴缎花结，作为胜利或讥嘲的象征"（246）。无论是圣巴塞缪节还是观看绞刑场面，底层人民在类似于庆典的节日中都充满活力。阿克罗伊德通过展现底层群体的生活方式，展示出伦敦跳动的脉搏和强烈的欲望。

三、城市传记中的城市地方性精神：城与文化

城市地方性精神还与城市文化密切相关。芒福德（Lewis Mumford）认为："城市不只是建筑物的群集，它更是各种密切相关并经常相互影响的各种功能的复合体——它不单是权力的集中，更是文化的归极。"（91）依循芒福德对城市的看法，一座城市之所以称为城市依赖于城市中蕴含的丰厚文化，而这丰厚的文化又是构建城市地方性精神的一个重要组成部分。芦坚强认为"城

市地方性精神就是人们在城市中形成的思维方式和文化观念，是城与人双向动态的影响与体现。地方性精神产生于复杂的互动影响，是某一城市区别于另一城市的核心所在"（芦坚强，《城市传记的书写实践研究》31）。两位作者在城市传记中都特别注重对各自城市文化的开掘。由于叶兆言在《南京传》中关注的城中人是贵族阶级，他更多书写的是贵族阶级的文化，其中尤擅写南京贵族文化之典雅庄重。而阿克罗伊德在《伦敦传》中对底层人物更感兴趣，他更多书写的是伦敦的民间文化，其中着墨较多的是伦敦民间文化的活力。

早在"夜泊秦淮"小说系列中，叶兆言就展现出对南京地域文化的关注，"'夜泊秦淮'系列的艺术魅力或者说'大雅之处'主要表现在三个层面：一是丰厚深远的文化含量"（吴义勤 122）。关于南京城文化的特点，有学者指出，"南京是六朝古都，又是江南风景名城，既得贵族文化的典雅庄重之风气，又兼江南烟雨楼台之灵秀，这显然是一种既不同于典雅然而庄重的'京派文化'，又不同于灵秀然而轻佻的'海派文化'的文化"（樊星 62）。贵族文化的典雅庄重在《南京传》中的确有所展现，典雅因其有着都城之繁华，庄重因其有着废都之落寞。能代表典雅文化的有西晋时期左思的《吴都赋》，歌咏南京的繁华，文章漂亮华丽；还有六朝时延承的魏晋风度，叶兆言以刘宋时期的王子刘义庆编撰的《世说新语》为材料，认为"南京这个城市最能体现它的精髓和神韵，魏晋风度，六朝风流，魏晋在北方消亡了，然而它又在六朝的南京获得了传承，得到了新生"（108）。可以说，《世说新语》是一部文人雅士的集合，代表了典雅文化的高峰。南京又因其废都之故，见证荣辱兴衰，滋生了庄重的文化，如叶兆言所言："亡国实在是个好题材，有痛苦，就会有好文章。痛苦酿成了美酒，慰藉着北方人的得意或者失意。"（177）首先值得一提的是庾信的《哀江南赋》，在此篇赋中，将南京昔日之繁华与今日之破败进行对比，可作为庄重文化之代表，其后的刘禹锡和李白等诗人的金陵怀古诗，延承了南京城历史的厚重，因为"南京的山山水水，无不掩藏着亡国历史"（179），再其后的亡国皇帝李后主，其词"春花秋月何时了？往事知多少"，"流露出来的不只是一个亡国之君感慨，同时也是南京人对于历史的叹息"（231）。南京城沧桑的历史本身就为文学注入了庄重的血液。王尧认为："一个成熟的叶兆言几乎把他深刻的思想集中在对'文人'的认识上。"（139）进一步来看，叶兆言在《南京传》中选取的文人形象及其背后所蕴含的贵族文化之典雅庄重，构建出南京这座城市的独特地方性精神。

　　与叶兆言在《南京传》中构建的贵族文化不同，阿克罗伊德在《伦敦传》中更多关注的是伦敦的民间文化。有学者认为阿克罗伊德所写的传记是文化传记（Cultural Biography），"阿克罗伊德细致地描绘出一幅丰富且又鲜活的地志图景，包括在这块土地上生活的人们的社会、文化和宗教生活，以至于伦敦在多数时候几乎成为一个独立的实体，而不是充当一个历史背景"（Niedokos 163）。依照布什的定义，"文化传记旨在将传记主体的生活故事和他所处时代的意识形态、争论、担忧、价值观念和信仰所匹配；它是传记的一种深度历史化版本，其中充满着影响传记主体命运的壮阔的历史观念以及社会和文化的变化趋势（通常包括看起来最细枝末节的琐事）"（Bush 113），他还进一步指出人物的文化传记中对地方性精神的关注也影响到城市传记的创作，"这种对于特定地方精神的关注越来越有点成为文化研究的趋势，渴望处理城市历史的细微之处，这包括将纽约或是圣彼得堡作为'传记'对象"（120）。这种"细微之处"就体现在对人物传记或是城市传记的处理中，传记者能够通过深入挖掘与人物或城市相关的更细致的档案，如日记、账本等。阿克罗伊德在《伦敦传》中以主题写作的方式聚焦民间的各种文化，探讨其历史变迁以及与伦敦传统文化的关系。他笔下的民间文化包括伦敦的集市文化，其中尤以圣巴塞缪节为最。在伦敦的方言中重点描写未受过教育的平民的考尼克方言、伦敦市民热爱的戏剧、街头的叫卖声、民谣、店铺招牌变迁、街头艺术家、涂鸦的历史、饮食文化等等。这类民间文化不仅为伦敦城带来了十足的生活气息，更重要的是，在阿克罗伊德看来，伦敦的民间文化同样可以影响伦敦的传统文化，"人们时常发现伦敦当地人的'低级'文明能够复兴、改良传统文化的力量"（阿克罗伊德 142），例如"伊丽莎白时代剧院的真正原型不是酒肆戏院，而是逗熊马戏场或斗鸡场"（142）或"伦敦的咏叹调和挽歌始于最初的街头小贩，并且至今依然如此"（150）。芦坚强认为，"从城市传记书写城市地方性精神角度看，城市建筑形态，日常生活方式的书写是为了刻画内在精神意蕴"（芦坚强，《城市传记的书写实践研究》30）。通过对伦敦民间多元文化的描写，阿克罗伊德深入城市的肌理，展现了伦敦独特的城市地方性精神。

结　语

"城市和作为文化形式存在的文学息息相关，每个城市都蕴含着独特的文化特征"（王守仁 444）。叶兆言和阿克罗伊德在各自的城市传记中对城市历史文化的开掘，实际上，是对近些年来如火如荼的全球化书写的一种警惕。他们从本土历史文化中获取写作灵感，且又能够审慎地利用城市的历史文化构建城市地方性精神。叶兆言在《南京传》中以南京为横轴，以中国历史为纵轴，书写了南京王者之气的繁华和作为废都的落寞；阿克罗伊德在《伦敦传》中将伦敦看成是一个戏剧舞台，舞台上上演一曲曲底层人民的悲欢喜乐，他们受到伦敦的权力压制身处黑暗之中，但又以狂欢的精神给伦敦带来活力和能量。与此同时，南京和伦敦作为文化之都，两位作家在城市传记中挖掘各自城市的丰富内涵，展示了城市丰厚的文化底蕴。叶兆言和阿克罗伊德通过对各自城市的传记书写，为城市注入了人文精神，从而使之具有诗意栖居的可能。

但同时要注意到两位作者除了在城市传记中发掘城市地方性精神，在其他作品中也有对各自城市的书写。如果考虑到他们对于书写对象的整体处理，其实可以认为他们各自对城市的多次书写，是有某种互补性的。例如，叶兆言在《南京人》中对底层人和民间文化的关注，以及阿克罗伊德专门撰写的多卷本英国史对伦敦"大历史"的关注。因此，比较两位作者城市传记之间的不同之处，实际上，是在探讨城市传记的不同书写方式以及其与建构城市地方性精神之间的关系。

最后值得注意的是，自叶兆言《南京传》一书出版以来，就在国内掀起了书写城市传记热：邱华栋的《北京传》、叶署名的《广州传》、孔见的《海南岛传》、胡野秋的《深圳传》等等。正如芦坚强所言，"在全球化、现代性、城市化与地方性背景下，城市传记具有较强的现实诉求"（芦坚强，《城市传记的书写实践研究》33），城市传记的书写与人们的记忆、情感、价值等精神方面的需求密切相关。近些年来，城市传记在中国的流行为城市传记研究提供了丰富的文本资源，文本蕴含的丰富内涵还值得再进一步研究。

致谢【Acknowledgement】

本文为南京大学博士研究生创新研究项目"场所精神与民族文化塑造：阿克罗伊德小说研究"（编号：CXYJ21-16）和南京市"青春文学人才计划"的阶段性成果。受益于《现代传记研究》编辑与匿名评审人提出的修改意见，作者谨致谢忱！

My acknowledgement and gratitude go to the research project "Spirit of Place and Forging National Culture: A Study of Peter Ackroyd's Novels" sponsored by Doctoral Innovation Research Project of Nanjing University (IC. CXYJ21-16) and Youth Literature Talents Scheme of Nanjing. And I am grateful to the editor of *Journal of Modern Life Writing Studies* and anonymous reviewers for their suggestions and comments.

注释【Notes】

① 在《伦敦传》出版之前，阿克罗伊德已撰写多部关于伦敦的小说和传记。1982年发表小说处女作《伦敦大火》（*The Great Fire of London*）、1983年的《一个唯美主义者的最后遗言》（*The Last Testament of Oscar Wilde*）、1985年的《霍克斯默》（*Hawksmoor*）、1987年的《查特顿》（*Chatterton*）、1992年的《英国音乐》（*English Music*）、1993年的《狄博士的房屋》（*The House of Doctor Dee*）和1994年的《丹·莱诺和莱姆豪斯杀人案》（*Dan Leno and Limehouse Golem*），以及传记作品如1984年的《艾略特传》（*T. S. Eliot*）、1990年的《狄更斯传》（*Dickens*）、1995年的《布莱克传》（*Blake*）和1998年的《托马斯·穆尔的一生》（*The Life of Thomas Moore*）。同样如此，叶兆言在2019年出版《南京传》时，主要写南京的小说如"夜泊秦淮"系列（1991）、《花影》（1994）、《一九三七年的爱情》（1996）、《刻骨铭心》（2017）和《很久以来》（2018）等已经出版，且还有许多与南京相关的随笔集，如《南京人》（1997）、《旧影秦淮，老南京》（1998）等等。

② 皮埃尔·诺拉认为"记忆和历史远不是同义语，我们应注意到，一切都让它们处于对立状态。记忆是鲜活的，总有现实的群体来承载记忆，正因为如此，它始终处于演变之中，服从记忆和遗忘的辩证法则，对自身连续不断的变形没有意识，容易受到各种利用和操纵，时而长期蛰伏，时而瞬间复活。历史一直是对不再存在的事物的可疑的不完整的重构。记忆总是当下的现象，是与永恒的现在之间的真实联系；历史则是对过去的再现"（5-6）。

引用文献【Works Cited】

Ackroyd, Peter. *Albion: The Origins of the English Imagination*. London: Chatto & Windus. 2002.

彼得·阿克罗伊德：《伦敦传》，翁海贞译。南京：译林出版社，2016年。

[Ackroyd, Peter. *London: The Biography*. Trans. Weng Haizhen. Nanjing: Yilin Press, 2016.]

Bush, Harold K., Jr. "Cradling Lives in Our Hands: Towards a Theory of Cultural Biography." Rev. of *Melville: His World and Work*, by Andrew Delbanco; *William Dean Howells: A Writer's Life*, by Susan Goodman and Carl Dawson; *The Peabody Sisters: Three Women Who Ignited American Romanticism* by Megan Marshall; and *Hawthorne in Concord by Philip McFarland*. *Christian and Literature* 57.1 (2007): 111-129.

樊星：《人生之谜——叶兆言小说论（1985—1989）》，《叶兆言研究资料》，黄轶编。北京：人民文学出版社，2016年，第54—65页。

[Fan Xing. "The Mystery of Life: On Ye Zhaoyan's Fiction (1985-1989)." *The Study Material of Ye Zhaoyang*. Ed. Huang Yi. Beijing: People's Literature Press, 2016.54-64.]

郭瑞萍：《彼得·阿克罗伊德：历史书写与英国性》。南京：南京大学出版社，2017年。

[Guo Ruiping. *Peter Ackroyd: Historical Writing and Englishness*. Nanjing: Nanjing University Press, 2017.]

Lässig, Simon. "Introduction: Biography in Modern History — Modern Historiography in Biography."

Biography Between Structure and Agency. Eds. Berghahn Volker R. & Lässig, Simon. New York: Berghahn Books. 2008.1–27.

芦坚强：《城市传记的书写实践研究》，《现代传记研究》2018年第2期，第21—35页。

[Lu Jianqiang. "Writing 'Dreams of Splendor': City Biography in China." *Journal of Modern Life Writing Studies* 2 (2008): 21–35.]

——：《城市传记：城市记忆书写的表意实践》，《辽宁大学学报》2018年第2期，第114—120页。

[—. "Urban Biography: Cultural Representation and Signifying Practice of Urban Memory Writing." *Journal of Liaoning University* 2 (2018): 114–120.]

McGrath, Patrick. "A City Much Like Hell." *The New York Times*. Web. 2 December 2001. <https://www. nytimes.com/2001/12/02/books/a-city-much-like-hell.html>

刘易斯·芒福德：《城市发展史——起源、演变和前景》，宋俊玲、倪文彦译。北京：中国建筑工业出版社，2004年。

[Mumford, Lewis. *The City in History: A Powerfully Incisive and Influential Look at the Development of the Urban Form through the Ages*. Trans. Song Junling and Ni Wenyan. Beijing: China Building Industry Press, 2004.]

Niedokos, Tomasz. *The Concept of English Culture in the Cultural Biographies of Peter Ackroyd*. Lubin: Wydawnictwo KUL, 2011.

皮埃尔·诺拉：《记忆之场：法国国民意识的文化社会史》，黄艳红等译。南京：南京大学出版社，2020年。

[Nora, Pierre. *Les Lieux de Mémoire*. Trans. Huang Yanhong et al. Nanjing: Nanjing University Press, 2020.]

段义孚：《浪漫地理学：追寻崇高景观》，陆小璇译。南京：译林出版社，2021年。

[Tuan, Yi-Fu. *Romantic Geography: In Search of the Sublime Landscape*. Trans. Lu Xiaoxuan. Nanjing：Yilin Press, 2021.]

王守仁等：《战后世界进程与外国文学进程研究》（4卷）。南京：译林出版社，2019年。

[Wang Shouren, et al. *A Review of Post-WWII World History and the Development of Foreign Literature*. Vol.4. Nanjing: Yilin Press, 2019.]

王尧：《关于叶兆言近期文章及其他》，《叶兆言研究资料》，黄轶编。北京：人民文学出版社，2016年，第132—139页。

[Wang Yao. "On Recent Works of Ye Zhaoyan." *The Study Material of Ye Zhaoyan*. Ed. Huang Yi. 132–139.]

Wolfrey, Julian. *Writing London: Materiality, Memory, Spectrality. Volume 2*. New York: Palgrave Macmillan. 2004.

吴义勤：《穿行于大雅与大俗之间——叶兆言论》，《叶兆言研究资料》，黄轶编。北京：人民文学出版社，2016年，第117—131页。

[Wu Yiqin. "On Ye Zhaoyan: Crossing the Elite Culture and Popular Culture." *The Study Material of Ye Zhaoyang*. Ed. Huang Yi.117–131.]

杨正润：《现代传记学》。南京：南京大学出版社，2009年。

[Yang Zhengrun. *A Modern Poetics of Biography*. Nanjing: Nanjing University Press, 2009.]

叶兆言、何映宇：《叶兆言：南京人立〈南京传〉》，《新民周刊》2019年8月14日，第72—75页。

[Ye Zhaoyan and He Yingyu. "Ye Zhaoyan: *Nanjing: The Biography* Written by People of Nanjing." *Xinming Weekly* 14 Aug. 2009: 71–75.]

叶兆言：《南京传》。南京：译林出版社，2019年。

[Ye Zhaoyan. *Nanjing: The Biography*. Nanjing: Yilin Press, 2019.]

赵世瑜：《小历史与大历史：区域社会史的理念、方法与实践》。北京：北京大学出版社，2017年。

[Zhao Shiyu. *Small History and Big History: Idea, Methods and Practice of Regional Social History*. Beijing: Peking University Press, 2017.]

论日本第一部现代自传：《福翁自传》

陈玲玲

内容提要： 福泽谕吉口述《福翁自传》是日本第一本现代意义上的标准自传。福泽谕吉以启蒙者、教育者、明治历史的亲历者等一系列公开的社会身份，真实而生动地讲述了日本明治维新时代的历史巨变，成功塑造了一个自由独立，具有自我意识的现代传主形象。

关键词： 福泽谕吉　自传　自我意识　明治时代

作者简介： 陈玲玲，日本名古屋大学文学博士，专攻比较文学，现任教于上海交通大学人文学院。

Title: On Japan's First Modern Autobiography: *Autobiography of Yukichi Fukuzawa*

Abstract: *Autobiography of Yukichi Fukuzawa* dictated by Yukichi Fukuzawa is the first standard modern autobiography in Japan. As the enlightenment thinker, the educator and the eye-witness of Meiji period, the autobiographer recounts the historical changes in Meiji Restoration in a faithful and vivid manner and successfully shapes his self-awareness distinct from the conventional one and the modern autobiographer's image featuring freedom and independence.

Keywords: Yukichi Fukuzawa, autobiography, self-awareness, Meiji period

Chen Lingling, PhD in literature at Nagoya University, is teaching at School of Humanities, Sshanghai Jiao Tong University, and her research interests include comparative literature.

福泽谕吉（1835—1901年，为行文简洁以下称福泽）是日本近代著名启蒙思想家和教育家，这一身份为人熟知，也名副其实——他留下了《文明论概略》（1875 年）、《西洋事情》（1866 年）与《劝学篇》（1872 年）等多部具有启蒙意义的专著，还创办了庆应义塾（1858 年），影响了整个明治时代的日本士风。值得特别指出的是，福泽也是日本近代以来第一位口述自传者。1897年，64 岁的他开始口述自传，历时半年完成，66 岁时整理出版，两年后去世。《福翁自传》因此也成为日本第一本现代意义上的标准自传。①

福泽的一生适逢日本历史发生巨变的时代，在西学东渐风潮中，日本从闭关锁国的封建社会转型为资产阶级新兴国家，福泽自身的觉醒、他一生所从事的启蒙与教育工作都与时代的发展关系密切，《福翁自传》的历史意义和传记史意义都显而易见。这部自传问世以来，一直备受日本国民推崇。20 世纪日本代表性的评论家、思想家加藤周一在《日本文学史序说》中高度评价《福翁自传》"确立了日本的自传文学"（256），是"自传文学的杰作"（249）。美国史专家猿谷要自陈道："在世界伟人的自传中我喜欢的是《富兰克林自传》和《福翁自传》。"（45）在日本人心目中，福泽谕吉和富兰克林一样，传主的形象已经超出个体自我的身份。本文试从《福翁自传》的现代日语与忏悔话语，启蒙教育者形象的自我塑造，"幸运时代"的见证人这三个方面进行梳理和评述。

一、现代日语与忏悔话语

明治时期是日语发生重大变化、现代日语逐步形成的历史时期（彭广陆166）。福泽一生写作出版的启蒙书籍几乎都是通俗易懂的现代日语作品，非常畅销，并被用作学校的教科书。出生比福泽稍晚一点的"明治四大奇人"之一的中江兆民（1847—1901 年）有这样的评价："批评时事的文章，要算已故福泽谕吉先生，……为最好。福泽谕吉的文章，日本全国再没有比它更不讲修饰，更自由自在的了。"（42）"明治时代（1868—1912 年）是日本现代散文的创立期。……福泽谕吉的《福泽百话》和《福翁自传》，……不仅传播了新思想新知识，体现了破旧立新的时代精神，也为散文变革起了先导作用，开了言文合一、平易畅达的新风气。"（汪文顶124）当代日本教育学者、明治大学教授斋藤孝（1961—　）认为"经福泽口述整理的《福泽谕吉自传》一书，与其生硬的题目截然相反，书中充满了幽默感。同时它也是一本学习讲话方法的优秀教材"（36）。

福泽一贯的通俗自由的文风与他一直从事教育操练的一流口才，使他可以从容驾驭口述方式，这是《福翁自传》的现代日语魅力所在。福泽就这样娓娓道来，在自传里讲述了一个有血有肉，有个性，有独立见解，从顽童到老翁的福泽。东京大学研究生院美籍教授约翰·保查拉里（Boccellari. John J）在《推荐给留学生的书》一文中这样写道："我对福泽谕吉的《福翁自传》留下了深刻的印象。作者无论在文体还是自我意识上，都完全是'现代人'。"（转引自小林康夫 105）

口述《福翁自传》不同于执笔书面写作，福泽是以公开的社会身份——启蒙教育者，甚至是《时事新报》的主笔，明治历史的亲历者——直接以口语对人讲述。他的第一位听众是明治时代著名的速记员矢野由次郎，之后福泽整理文字稿时，想象的听众应该是看报刊连载的读者。

勒热讷在《自传契约》一书中断言"卢梭一下子使该体裁达到一种完美的高度，也改变了该体裁的历史进程：此后，不论是谁，只要他准备写自己的生平，就会想到卢梭，不管他是想模仿他还是想批判他。人们不得不以卢梭为参照了"（59）。小泉信三（1888—1966年）（其父是福泽的门生，曾住在福泽家中）在1954年写《福翁自传·解题》时确实参照了卢梭的《忏悔录》，提出有读者认为相比卢梭暴露缺点的手法，福泽叙述的一生过于清白，叫人难以相信。"但是认为卢梭的《忏悔录》比《福泽谕吉自传》谈得真实则是不恰当的。两个人的一生真实情况不同，而福泽经历了更为真实的一生。"（福泽谕吉，《福泽谕吉自传》288）

福泽自传确乎也讲了不少自己不堪的劣迹，顽童时代恶作剧把写有老爷名字的纸，甚至神符放在脚下踩，调包神祠里供奉的石头，不怕神，不敬佛，一切占卜念咒都不信。福泽说自己见了酒就忘了廉耻，戒酒不成染上烟瘾。在"王政维新"一章后，福泽用整整一章讲述自己"担心暗杀"，一看见生人就觉得害怕，一点风吹草动也要虚惊一场。福泽住在东京时晚上绝不敢外出，家里地板底下做好逃跑的通道；出行时用化名，行李上都不敢写"福泽"二字；他羡慕云游僧在草帽上写着籍贯和姓名。在旅店里遭遇攘夷派的人物，终夜难眠，天未亮就赶紧出逃。在理发店里遇到攘夷士兵，"真名实姓'福泽'一旦暴露，那只有吃一颗子弹。……担心害怕简直无法比拟，真有如瘫痪病者被野狗围咬一般的狼狈"（180页）。明治三年（1870年）福泽回中津藩接老母亲，家乡武士以"企图引诱奥平家的少爷去美国"之罪状，认定福泽为臣不忠无法无天，国贼得而诛之毫无异议。连福泽母亲表兄的儿子都在谋划暗杀他。福泽暗中好好地磨佩刀以使其足以杀敌。有一次福泽和几位洋学者喝酒到深夜，回家途中遇到一个武士，两人都壮胆迎战，擦肩而过后都落荒而逃，气氛紧张而好笑。"在这种地方被杀，真像死了一条狗一样"。[②]这些狼狈不堪的行径多半属乎人之常情，不仅瑕不掩瑜，甚至带有一定的"启蒙"色彩，足见福泽是冒着生命危险在坚持启蒙。这更增加了传主形象的立体感。

本尼迪克特在《菊与刀》中提到日本的"耻感文化"，日本人所受的忠诚教育使其不喜欢特立独行的举动，他们非常重视他人和社会对自己的看法和评价，不关注自身内在的隐恶，很难养成认罪、忏悔的习惯（153-155）。"耻感文化"阻碍了日本人对历史的反思，他们没有真正的忏悔。从明治维新到二战结束甚至一直到今天，日本这种"耻感文化"保持相对一致的连贯性。而在西方文学中，自传与忏悔录的关系非常密切，弗莱就认为自传与忏悔录是基本同一的。卢梭、托尔斯泰都直接用《忏悔录》命名自传。虽然自传的忏悔与宗教的忏悔有所不同，但是传主对罪恶非常敏感，能够接纳个人的有限，从而更接近人性的真实，自我的真实。

福泽讲自己20多岁在大阪绪方学堂愉快的学生生活，除了拼命学习，还会吃喝玩乐、偷东西，似乎都是年轻人的恶作剧，甚至"现在回想起来，原来饭店的老板早就知道这事，只是不作声地叫你偷，其实他把那些被偷的东西都算到饭钱里面去了"（58）。这里没有因为偷东西而忏悔，而是觉得失主已经自行挽回损失，两下里扯平了。这样轻描淡写地把偷窃的罪和谐了，似乎只为增加自传的风趣，阅读的快感。相比圣·奥古斯丁忏悔自己十四五岁时偷邻人的梨，在《忏悔录》第2卷他写这件事大约只用了五行字，接下来却用了七章的篇幅来分析偷窃的原因。（30-35）他认为自己从前做过许多坏事，但偷梨的行为最坏。因为，他当时并不需要那梨，而且可以通过正当手段获得那梨，唯"偷"这个行为本身吸引着他，他明知偷为恶而仍要偷，看见自己的罪性。

福泽口述自己的故事，他面对的是他熟知的速记员和报刊读者，而不是可以告解的神父，更不会想到全知全能的上帝、有爱有权柄可以赦罪的神，他没有面对审判的意识，更不知道认罪悔改，也不盼望重生。福泽知道如何塑造自己的形象，他曾尝试"忏悔"："那时（维新前）我的心情实在感觉寂寞。这种心情向来没对旁人讲过，现在讲出来以表忏悔之意。当我看到'维新'前后的混乱局势时，觉得若照这样下去，国家很难独立，他年说不定会有一天受到外国人的种种侮辱。而我今天在全国各处却找不到一个可以谈心的人。自己一个人当然也做不了什么事，而且也没有这种勇气，实在可叹！等外国人一旦伸出手来飞扬跋扈胡作非为的时候，尽管自己可以如何设法去躲避灾难，然而那些有着远大前途的孩子们是可爱的，他们即使豁出性命也不愿做外国人的奴隶。要么叫孩子去当耶稣教的僧侣，以便使他们能够置身于政治、人事之外，我想如果这样做的话，他们就可以自食其力不必烦扰别人了。而且做了僧侣以后，其本身或可自免受辱。我自己虽无宗教信仰，但是由于顾虑子女的前途，因而产生了种种念头，甚至想叫孩子们去当僧侣。在三十年后的今天回想起来恍然如梦，今天难得看到我国世运昌隆，文明开化。"（164）福泽对照当年父亲想送他去做和尚以求脱离门阀制度的做法，没想到自己也和父亲一样让孩子当耶稣教的僧侣，并将此作为逃离沦为外国人奴隶命运的手段。福泽的忏悔是指向自己的日本国的。

福泽的忏悔很难超越"耻感文化"。1867年他第二次去美国是他数次恳求使团团长小野才得以成行的。福泽想从美国倒卖洋书赚钱，为此和使团官员发生争执。"'如果政府打算谋利，那就不能只让政府去赚钱，我也得跟着一起赚钱。好吧！这就是官商两者的分界线。你看怎么办？'我这样一叮问，结果争吵得相当激烈，使我大失高官贵吏们的欢心。可是今天想起来，不管当时谁是谁非，我觉得自己既是一个随行人员，那样做实在不很相宜。"（135）福泽忏悔的是人际失和，反客为主，而非贪财之罪。

福泽的忏悔意识是有所发展的。在"一身一家的经济来源"一章里，福泽回顾自己一生因为幼年贫穷一直在金钱方面敏感而"耻感"，晚年他这样清算："从前我对藩方做过一些可耻的事，毕竟是出于崇拜藩主，甚至把他们当作人上人，把他们的财产看成是天然的公有物，因而不知不觉地便有了卑劣的行迹。后来我大概就产生了一种想法，认为藩主也是与人平等的人，因此从这种平等主义的观点出发，我觉得贪财好物并非男子汉应做之事。……封建制的中央政府毕竟是被推翻了，与此同时，应该说自己的奴隶心也为之一扫。"这种忏悔指向结构性的"恶"，依然是在自身之外找原因。这也许是耻感文化下的整个日本民族都难以逾越的。但是尽管如此，这些忏悔话语使得《福翁自传》超越了单纯讲述个人故事的自传，福泽对自己的人生有自我评判，有触及灵魂的剖析，是个体"人"的独立思考，展示了作者有别于传统的自我意识。

二、启蒙教育者形象的自我塑造

1835年1月10日，福泽生于大阪一个下级武士家庭，在他一岁多的时候，深受封建社会等级身份制度限制的父亲抑郁而终，年仅四十五岁。这种下了福泽对封建等级制的仇恨。1854年（安政元年），他到长崎开始学兰学（荷兰语及荷兰语著述的西洋学术与文化），次年赴大阪进了绪方洪庵之门。1859年到江户（东京）学习英语。在幕末时代的日本，福泽从幼年开始贯穿整个求学时代，都是在贫困中谋求生存与独立，亲身经历的不仅是经济上的拮据，还有因为出身下级武士阶层的身份而遭受的屈辱与不平等。福泽于1860年、1867年先后两度去美国，1862年有将近一年的时间游历欧洲，这些西学见识促使福泽对欧美的独立、自由精神心生向往，坚决反对"攘夷"，热切期待日本结束锁国，开放，西化。为此，福泽致力于著书、办学办报，介绍、推广西学，为日本从个体的人到整个国家层面的现代化启蒙提供了生动可行的思想和理论资源。福泽也是在这个启蒙过程中，逐渐完成自我的身份构建。在《福翁自传》（1899年）问世以前，日本几乎没有人尝试写自己的个人生平，尤其是聚焦个体对自我的本性、权力、生存处境进行思考的自传文学，这是因为明治以前日本尚未脱离诸藩林立、天皇虚位的"封建"状态，日本人各自服从藩主，层层效忠，没有个体，没有自我，不会甚至是禁止追求个人的幸福与价值。到了明治维新前后，日本社会和文化环境都处在剧烈动荡中，福泽有幸在25—32岁这一黄金时段越洋向西，亲眼看到东西方文明的巨大反差，从而坚定了自我的价值追求。他的一生就是追求"个人的独立""国家的独立"的启蒙者的一生，他的自传就是讲述"一身独立"（加藤周一 255），他为日本自传确立了"独立自由"的现代传记精神。

菲力浦·勒热讷提出"识别一部自传的最有效的方法之一就是看童年叙事是否占有能够说明问题的地位，或者更普遍说来，叙事是否强调个性的诞生"（8）。《福翁自传》有充分的童年叙事，突出了传主与生俱来的个性特征。福泽褓褓之中丧父，跟随寡母和哥哥姐姐离开大阪回到中津藩家里。他自幼能说会道，自命清高，不看戏，不爱读书，不练字，不会爬树，不会游泳。他心灵手巧，乐意帮助寡母操持家务，对制造器物着迷，会做刀剑且能鉴别。他小时候就爱上喝酒，大白天带着大小佩刀、提着酒壶到街上的酒铺去打酒，全然不顾有失武士的"身份"（10）。福泽十四五岁开蒙学习汉学，天分极高，通读《左传》十一遍，成为一个小汉学家。但是兄长问其将来的理想，答曰："成为日本最大的富翁，想怎么花钱就怎么花钱。"（12）与兄长所思"终身谨守孝悌忠信"的儒学规范截然不同。福泽更多遵从人的自然天性，肯定个人的幸福与价值，而不是外在的身份与地位。福泽一生都不喜欢日本封建文化中那些带有等级标记的职业、服装对人的区分。他在幕末攘夷最盛时期卖掉标志武士身份的佩刀，在明治维新之际得势也不追求飞黄腾达，卖掉印有奥平家家徽的绉绸"纹服"。"若按本藩的一般习惯来说，拜领'纹服'一事则是家庭的一种荣誉，甚至把拜领的年月日期都要记在家谱上。但我却不在乎，这种带有家徽的外褂穿不穿也无所谓，与其穿它，还不如把它卖成钱要方便些。我有了一两三分，就能买昨天看到的那些外文书。即便不买外文书，用它打点儿酒喝也是很风雅的。"（144）

勒热纳认为，"个人自身的经历从某种程度上说本为一种社会边缘体验，而自传则将这种体验转化为社会价值，使内在性外在化，并展示给他人。而且，自传可使人超越逝与变，进入恒与定。个人在观照自身历史时，担当并重塑自己的过去，设法证明其存在的必然性，而不是偶然性"（56-57）。《福翁自传》选择展示这些离经叛道的言行，于福泽自己而言也可算是"社会边缘体验"，而恰恰就是这些塑造了福泽认同的自我形象，这些更符合"启蒙者"的身份和社会角色。福泽从小就憎恶封建制度的伪善、不平等，认为这是父亲的死因。福泽没有在自传里引述自己在《劝学篇》（1872年）起首写下的名句"天不生人上之人，也不生人下之人"（福泽谕吉，《劝学篇》2），但是他塑造的自我形象，他内在自我本性的所是，都极其符合他所要启蒙的自由平等思想。

围绕启蒙者的成长过程，福泽讲述自己求学、办学、教学的一生，他以身作则言传身教进行启蒙。他承认现实中有穷人、有富人、有身份高的人、也有身份低的人，但是教育平等，"大家不分贵贱上下，都爱好这些学问，并有所体会，而后士农工商各尽其份，各自经营家业，则个人可以独立，一家可以独立，国家也就可以独立了"（3）。福泽针对日本文化上的缺失，确立以数理和独立为本的教育方针，即有形的数理学，无形的独立心。福泽硬性规定学生在校内不要行鞠躬礼，摒弃虚礼和虚饰。明治初年，有很多参加倒幕运动的退伍武士入塾学习，面带杀气。福泽严肃校规校纪，不论多么杀气腾腾的少壮武士，福泽都勇敢且毫不客气地加以管教。办学没有资金，只能靠学生每月的学费来维持。福泽本人不仅不动学塾分文，还出钱修建校舍。福泽晚年最大的快乐莫过于看到"本校的早期学生投身于社会之后，不管他们的身份、职业如何，都很通达数理、品质高尚，而且都有独立的意志"（170），而在闭关锁国盛行的日本，福泽却因为这样的启蒙教育而付上被袭击与暗杀的代价。

三、"幸运时代"的见证人

作为明治时代杰出的启蒙教育者，福泽的口述自传并不只是醉心讲述自己的人生故事。福泽婚姻美满，育有四男五女九个孩子，自传却只字未提爱情。

石河干明在《福翁自传·初版序》中说，他很早就提议福泽先生写一部"西方学者"式的"自传"，一直到1897年秋天，"福泽先生应某一外国人之请，叙述维新前后的实际经历时，忽然想起此事，遂口述幼时至老年的经历梗概，请速记员加以笔录，然后再亲自校订，题为《福泽谕吉自传》，并把它发表在去年七月至今年二月的《时事新报》上"。福泽口述自传之前，应约讲述了维新前后情况。根据鹿野政直《福泽谕吉》中的记载："1897年，他回顾自己著述生活的前前后后，对每一部著作都作了解说，作为《福泽谕吉全集》绪言发表在《时事新报》上。……接着福泽开始撰述自传。"（175）可以看出在自传中福泽是有意识地总结自己的一生，记录时代的历史风貌。

《福翁自传》前面七章福泽围绕自己求学、访美、游学欧洲各国，讲述故事，"攘夷论"（是1948版本从"访问欧洲各国"一章中分离独立出来的）一章话风渐渐开始改变。承接"访问欧洲各国"一章结尾（1862年闰八月）"一路航行安抵日本"，这一章开头"我们回到日本一看，'攘夷论'大为盛行……"，第一小节标题为："攘夷论"者的矛头指向洋学堂。福泽讲述了在攘夷论下遭灾甚至遇难的官员与学者。政治斗争日趋激烈，福泽提醒自己"慎重保身""言行方面要缓和，决不冲撞别人""开始专门从事著述翻译工作"。接下来各小节标题分别为"英舰来航""法国公使无法无天地逞威风""事态日益紧迫""鹿儿岛湾之战""投奔英舰""萨、英谈判"……基本上是福泽在记录日本"攘夷"与英法政府之间的冲突，引起社会的动荡。福泽已经不是在讲自己的故事，而是带着使命——口述、记录他所知道的明治前后的社会风貌。富田正文（1898—1993年）在《福泽谕吉自传》后记中有这样的说明："攘夷论一章中谈到的关于萨英战争的叙述，并不是福泽本人的经历，而是根据松木弘安（后来的寺岛宗则）和清水（瑞穂屋）卯三郎等人的传闻所作的笔记来谈的。"（292）

"攘夷论"之后"重渡美国"一章，福泽讲述1867年正月二十三日启程随幕府使团一行去美国取所购买的军舰、枪炮的经历。福泽关注的焦点已经不是美国，而是有着切肤之痛的幕府守旧的门阀制度、排斥洋学者的蛮横行径。福泽虽然给幕府做事，但是他很难相信他们主张开港。在渡美船上，福泽酒后出言不逊，要"打到幕府"，他不服从长官，顶撞上级，以至于遭到"禁足"的惩罚，同年六月下旬回到日本后，除公事以外福泽不得离开指定的住处。日本时局非常混乱，有志之士风起云涌，福泽一直闷在家里，或教学或著书翻译，独自旁观社会的动态。最后是武士中岛三郎助出面劝说疏通，福泽出任幕府翻译，但不再参与政治。福泽此后一直坚守民间，保持独立。明治维新以后他称病拒绝新政府的召用，直言："我认定这个新成立的明治政府仍是一个一味守旧的攘夷政府。……我认为各藩的那些不懂事理的人很可能是一群祸国的坏蛋，他们成立这样一个腐朽的攘夷政府，并在其中胡作非为。所以我才决心不去靠拢政府，只想在日本做些其他事情。"（162）福泽直言他不需要政府任何照顾，一生追求自立独立，做自己应做的事。他甚至反对政府奖励学者，认为应奖励豆腐房的老板。

福泽讲述明治前后的历史材料基本上是围绕自己的个性组织起来的，侧重传主个性的历史——他渴望自由独立，他讲述的明治时代愚昧落后，需要彻底改造。福泽很高兴这个政府后来逐步走上文明开化的道路，最终走向国与民的独立。福泽以亲历者与见证人的身份展开历史叙事，通过他对自己经历的回顾突出了自己的个性。

福泽兼作者、叙述者和传主三者于一身，带着强烈的独立的主体意识讲述自己亲历的维新时代。他不再拘泥于时间顺序，而是以启蒙者特有的锐利批判社会，臧否人生。首先他直接表达对武士阶层"借着门阀势力耀武扬威""傲慢无理的态度"的愤恨，对照突出自己遗传父母"对身份低的人却非常和蔼"（141）。他既不想给本藩当局效劳以辅佐藩政，也不想飞黄腾达以耀武扬威，他认为获取高贵身份而衣锦还乡是可耻的。其次他揭露"勤王攘夷"和"佐幕攘夷"只是名义不同，精神实质都是攘夷。德川幕府只是表面上主张开港；朝廷方面的勤王派企图取代幕府，攘夷比幕府更甚，他们即便使全国化为焦土也在所不惜……福泽认为勤王派实际上就是卖国贼，如果把国家的命运交给这种不懂文明的暴徒，那么亡国的危险就在眼前。福泽通过这样的非叙事的表达对明治的人物事件进行大胆的评判，这不同于史传的叙事，更突出历史变迁中个体的人的主观认知与感受。

　　福泽特别记录了学者尺振八（当时正在美国公使馆做翻译）讲的所谓的
"一个大笑话"。明治政府要求英国王子入城晋见的时候，要先在城外净身除
秽。以日本人的眼光来看，王子也不过是一个不净的畜生罢了。福泽不仅没有
笑，而且想哭。美国前国务卿西瓦尔特携其爱女同来日本游历，在其看到明治
实际情况后断言有如此劣根性的人民很难自立。福泽对这一观点反响强烈，越
发觉得自己是个日本人，不能无所作为。"政治一事反正听其演变好了，自己
只想把所学的洋学传教给后生，并全力以赴地努力从事翻译、著作。尽管力量
有限，我自己下决心这样做，说不定也许侥幸能把我国同胞引向文明世界。"
（164）福泽通过对明治时代要闻轶事的介绍与评述实现了"自我"的建构。

　　福泽记录明治之际人们热衷于大谈政治，不仅政治旋涡中的武家，就连
文人学者、医生、和尚也在大谈政治，人们如醉如狂，彼此一见面就谈起政治
来。福泽讲到庆喜将军从京都回到江户，加藤弘之（1836—1916，历任东京
大学校长、贵族院议员、枢密顾问官等职）穿武士礼服前往求见。福泽询问加
藤战事时说："如果战争一打起来，我马上就逃跑。"加藤听了非常生气。福泽
保护他的学生，拒绝送他们回藩中被征用作战，遭受无谓的牺牲。福泽记录战
争确实打了起来，他在动乱中购买了奥平官邸的旧房子用于修建校舍。由于用
很低的工钱就能招来许多木匠、瓦匠等，工程进行得很快，于明治元年四月
竣工。福泽开放学塾，不论是官军还是贼军，他都以礼相待，并断言"战争
一起，幕府必败无疑"。福泽有个姓"一条"的学生从美国留学回来，已经得
了疯病，因为出生地仙台藩是朝敌，遭到进入江户的官军抓捕。一条被捕后绝
食，最后得到寺岛（宗则）同意被送到福泽的义塾。福泽好言相劝，一条开始
进食。官军和贼军都来义塾看这个朝廷敌藩的病人，发现他们和平共处相安无
事。义塾是安全的，有真正的平等。"明治元年五月，上野发生战争。学塾仍
没有停课。上野方面不断咚咚地响着枪炮声，但是上野与新钱座相距有二里之
远，所以不必担心子弹飞来。那时我正在使用英文书讲解经济问题。"③不管
社会上发生怎样的暴动和变乱，庆应义塾没有停过一天课。福泽不断鼓励日本
青少年："只要这个学塾存在，日本就是世界上的一个文明国家。你们心里不
必牵挂着社会！"自传的结尾，明治十年，福泽感叹"我们正好生在这个幸运

的时代"（263）。

《福翁自传》讲述福泽一生追求自由独立，也倡导人们尊重个体之人，他对自身的行为价值具有充分的自信，成功塑造了一个具有自我意识、不同于传统的传主形象。福泽对国家及个人都有记录历史的使命感，他以公开的社会身份——启蒙者、教育者、明治历史的亲历者，甚至改革推动者，记录时代的巨变，对明治的人物事件进行大胆的评判，《福翁自传》成为明治历史中最生动鲜活的一部分。因此它的价值不会因为时代的变迁而改变，一如他的头像被印在日本最大面值的一万元日币上直到如今。

致谢【Acknowledgment】

本文受益于《现代传记研究》编辑与匿名评审人提出的修改意见，作者谨致谢忱！

I am grateful to the editor of *the Journal of Modern Life Writing Studies* and anonymous reviewers for their suggestions and comments.

注释【Notes】

① 这部口述自传国内翻译为《福泽谕吉自传》，本文引文均采用此译本，同时参照了日文原著（福沢谕吉：《福翁自传》，矢野由次郎记。東京：時事新報社，1899年）。
② 德川时代的武士有随便杀害平民的特权，"迁斩"即指武士为试验刀剑锐钝或武艺高低，夜晚常在街上出其不意地暗杀行人（参见《福泽谕吉自传》185页译注）。
③ 参见《福泽谕吉自传》165页译注。

引用文献【Works Cited】

福泽谕吉：《福泽谕吉自传》，马斌译。北京：商务印书馆，2016年。
[Fukuzawa, Yukichi. *Autobiography of Yukichi Fukuzawa*. Trans. Ma Bin. Beijing: The Commercial Press, 2016.]
——：《劝学篇》，群力译。北京：商务印书馆，2017年。
[—. *An Encouragement of Learning*. Trans. Qun Li. Beijing: Commercial Press, 2017.]
加藤周一：《日本文学史序说》（下），唐月梅、叶渭渠译。北京：开明出版社，1995年。
[Kato, Shuichi. *Preface to the History of Japanese Literature, vol. 2*. Trans. Tang Yuemei and Ye Weiqu. Beijing: Kaiming Press, 1995.]
猿谷要：《极简美国史：超级大国的前世今生》，杜海清译。上海：东方出版中心，2019年。
[Saruya, Kaname. *A Brief History of the U.S.: The Past and Present of the Superpower*. Trans. Du Haiqing. Shanghai: Orient Publishing Center, 2019.]
中江兆民：《一年有半、续一年有半》，吴藻溪译。北京：商务印书馆，2017年。
[Nakae Chomin. *One and a Half Years and One and a Half Years: The Sequel*. Trans. Wu Zaoxi. Beijing: The Commercial Press, 2017.]

小林康夫、山本泰编:《教养学导读》，赵仲明译。南京：南京大学出版社，2005年。

[Kobayashi, *Yasuo and Yasushi Yamamoto*, eds. An Introduction to Liberal Arts. Trans. Zhao Zhongming. Nanjing: Nanjing University Press, 2005.]

斋藤孝:《深度共情》，富雁红译。武汉：长江文艺出版社，2020年。

[Saito, Takashi. *Deep Empathy*. Trans. Fu Yanhong. Wuhan: Changjiang Literature and Art Press, 2020.]

鹿野政直:《福泽谕吉》，卞崇道译。北京：生活・读书・新知三联书店，1987年。

[Kano, Masanao. *Fukuzawa Yukichi*. Trans. Bian Chongdao. Beijing: SDX Joint Publishing Company, 1987.]

菲力浦・勒热讷:《自传契约》，杨国政译。北京：生活・读书・新知三联书店，2001年。

[Lejeune, Philippe. *Le Pacte Autobiographique*. Trans. Yang Guozheng. Beijing: SDX Joint Publishing Company, 2001.]

本尼迪克特:《菊与刀》，吕万和等译。北京：商务印书馆，1990年。

[Benedict, Ruth. *The Chrysanthemum and the Sword*. Trans. Lv Wanhe et al. Beijing: The Commercial Press, 1990.]

奥古斯丁:《忏悔录》，周士良译。北京：商务印书馆，1987年。

[Augustine. *Confessions*. Trans. Zhou Shiliang. Beijing: The Commercial Press, 1987.]

彭广陆:《福泽谕吉著作中的四字语》，《日语研究》第1辑。北京：商务印书馆，2003年。

[Peng Guanglu. "The Four-Character Idioms in Fukuzawa Yukichi's Works." *Japanese Language Study, vol. 1.* Beijing: The Commercial Press, 2003.]

梁庆标:《自我的现代觅求——卢梭忏悔录与中国现代自传 1919—1937》。北京：中国社会科学出版社，2014年。

[Liang Qingbiao. *Modern Pursuit of the Self: Rousseau's "The Confessions" and Contemporary Chinese Autobiography (1919–1937)*. Beijing: China Social Sciences Press, 2014.]

从《安详辞世》看波伏娃传记中的老年观

崔恩昊

内容提要：法国哲学家西蒙娜·德·波伏娃创作于1963年的自传性作品《安详辞世》讲述了她照料病中母亲的经历和在照料的过程中，波伏娃与母亲之间亲疏关系的变化及其影响。在《安详辞世》中，波伏娃所思考的有关"老年他者"的伦理哲学和医学话语权力施加于身体之上的暴力，不仅开启了她与列维纳斯和福柯的隔空对话，而且为她的年龄主义哲学发轫之作《老年》的诞生作了第一手铺垫。同时，波伏娃适时地将老年这一被长期忽视的群体引入人文研究的视域中，不仅在文学、哲学和性别议题的研究视野中提升了老龄问题的能见度，也呼吁着公共领域对改善老年群体的生存现状的介入和整个社会的"激进式改良"。

关键词：波伏娃　老年　自传　关怀伦理　医学话语

作者简介：崔恩昊，上海交通大学外国语学院博士后研究员，文学博士，主要从事当代西方女性文学研究。近期发表《老妪无所依：女性主义的年龄歧视成因分析》（《天府新论》，2017年第2期）等。

Title: Reading Simone de Beauvoir's Thoughts on Old Age in *Une mort très douce*

Abstract: In 1963, French philosopher Simone de Beauvoir published her autobiographical work *Une mort très douce*, in which she recounted her experience of caring for her mother as well as the change of their emotional bond in the process. The ethics of the "aged Other" and the violence that the power of medical discourse inflicted on the patient's body have engaged her in a trans-temporal connection with Levinas and Foucault. Additionally, it has paved the way for her ground-breaking work on philosophy of age *La Vieillesse*. In the meantime, Beauvoir has timely introduced the issue of old age into the research spectrum of humanitarian subjects, which has not only raised the visibility of old age in the academic lens of literature, philosophy and gender studies, but also called for the intervention from the public sphere to improve the status quo of the aged population and a "radical change" of the entire society.

Keywords: Beauvoir, old age, autobiography, the ethics of care, medical discourse

Cui Enhao is a postdoctoral researcher at the faculty of foreign languages in Shanghai Jiao Tong University. His work is mainly preoccupied with contemporary Western women's literature. He is the author of "No Country for Old Women: An Analysis on Feminism's Ageism." (*New Horizons From Tianfu,* No.2, 2017).

自《第二性》于1949年问世以来，学界对波伏娃思想的研究热情从未有丝毫淡退的迹象。诚然，在20世纪后半叶，《第二性》的诞生对西方女性主义第二次浪潮的强势崛起具有里程碑式的意义，但这部巨著所取得的历史性成功也掩盖了波伏娃在其他领域所取得的成就。作为一名传记作家，波伏娃的文学成就常被轻视。她的四卷本回忆录《端庄淑女》(*Mémoires d'une jeune fille rangée*)、《岁月的力量》(*La force de l'âge*)、《事物的力量》(*La force des choses*)、《归根到底》(*Tout compte fait*)和记述萨特逝世前后的《告别的仪式》(*La cérémonie des adieux*)都是颇具分量的作品。苏珊·宾布里格认为，波伏娃往往以传记去质询那些"将身体和心灵分裂的二元对立框架所常常回避的有关存在的关键问题"(Bainbridgge 200)，而波伏娃于1964年出版的自传性作品《安详辞世》(*Une mort très douce*)便是她借由自传书写去体验和思索亲缘、衰老过程和死亡的尝试。而在萨特看来，这部不露锋芒的《安详辞世》才是波伏娃最为出色的作品(Kadish 631)。

一、恐惧与拒斥：波伏娃早期的老年观

事实上，在很长一段时间内，被年龄焦虑深深困扰的波伏娃对老年一直抱有很大的成见。佩内洛普·道伊舍认为，在波伏娃的作品中，最令人感到不悦的一部分便是她对老年的负面描述(Deuscher 312)。在《第二性》中，波伏娃对老年的评价充满带有刻板印象的偏见，当时的波伏娃全然没有为老年女

性这一"他者之他者"辩护的意愿，言语之间反而充盈着莫名的敌意。而从波伏娃的自传来看，她对衰老有着自觉的抗拒，而她对老年问题的思考早在青年时代便已开始。在她的自传第二卷中，波伏娃数次记述了自己在青年时代就已经感受到的生命之隐忧，不仅"那些在二十多年里持续支配我的热情，单单是年龄就将之付之一炬"（Beauvoir, *The Prime of Life* 89），而且：

> 我在变老。我的总体健康和我的容颜并未显出颓势，但我时不时地感到身边的一切在变得灰暗和乏味，并开始哀叹感官的衰退。我仍然能够进入一种出神的状态，但却总有一种无法弥补的失落感。离开索邦大学之后的那些探索与发现带来的兴奋感渐渐退却。（206）

进入而立之年，年龄给波伏娃带来的困扰并未因智识和见地的增长而有任何减退，反而愈发成为隐现在生命中的一种身份危机，在本卷自传的尾声，波伏娃用几乎宿命般的论调写道：

> 在1940年6月之后，我不再认得出任何事物：物体、人物、季节、地点，甚至我自己。我所存在的年龄，在过去十年一直围着一个固定的轴旋转，如今忽然偏离了轨道，把我也带了出去。即使我都从未离开过巴黎的街头，我的疏离感远甚于旧日里横渡浪潮汹涌的海洋时。（599）

1940年6月，波伏娃不过只有32岁，对于有志于在哲学和文学界施展才华的波伏娃而言，无论在心智和身体层面32岁都尚属希望满怀的"青年时代"，波伏娃之所以被"一切都偏离了轨道"的疏离感包裹，终归是由于年龄焦虑所带来的窘迫与仓皇。对年龄如此敏感而又略带消极的体悟，使得波伏娃晚年的年龄哲学转向和积极为老年问题发声的姿态变得很值得细索，这一转变得以发生的助推器便是波伏娃于1964年创作的纪实性自传作品《安详辞世》。尽管一度也曾被偏见裹挟，但在《安详辞世》之后，波伏娃最终并没有陷入她在《老年》中所指称的不同社会阶级面对老年群体时的"同谋的沉默"

（Beauvoir, *Old Age* 243）。如果说《岁月的力量》等自传作品真实言说了波伏娃的年龄焦虑，1970年的《老年》是波伏娃将老年视为哲学问题进行思考的集大成者，那么《安详辞世》则以更加感性和私人的方式，令波伏娃直面衰老与死亡的残酷真相。尽管篇幅单薄，人到中年的波伏娃在《安详辞世》中所展现的丰富而绵延的个人情感，在安和沉郁的叙事里，构筑起人类面对老龄时的情感共同体。

二、《安详辞世》的跌宕：从他者之颜到医学话语之暴力

1963年10月，波伏娃年近八旬的母亲弗朗索瓦丝在家中的浴缸里摔倒，健康状况急转直下，波伏娃因此停止了手头的工作，回到母亲的身边照料。在这期间，波伏娃记录了自己与临终前的母亲的生活点滴，母亲离世后，这部名为《安详辞世》的手记得以问世。迥异于《第二性》的冷峻思辨，自传性的《安详辞世》在波伏娃浩繁的创作生涯里显得并不突出。在母亲的病榻边书写的波伏娃，更多地流露着她身为女儿对母亲的温柔、感恩和眷恋。事实上，成年之后的波伏娃与母亲的关系一直比较紧张，即使在这本记述母亲临终时光的温情作品中，少女时代的波伏娃对母亲的怨忿之情仍不时隐现。在某种程度上，母女之间的隔阂也深刻反映在波伏娃的《第二性》中对女性的母亲身份和母性的消极评价里。在她看来，女性在母亲的身份中从来扮演的都是仆人而不是合作者，所有的物件、价值、她所创造的生命都被认为属于家庭，也就是属于一家之主的男性（Beauvoir, *The Second Sex* 124）。波伏娃在晚年接受艾丽斯·施瓦泽的访问时，仍然坦言母亲身份在20世纪的组织形式实际上对女性而言就是一种奴役（qtd. in Stone 122）。安妮·惠特玛什在评价波伏娃对母亲身份的强烈敌意时认为，对母亲身份的陌生和偏见让她用一种过于个体化的方式看待女性的母亲身份（Whitmarsh 147）。的确，在《安详辞世》的哀悼叙事中，就夹杂着其母年轻时生活的剪影，在波伏娃细腻笔触的勾勒下，一个"全然相信无私奉献的高尚，但与此同时又有着自己的趣味、憎恶和愿望"（波伏娃40）的年轻母亲和她生命中的郁结跃然纸上，毫无疑问，母亲弗朗索

瓦丝"持久地反抗着自己强加于自己的条条框框"（40）的形象和她对母亲生命体验的见证，便是波伏娃对女性母亲身份和现代婚姻制度强烈抵触的最初来源。

因而，在波伏娃成人之后，她和母亲的关系一度非常疏离。然而，在《安详辞世》中对母亲的生命片段进行重构的时候，波伏娃开始意识到母亲"活得与自己针锋相对"（50）。归根到底，母亲是一个鲜活的生机勃勃的女性，只不过母亲无法确立这样的自我认知，对她而言，"这是一个陌生人，畸形而残缺"（50）。

波伏娃对母亲认识的变化，正是从《安详辞世》所记录的1963年年底发生在母亲身上的一场意外开始的，年迈的弗朗索瓦丝先是在浴室里摔断了股骨颈，继而被诊断出恶性肿瘤。在疾病之痛面前，母女之间因照料而重新缔结的情感纽带让波伏娃用新的方式认识母亲，而亲密关系所带来的责任感使得波伏娃看到了与老年人交往时的伦理维度。同时，这段经历也使她以更为客观的角度思辨医患之间的权力关系和现代医学施加于患者身体上的暴力，而对于这些问题的细碎而深刻的思考也对波伏娃六年之后在《老年》中老龄哲学思想的形成有着一定影响。

在《安详辞世》中，波伏娃首先探讨的是在疾病面前发生变化的亲疏关系。母亲因意外而生活难以自理之后，波伏娃开始在母亲的病榻前悉心照料，与母亲如此近距离地接触，在波伏娃成人之后的生命体验里是完全缺席的。疾病的袭来似乎让母亲褪去了裹挟着自身却又刺痛着别人的保护色，以更真实的面貌出现在了波伏娃面前，此刻的波伏娃，在母亲本色的形象面前，却怅然地面对着内心所受到的冲击：

> 母亲的事对我的冲击远远地超出我的想象。我真的不能明白这究竟是为什么。我一直将她禁锢在某种框架、角色和僵化的形象，而这件事却让她从中挣脱了出来。我能看出她生病了，但我看不清她在我内心唤起的遗憾或者说动荡。（波伏娃19）

法国社会学家大卫·勒布雷东在他的名作《人类身体史与现代性》中对

人类面临衰老时的认知有着深刻的洞见："我们慢慢走向死亡，却始终感觉青春在别人身上得到了延长，感觉老人是另一个星球的事……在生命当中很长的一段时间里，老人都是指别人。"（211、221）的确，对老年的认识往往游离于人类的日常生命体验之外，在很大的程度上，"老年"被定义为一个线性时间概念和生物学进程。同时，老年完全从表征体系中消失（Martin 131）。这就使得对老年现象的客观认知被进一步摈除在多数人的知觉（时间体验）和具身化经验（身体体验）以外。波伏娃也对造成这一经验上的断裂的原因做出了颇为精准的解读：老年必须被假设，从定义上而言，它存在于历史行为之外（qtd. in Martin 128）。而在《安详辞世》中，波伏娃与重病母亲的互动经验冲击的正是人类面对老年问题时疏离的"他者化"体验：沉疴在身的母亲在病痛中的形象跳出了"某种框架、角色和僵化的形象"，让波伏娃走近令她倍感陌生的"老年他者（aged Other）"，直面老年真实可感的存在，波伏娃对老年问题的系统化思考也随着与母亲距离的逐渐靠近而开始成型。《安详辞世》中最令读者动容的段落无疑是波伏娃对母亲病中所遭受的痛苦的描写。弗朗索瓦丝因骨折住院之后，医生在常规检查中发现出她已经罹患恶性癌症，而母亲与恶疾抗争时身体所遭受的痛苦，时刻冲击着波伏娃的知觉体验：

> 她的鼻腔连着透明的塑料管，中间通过一些复杂的装置，最后连到一只广口瓶中。她的鼻子痛得缩在一起，脸紧紧皱着，顺从得让人感到悲哀……但这一次，绝望超出了我的控制：一个不是我的人在我的内心深处哭泣……我把母亲的嘴置于我脸上，模仿它却不知自己的模仿。她的整个人，她的整个存在都变得具体，同情令我肝肠寸断。（波伏娃 29、34）

波伏娃与病榻上的母亲的相处，很难不令人联想起列维纳斯围绕"他者的脸孔"而阐发的伦理哲学思想。罗贝尔·勒格罗认为，列维纳斯式的伦理学概念并不是构建在对道德规条和普世价值的认可之上的，它起源于面孔的痛苦（Legros 179）。在《整体与无限》中，列维纳斯以现象学的思路解析他人的面孔，他认为当我与他者相遇的一刻，意味着他者将自己完全展示（révélation）

出来，而不是简单的揭去面纱（dévoilement）（Levinas, *Totalité et Infini* 62）。当我面对他人的面孔时，他者的面孔所"展示"的开放性使我"无法两手空空去接近他者，只有成为慷慨的化身"（42），因为他者面容的显现已经在对我言说（62）。此后，列维纳斯在《他者的人文主义》中以更直白的语言谈到，他者的面孔将一种我无法坐视不管，也无法忘却的呼喊加诸我身，可以说，（他者的面孔）让我感到对他的苦难负有责任（Levinas, *Humanisme de l'autre homme* 52-53）。而他者的脆弱在"呼唤着我的正义感，他者的脸孔是一种乞求，一种圣诫"（Large 78）。

当看到母亲被病痛所缠绞的面孔，波伏娃不由得肝肠寸断，这个与他人的痛苦面孔，或在列维纳斯看来宛如"剥去一切文化性修饰的去皮褪骨"（Levinas, *Humanisme de l'autre homme* 52）般的面孔相遇的时刻，当母亲脆弱不堪的生命之痛透过脸孔彻底成为一种列维纳斯所言及的"展示"的时候，也正是责任降临在波伏娃肩头的一刻。列维纳斯认为，这张面孔既是一种乞求，也是一种呼吁外界介入的急切愿望（52）。对波伏娃而言，母亲的病中之颜，便是对她的声声呼唤，使她放下了手中的一切来照顾母亲，与母亲之间的情感联结，也比任何时候都更为紧密，主体与他者之间的伦理关系在波伏娃对病中母亲面孔的注视中缔结。此时的波伏娃，开始对母女之间经年的情感疏离感到悔恨："最近这些时日里所有的悲痛和恐惧都一起袭来，重重地落向我。有一种癌症也侵袭着我——悔恨。"（波伏娃 72）与此同时，悔恨的代偿作用转化为波伏娃对弥留之际的母亲分外强烈的保护欲，母亲成了她生活的轴心："当我坐出租车穿过巴黎街头，我之所见无非是一群临时演员在舞台上走来走去。我真正的生活是在她身边，我只剩下一个目标：保护她。"（95）

著名伦理学家内尔·诺丁斯认为，当进入一个与他者建立了关系的世界，便走出了一个工具化的世界（Noddings 34）。照料母亲的过程中，随着与母亲之间的情感纽带愈发紧密，波伏娃所产生的保护母亲的强烈愿望，让她走出了理性至上的工具世界，在照料母亲的过程中，波伏娃与母亲互动中的情感流动让她与母亲的关系愈发亲近，可以说，疾病完全改变两个人过往的交往范式，维吉尼亚·海尔德认为，照料的伦理（the ethics of care）独特地将人与人之间视作互有关系并相互依赖（Held 22）。显而易见，患病期间，母亲在波伏娃的悉心料理和陪伴之下，对她愈发依赖，而波伏娃也"越来越喜欢这个垂死的老女人了"：

> 当我们在黑暗中交谈，我觉得自己过往的不快得到了缓解：我在重续青春期时被打断的对话，我们之间的分歧和相似妨碍了我们再将它拾起。往日的柔情我以为已完全消失，现在却复活了，因为它已经变成了简单的言语和行为。我看着她，她就在那里，在场，清醒……（波伏娃 100）

与母亲关系的修复纵然有着时间上的遗憾，但与母亲亲密关系的重新缔结也给了波伏娃得以重新衡量母女关系的入口。母亲的离世给她带来的强烈震撼让她思考自己过往与母亲的交往模式是"既爱又恨的隶属关系"（波伏娃 137），而突至的疾病和死亡打破了既往的交流模式所营造的制衡，波伏娃的责任感和照料过程中的相处，让这对隔阂已久的母女重返充满爱的世界，也就是说，照料过程中的伦理，不仅以对个体健康的关注为特征，也关乎一组良好关系的形成。照料过程中，个人利益需要转移为对他人的无条件关注，照料者不再是单单关注他者，而是完全"嵌入（engrossed）"他者的（Slote 12）。由母亲病中的面孔所开启的这场心灵对话，一方面减轻了波伏娃的年龄焦虑，一方面在不断加深她对"老年他者"的理解，使她的年龄哲学开始隐现一种关注他者、走近他者的伦理维度。

除了用情感细腻的笔触追忆与母亲之间亲密无间的最后相处之外，波伏娃在《安详辞世》中所探讨的另一个重要问题便是现代医学施加于病人身体之上的暴力。尽管波伏娃对此着墨不多，深度也不及后来福柯在《规训与惩罚》和《疯癫与文明》等著作中对同类问题的讨论，但她对现代医学技术霸权给患者所带来的痛苦的描述，仍然非常令人感同身受。在福柯看来，现代医学给医生带来了借由技术施加道德权威的可能。他在《疯癫与文明》中谈到，医生的诊治行为的原初发生机制是基于一种对权力的实践："从一开始，他就是天父和法官，家庭和律法——在很长一段时间里，他的医学实践无非是对秩序、权力和惩罚等旧式仪式的补充"（Foucault 272）。而在《规训与惩罚》中，福柯则试图通过对权力的谱系分析，言明身体何以成为权力的操演对象，而权力又何以将暴力加诸身体之上。中世纪以降，以人类为研究本体的科学的兴起无疑加剧了这一趋势，近代医学便是典例。因此，专事福柯研究的法国著名学者于迪特·莱威尔进而将福柯思想中权力与身体的辩证关系总结为两点，一来福柯关注权力如何将身体降为暴力行为发生的界面，二来权力如何参与到对身体的重构和矫正中来（Revel 17）。

波伏娃在《安详辞世》中以她的亲身经历与福柯进行了隔空对话，她曾数次论及医护人员的冷酷和医学"技术"施加于母亲病体之上的痛苦。弗朗索瓦丝刚一被医院收治，波伏娃就在一次会诊中体悟到医生们倨傲的姿态和面对病人时异常疏离的情感：

> J医生，B教授，T医生，他们仪表堂堂，纤尘不染，闪亮耀目，衣冠楚楚，以高高在上的姿态对这个脏兮兮、甚至看起来就像个野人的老妇人俯下身躯——这些大老爷们儿。我从中辨认出了一种肤浅的自我重要性——是重罪法庭的大法官面对那些生死一线的被告时所感到的那种自我重要性。（波伏娃 20）

在诊疗过程中，作为被医学知识代表的权力所操纵的对象，年迈的弗朗索瓦丝的病体遭受着制度和肉体层面上的双重折磨。因为医生之间的意见不能协调，他们时而用钡剂给她灌肠，令她十分痛苦；时而又把她"摇来晃去，从这里推到那里"（25）。即使在她安静休息的时候，医学"技术"似乎也给她带来了更多的痛苦，而非解脱。由于母亲在各色诊疗手段的裹挟之下痛苦不堪，波伏娃曾要求院方停止这些让母亲万分痛苦的程式化诊疗方案。被拒绝之后，波伏娃在母亲承受的无限痛苦之中，看到了具有拯救意味的"技术"之下深深的人类悲哀。

福柯将权力视为一种操纵、诡计、技术和运作的策略。权力关系并不在于将义务和禁令施加于无权者之上，而在于经由他们将权力浸透和传播（Smart

70）。在波伏娃极其私人化的叙事中，母亲弗朗索瓦丝在病中的遭遇，无时无刻不在重演着福柯对身体之上的权力运作机制。医学知识在参与病人诊疗过程的同时，也将病人的身体降解为权力操演的场域，用沉默的暴力将病人身体的主权进一步瓦解。在不可侵犯的医学知识的权威之下，病人的身体被现代技术分割蚕食，毫无尊严可言。临终前，弗朗索瓦丝叮嘱波伏娃"别把我丢到那些畜生手里"（波伏娃 126），即是个体在面对医学权力的肆意操纵时无助的呐喊。甚至在离世之后，医院也"只会用一座屏风围住垂死者的病床"（126）。这样的遗体处理方式令波伏娃始终难以释怀，而她在目睹过手术刀的权威对身体主权和个人尊严的侵犯之后，也就不难解释《老年》这部巨著中所暗含的伦理维度——道德教会我们去接受科学和技术无法消化的人类顽疾：疼痛、疾病、老年（Beauvoir, *Old Age* 600）。

三、《安详辞世》之后：波伏娃的年龄之思

在与癌症抗争了一个多月之后，波伏娃的母亲于1963年年底离世，一年之后，《安详辞世》问世。这本书的法文原题为 *Une Mort très douce*，意即"一次温柔的死亡"，熟悉波伏娃的评论家已经在这个题目里读到了她思想上的变化。在波伏娃的作品中，读者常能感受到她对死亡的恐惧。有评论者认为，在某种程度上，对死亡的思考从未离开她的作品（Davis 161）。在自传《岁月之力》中，波伏娃也不曾讳言她对死亡的忌惮："自从我知道我会死以来，死亡就让我感到恐惧。这种毁灭令我深感畏惧，以至于我甚至不能想象平静面对它的可能。"（Beauvoir, *The Prime of Life* 601）而在见证了母亲与癌症的斗争过程之后，波伏娃对死亡的态度也发生了可见的变化，从对死亡感到恐惧到将死亡视为降临于世间的暴力，她渐渐挣脱死亡的统摄性支配，而将之视为"战斗的海狸"的斗争对象，在《安详辞世》的结尾，波伏娃谈到，没有什么自然的死亡，对每个人来说，他的死亡都是一场意外（142）。因而，波伏娃在《安详辞世》中对死亡的态度被概括为"具有挑衅性"（Bainbrigge 73）也就不足为怪了。

因此，从对死亡的态度的改观开始，《安详辞世》预见了波伏娃晚年的"年龄哲学"转向。首先，波伏娃不再以充满敌意的目光看待老年，在《安详辞世》的尾声，波伏娃以释然的口吻书写道："你不会因为出生、生活和衰老而死亡……瘫痪、垂死的母亲鼓励大家要保持乐观，要珍惜每时每刻。"（142）此时的波伏娃已不再视衰老过程为畏途，母亲面对疾病和死亡时的乐观态度使她意识到"老年不是人类生命的一个必需的终结"（Beauvoir, Old Age 599）。

其次，波伏娃在自传中所记录的悉心照料母亲的经历以及此间母女间的情感交流，让波伏娃意识到呼吁社会主动介入老年群体脆弱的生存现状的重要性，《安详辞世》也成了波伏娃思考自我生命价值的入口。在她看来，一个人只有通过爱、友谊、同情、激愤给别人的生命赋予价值的时候，她的生命才是有价值的（599）。同时，波伏娃也提出了一个避免让老年成为"过往生活的荒诞模仿"的方式——去追逐那些能给予我们生存意义的目标：为他人奉献（601）。这无疑形成了与列维纳斯伦理哲学所主张的面对脆弱的他者时"我无法两手空空去接近他者，只有成为慷慨的化身"的互文。

最后，《安详辞世》中波伏娃同医学权力博弈的经历，使她在老年问题上丧失了对机构的信任，这也呼应着波伏娃后期年龄哲学思想中的政治性维度。在见证过病重的母亲在医学话语霸权之下的悲惨境遇之后，波伏娃在《老年》中倡议道："一旦我们了解到老年群体的真实现状，我们就无法满足于呼吁更慷慨的'老龄政策'，更高的养老金，体面的居所和有组织的休闲活动。有问题的是整个系统，而且我们的诉求只能是激进的——去改变生活本身。"（604）而面对机构痼疾的这番论调，也是波伏娃作为公共知识分子的道德责任的体现。托里尔·莫伊曾将波伏娃晚年对年龄哲学的深耕视为一种"移位战略（strategy of displacement）"。在莫伊看来，波伏娃晚年对年龄问题的观照实为一种心理代偿，来掩饰她对岁月流逝和生命虚空的焦虑（Moi 242）。然而，在波伏娃的对社会变革的呼唤中，莫伊的症候式解读显然有失偏颇，从《安详辞世》的柔情思辨到《老年》的老年哲学思想成型的过程中，波伏娃对年华逝去的感伤早已消弭，取而代之的是为边缘群体谋求社会正义的强烈欲望。

如果说在《老年》中，波伏娃是在公开向读者呼吁打破公众对老年和衰老问题的集体沉默（Stoller 23），那么《安详离世》便是波伏娃在面对公众对老龄问题的沉默态度时所奏出的第一个不和谐音，直面生命之痛的私人化的叙事风格让感同身受的读者形成的情感共同体不失为打破沉默的奠基性一步，而波伏娃也借由对生命隐痛的书写和对死亡的体验，达成与衰老这一不可逆的生命过程的和解。尽管波伏娃在《老年》中所宣扬的"改变生活本身"的激进目标或许难以抵达，但随着各界对老龄问题的不断关注和介入，跨代际空间在城市中的不断生成与聚合，老龄问题在当代媒体环境中能见度的提升，老年群体已经渐渐脱离波伏娃所言说的"羸弱，垮掉，无力"（Beauvoir, *Old Age* 311）的生存现状，社会环境正缓慢地向波伏娃理想中的状态游动：老年必须被当成一个整体理解，它不仅是生理的，也是一种文化现实（20）。

引用文献【Works Cited】

Bainbridgge, Susan. *Writing against Death: The Autobiographies of Simone de Beauvoir*. Amsterdam: Rodopi, 2005.

Beauvoir, Simone de. *The Prime of Life*. Trans. Peter Green. Harmondsworth: Penguin Books, 1965.

—. *Old Age*. Trans. Patrick O'Brian. Harmondsworth: Penguin Books, 1977.

—. *The Second Sex*. Trans. H. M. Parshley. London: Jonathan Cape, 1956.

西蒙娜·德·波伏娃：《安详辞世》，赵璞译。深圳：海天出版社，2019年。

[Beauvoir, Simone de. *Une more très douce*. Trans. Zhao Pu. Shenzhen: Haitian Publishing House, 2019.]

大卫·勒布雷东：《人类身体史与现代性》，王圆圆译。上海：上海文艺出版社，2010年。

[Breton, David Le. *Anthropologie du corps et modernité*. Trans. Wang Yuanyuan. Shanghai: Shanghai Literature and Art Publishing Group, 2010.]

Davis, Colin. "Simone de Beauvoir et l'écriture de la mort." *Cahiers de l'AIEF* 61 (2009): 161-176.

Deuscher, Penelope. "Beauvoir's Old Age." *The Cambridge to Simone de Beauvoir*. Ed. Claudia Card. Cambridge: Cambridge UP, 2003.

Foucault, Michel. *Madness and Civilization: A History of Insanity in the Age of Reason*. Trans. Richard Howard. New York: Vintage Books, 1988.

Held, Virginia. *The Ethics of Care: Personal, Political, and Global*. Oxford: Oxford University Press, 2006.

Kadish, Doris Y. "Simone de Beauvoir's Une Mort très douce: Existential and Feminist Perspectives on Old Age." *The French Review* 62.4 (1989): 631-639.

Large, William. *Levinas' Totality and Infinity*. London: Bloomsbury Academic. 2015.

Legros, Robert. *Levinas: Une philosophie de l'altérité*. Paris: Ellipses, 2017.

Levinas, Emmanuel. *Humanisme de l'autre homme*. Paris: Le Livre de Poche, 1987.

—. *Totalité et Infini: Essai sur l'extériorité*. Paris: Le Livre de Poche, 1990.

Martin, Alison. "Old Age and the Other-Within: Beauvoir's Representation of Ageing in La Vieillisse" *Forum for Modern Language Studies* 47.2 (2011): 126-137.

Moi, Toril. *Simone de Beauvoir: The Making of an Intellectual Woman.* London: Oxford University Press, 2009.

Noddings, Nel. *Caring: A Relational Approach to Ethics and Moral Education.* Berkeley: University of California Press, 1986.

Revel, Judith. *Le vocabulaire de Foucault.* Paris: Ellipses, 2002.

Slote, Michael. *The Ethics of Care of Empathy.* London: Routledge, 2007.

Smart, Barry. *Michel Foucault.* London: Routledge, 2002.

Stoller, Silvia. "Beauvoir's The Coming of Age." *Simone de Beauvoir's Philosophy of Age: Gender, Ethics and Time.* Ed. Silvia Stoller. Berlin: De Gruyter, 2015.

Stone, Alison. "Beauvoir and the Ambiguities of Motherhood." *A Companion to Simone de Beauvoir.* Ed. Launa Hengehold and Nancy Bauer. Oxford: Wiley Blackwell, 2017.

Whitmarsh, Anne. *Simone de Beauvoir and the Limit of Commitment.* Cambridge: Cambridge University Press, 1981.

身体是不合逻辑的
——评希拉里·曼特尔的《气绝》

赵　文

内容提要：《气绝》是希拉里·曼特尔人到中年、回首往事时所作的自传。作品涵盖了曼特尔的童年生活、家庭背景、学习经历以及与疾病斗争的痛苦岁月。本文以《气绝》为研究文本，从身体视角切入，将加拉格尔的身体现象学作为依托，分析曼特尔童年时期对于性别身体的误认以及因疾病导致的身体图式的异常和身体意象的破损。面对不稳定的物质性身体带来的身份危机，曼特尔转向了精神性努力，通过文学写作来实现自我确立。这在无形中为陷于身份危机中的疾病个体提供了一条自我疗救之道。

关键词：希拉里·曼特尔　《气绝》　性别身体　身体图式　身体意象

作者简介：赵文，南京大学文学院比较文学与世界文学专业博士研究生，主要研究方向为英国文学和西方文论。邮箱：1017024121@qq.com。

Title: The Body is not Logical: An Analysis of Hilary Mantel's *Giving Up the Ghost*

Abstract: *Giving Up the Ghost* is a memoir of Hilary Mantel written in her midlife. It covers Mantel's childhood, family background, learning experiences and painful years of fighting against illness. With Gallagher's theory of body phenomenology as the theoretical base, this paper analyzes the body writing in *Giving up the Ghost* from the aspects of misidentification of gendered body in Mantel's childhood and the abnormalities of body schema and body image caused by disease. Faced with an identity crisis brought on by an unstable physical body, Mantel turned to spiritual efforts to establish herself through literary writing. This virtually provides a way of self-cure for individuals suffering from identity crisis.

Keywords: Hilary Mantel, *Giving Up the Ghost,* Gendered body, Body schema,

Body image

Zhao Wen is a PhD candidate majoring in comparative literature and world literature at the School of Liberal Arts, Nanjing University. Her research concerns British literature and Western literary theories. **E-mail:** 1017024121@qq.com.

希拉里·曼特尔（Hilary Mantel, 1952—　）在 2009 年和 2012 年先后凭借《狼厅》与《提堂》斩获当年的布克奖后，便成为英国历史上唯一一位两次摘取布克桂冠的本土作家。在近 40 年漫长的文学创作生涯中，曼特尔共发表了十二部长篇小说、两部短篇小说集以及一部自传《气绝》。《气绝》（2003年）出现于英国回忆录写作的繁荣期，甫一问世便获得了由国家心理健康协会颁发的"年度图书奖"。曼特尔将《气绝》布局为六小节，彼此相对独立；时间跨度从童年时期开始到写作完成时的 2000 年。似乎沿袭了历史小说的创作风格，曼特尔并没有完全遵循线性时间的发展轨迹，她的回忆书写呈现出跳跃、闪回等特点，任凭感官记忆将叙事导向正确的目的地（Hughes）。总体看来，《气绝》概述了曼特尔的童年生活、家庭背景、学习经历以及与疾病斗争的痛苦岁月。希拉里[①]出生于德比郡的哈德菲尔德村庄，出生后便随父母住在外祖父母的房子里。外祖父健谈爽朗、阅历广泛，外祖母则温柔忧郁，大家庭的宠爱使她的童年充满快乐的回忆。六岁时，希拉里与父母搬离原住所，变故随之而来。一方面，父母之间感情逐渐破裂，这件事以母亲的情人杰克·曼特尔住进家里，父亲亨利失踪而告终；另一方面，童年的希拉里总是生病，但医生无法诊断她的病症反而给她起了外号"永远生病的小妞"。自上小学开始，希拉里便十分厌恶学校里压抑强制的氛围，这种状况在进入高中之后有所改善。及至成年，曼特尔考取伦敦政经学院后便离开了家。两年后，她转学至谢菲尔德与男友杰拉德同居结婚。婚后不久，她的身体便出现了问题。为了治疗，她进行了子宫切除术，彻底失去了在生物学意义上成为母亲的可能。因此，也有读者将自传题目中的"ghost"解读为曼特尔尚未出生的孩子。

作为对过往生活的详细描画，自传《气绝》为洞悉曼特尔的文学世界提供了难能可贵的视角。格雷厄姆·格林认为"富有创造力的作家一劳永逸地从他的童年与青春期感知世界，他的整个写作生涯就是努力用我们共享的伟大公共世界去阐明他的私人世界"（qtd. in Lodge 42）。虽然曼特尔的小说创作形式多样，涉及悬疑惊悚、黑色幽默、历史等多种类型，但读者依旧能从中追溯到自传的来源。《气绝》涵盖了大部分的文学母题，成为解读曼特尔作品的黄金坐标。工人阶级天主教家庭的出身被她移植到《弗勒德》（*Fludd*）中；就读天主教小学的经历被赋予到《爱的实验》（*An Experiment in Love*）中女主人公卡梅尔的身上。童年遭遇幽灵的经验成为《黑暗之上》（*Beyond Black*）的写作根基；因服用药物而导致的精神崩溃状态让她创作出《每天都是母亲节》（*Every Day is Mother's Day*）。除此之外，《气绝》还解释了曼特尔走向文学之路的原因，堪称探寻曼特尔文学创作发生的原点。安妮·恩莱特建议读者"如果你想知道曼特尔为什么要写小说或者你真想知道为什么小说是必要的，这两个重要问题的答案都可以在《气绝》中找到"（Enright）。

　　谜底便是贯穿整部自传的关键词——身体。在童年时期，曼特尔浸润于圆桌骑士的侠义故事及勇武精神，坚信自己四岁时会变成男孩，拥有坚固的男性身体。但随着时间的流逝，她的身体发育出明显的女性特征。性别认知的转变让曼特尔感到"整个过程超出了控制"（Mantel, *Giving Up* 51）。进入青年时期，她一直被疾病所困扰，但在求医的过程中却遭遇了严重的误诊。抗抑郁类药物的服用导致她的身体图式出现异常甚至无法正确支配自身的行动，治疗时机的延误更导致她失去了子宫、卵巢等生育器官。戴维·洛奇直言"这几页的书写让阅读变得很痛苦"（Lodge 42）。此后，疾病的复发更导致曼特尔的身体出现严重失调的迹象。身体遭遇的严重打击带来了身份危机，曼特尔无法通过易变的物质性肉身来实现自我确立。于是，她转向了精神性努力，将写作视为自我救赎的手段；以"文学性恢复"的方式，确认了自身的存在。

一、性别身体的转换与重认

　　曼特尔在自传的开篇便企图借用乔治·奥威尔说这位文学前辈的话"好的散文就像玻璃窗"为自己的书写奠定清晰直白的基调。"相信你的读者。专注于打磨你的记忆、剥离你的感性。停止编造你那些琐碎的比喻。以最直白有力的方式说出你想说的话"（5）。乍看上去，曼特尔的决心十分符合自传契约的要求："写自传契约，就是首先确定调子，选择说话的语气和笔调，确定他的读者，以及希望与他建立的关系"（勒热讷 66）。但她很快便偏离了平实的语言轨道，进入了铺张的比喻地带。因为"窗玻璃一样的散文不一定能保证真实"（Mantel, *Giving Up* 5）。就这样，仅在一页之间，曼特尔就打破了所谓的契约，展示出对于自传书写的两种态度。这种转变暗合曼特尔善于挪揄、机敏嘲讽的创作风格。但当这种风格发生在一部以展示个人生活为主的自传上时，就会显得模棱两可。

在《气绝》中，曼特尔所勾勒出的童年时期的性别认知便显示出这种模糊性。曼特尔没有解释为何她在三岁的时候坚信自己四岁会变成男孩。针对儿童性别认知发展的研究显示，儿童四岁时会认识到人们的性别是稳定不变的（范珍桃 45）。此时，三岁的希拉里明显尚未意识到性别的稳定性特质。笔者认为，从现象学的角度进行分析，希拉里错位的性别角色认知主要来源于她与外祖父之间的主体关系，即主体间性。在哲学上，最早涉及认识主体之间关系的是胡塞尔。他声称主体间性根植于彼此的物质性肉身，其最基本的形式便在于当看到他人的行动时，认识主体会无意识地通过行动和感觉对其进行模仿（Vickers 927）。这种模仿行为主要通过身体对他人的经验模拟来实现，在这个过程中，一方共享了另一方的主体经验。梅洛·庞蒂认为在某种程度上，我们有义务将自己的经验与他人的经验融合在一起。到新现象学家加拉格尔，他更是在主体间性理论中区分了原初主体间性和次级主体间性。原初主体间性指的是儿童在三岁之前对其他主体的一种原始体验。它主要表现为对其他主体的模仿和再认，以及其他的早期交互能力（何静 126-127）。在《气绝》中，小希拉里模仿的对象便是她的外祖父。在外祖父的教育与陪伴中，她被赋予了他的力量。她分享外祖父与其他家庭成员截然不同的食物，痴迷于他讲述的罗宾汉以及高山上的巨人的故事（Mantel, *Giving Up* 18）。她沉醉于圆桌骑士的侠义精神并跟随外祖父掌握了机枪、兵法以及驯骆驼的话术。对外祖父的崇拜使她在性别定向的过程中倾向于男性。自两岁多起，希拉里便有意模仿外祖父的行为举止。她发现"外祖父是所有女人的骑士和指挥官"（18），于是和姨婆玩游戏时便自称"勇敢的印第安人、兰斯洛特骑士和教区牧师"（16）。这种模仿行为表现出希拉里对以外祖父为代表的男性性别角色的认同。梅兰妮·克莱因对儿童行为所作的分析也可以对此进行解释。"孩子通过游戏和玩耍，以象征的方式表达出他们的幻想、欲望以及真实的经验"（克莱因 7）。在对玩具的选择方面，希拉里再次表现出明显的性别偏好。她对父母送给她的农舍小屋毫不动心，反而对表弟的射击场充满兴趣。

如果说原初主体间性协助希拉里建立了作为男性的存在属性，那么，疾病、学校等外在因素和自我身体的发育则帮助她确认了自己的女性身体。但遗憾的是，这种性别身体及性别认同的转换，对她来说是被迫完成的。四岁时，她发现自己成为男性的阶段被推迟，但仍坚持以男性骑士的身份守护着她理想中的家庭模式。在黑潭的公寓里，在父母感情破裂的前提下，她企图营造出温馨和谐的家庭场景："站在镜子前，我胖胖的小胳膊绕过他们的肩膀，我的手紧紧抓着他们。我把这幅场景称为'在一起'，我坚持用这个标题。作为一名骑士，我擅长安排攻城战以及投资要塞。父母的不情愿和分心不会阻止我把生活塑造成我想要的样子"（Mantel, *Giving up* 24）。但在码头，当她感知到自己的存在会给父母带来痛苦时，她自我构建的男性的象征身体、保卫家庭的坚固身体便被疾病所击倒。一场高烧过后，希拉里被迫承认自我与男性身体的分离："我失去了发烧前拥有的战士般的身体。我的坚固性，我子弹般的存在消失了。模糊性让我变得很瘦弱、脸色苍白、少言寡语、头发金黄"（25）。这种转变以及对幸福家庭维系的无能为力让希拉里意识到："我再也不会成为一个男孩了"（25）。她进入儿童认知发展中的性别一致性（gender consistency）阶段，承认性别不会跟随外界条件而变化。这次发烧后，疾病如影随形地缠着希拉里。她变得越来越憔悴、眼睛的颜色更浅、头发则逐渐变长，她身上的女性特质变得越来越明显。身体上的变化宣告着希拉里从作为快乐表征的男性的象征身体开始转向脆弱的女性的物质身体。"我身体的每个细胞都在变薄、伸展，逐渐变得透明，在不同的维度上生成、再生成"（37）。九岁时，随着第二性征——胸部的发育，希拉里接受了作为女性的性别身体。此时，主体的性别认同对象由外祖父转向母亲。她慢慢疏远外祖父，不再向他吐露心事；同时，她被母亲的美丽所打动，开始从母亲身上获得性别角色偏好和行为。她注重自己的外观（拥有带跟的闪亮的黑色鞋子，接受母亲为自己涂上口红和腮红），并且像母亲一样照顾弟弟（"他成为我的事业和爱好"）。当希拉里逐渐与同性性别标签相匹配的时候，一次事故导致她对重认的女性身体充满了失望。十岁时，她与一个强壮的男孩发生了肢体冲突。希拉里发现"他是由某种比血肉更紧密的物质构成的"（31），而她早与自己战士般的身体失去了联系。现在她所拥有的脆弱的女性身体成为她的阻碍，"完全没有能力，除了在我不需要的地方出现挡我的路以外"（31）。

二、异样的女性身体图式

"身体图式"的概念源于神经科学。早在1893年，鲍聂尔（P. Bonnier）就用"图式"这个术语来表示与身体意识相关的空间性。至1920年海德（Head）出版《神经病学》，则把身体图式定义为一种身体的姿势模式，认为它能有效地组织和调节外来感官刺激所产生的印象（何静 8）。此后神经学家席尔德（Schilder）却将身体图式与身体意象两个概念混淆起来。这两个体系在实际运行中相互作用，尤其在意向性行为中高度一致，因此极易混淆。梅洛·庞蒂对两者的区分作出了贡献，"身体图式是一种表示我的身体在世界上存在着的方式。它主动地把存在着的身体各部分联合在一起"（庞蒂 137-138），但他并没有对身体图式与身体意象这两个术语做出明确的界定。此后，历经数代研究者的努力，最终将身体图式界定为"一种知觉-运动系统能力"，"它通过对身体姿势和身体运动的无意识调试，使得世界中许多有意义的部分被身体整合入我们的经验中"（何静 11）。

作为身体体验环境的一种方式，身体图式涉及身体在环境中的姿势整合与应答。而身体意象则是一种精神建构、表征一系列关于身体的信息，它关乎对身体的注意或对身体的意识。作为身体表征的两方面，这两者更直接的区别在于身体意象是有意识的部分，而身体图式则是与动作相关的无意识的部分。

（Beckmann 578）举例来讲，当我从卧室走到书房拿书的时候，我不会注意自己的脚步以及摆动的双臂，因为我的目标是拿书，我肢体上的运动有赖于体内身体图式的自动运作，在正常情况下，它不会被注意到。但当我的手指被书柜里的一颗大头钉扎疼的时候，我的注意力会瞬间转移到流血的手指上，此时流血的手指这一身体意象便成为我意识的关注对象。身体通过一种无意识的行为，不断产生并记录着意义，在场与不在场不断交替出现在生活中（勒布雷东145–146）。

之所以引入这两个概念，其原因在于青年时期的曼特尔由于特殊的疾病遭遇使得身体图式和身体意象这双重表征表现出受损的迹象。对正常人来说，身体图式不需要意识的控制，在体内便会以自动的方式维持我们日常身体的平衡，并让运动、知觉成为可能。但对曼特尔来说，她却在一段时间内都无法正确引导自己的行动。事实上，自童年时代希拉里获得性别恒常性②后，她便意识到女性身体不如男性身体强壮且更容易生病。从童年时期过渡到青年时代后，她仍然被疾病所困扰。如果说疾病是诸器官的反叛，是通过身体说出的话，是一种自我表达（桑塔格 43）；那么，曼特尔这种身体上的诉求却没有被医生所理解，没有被医疗程序所正确解读。她患了子宫内膜异位症，却被充满无知与偏见的医生诊断为精神上的疾病"由野心勃勃导致的压力"（Mantel, *Giving up* 69）。于是，正确的治疗被延宕，而误诊则导致她体内的身体图式出现异常。她服用了医生开具的大量抗精神类药物，如三环类抗抑郁药物、吩噻嗪类药物等，结果却出现了静坐不能（akathisia）的症状。这是由抗精神类药物所引起的副作用，以主观上想活动和客观上不停息的运动状态为特征。当我们疲惫时，会寻找一把椅子坐下，这表明我们体内的身体图式在正常运作。但对经历静坐不能的曼特尔来说，当她疲惫的时候，不想再任由双腿动来动去时，她却依旧来回走动、无法坐定。此时，她的身体图式无法自动调试身体坐下。为达到目的，她不得不将更多注意力放在身体意象上。她运用大脑发出"坐下"的指令，协调身体的部位，"首先移动你的左脚，然后是你的另一只脚，你将所有的注意力集中在接下来的十秒钟"（Mantel, *Ink* 7），然后"强迫自己坐在椅子上"（Mantel, *Giving up* 72），以此来对抗腿部的不安宁感。加拉格尔说"在身体图式中，身体需要在与周围环境的联系中建立一种特定方式"（Gallagher 548）。曼特尔希冀通过主观意愿来帮助处于无意识状态的身体图式与周围环境——椅子建立联系，企图让自己安静下来；但她的身体图式却处于一种紊乱不安的异样状态中。几乎就在坐下的一瞬间，她"立刻从椅子上跳了起来"（Mantel, *Giving up* 72）。

身体图式通常作为一个整体而发挥作用，它有时会挪用某些习惯性的姿势和动作，将环境中的重要部分整合进自己的图式中。比如说，木匠的锤子会成为木匠的手的有效延伸，或者像海德所说，身体图式会延伸至女士帽子上的羽毛（qtd. in Gallagher 548）。这是身体图式不断与周遭环境建立联系、拓展自身的结果。但与之相反，曼特尔的身体图式则在不断地缩小覆盖范围。在正常状态下，我们的双手不会进行极度频繁的无意义活动。但由于静坐不能，曼特尔的双手就像"鸟儿的翅膀一样扇动"（Mantel, *Giving up* 72）。厄温·戈夫曼说"日常生活中的秩序崩溃表现可以取决于我们对身体表征的控制"（汪民安 9），此时曼特尔已经无法控制外在的身体器官。她绞动自己的双手，拉拽自己的衣服，撕扯自己的手臂。她觉得窒息，压力从头脑中升起。她无法停止自己的行动，她感到不安、恐惧甚至惊悚。这种外在身体意象的失控反映出她体内的身体图式正处于一种濒临破碎的状态。当她因无法忍受折磨向医生求助时，却被注射新的药物（氯丙嗪）而彻底失去知觉。她相信自己的身体图式在正常运转，"我很好，在我体内我很好"（Mantel, *Giving up* 72）；但实际上，她的身体秩序早已崩溃。她展现出的身体表征就像"一个疯子在世界上的样子，嘴唇颤动，言语愚蠢而呆笨"（72）。

三、破碎的女性身体意象

不应忽视的是，在曼特尔承受由抗精神类药物而引起的烦躁焦虑、视物不清、意识混乱等副作用时，她真正的疾病并没有得到正确的治疗。曼特尔在成年之后失败的就诊经历可以分为三个阶段。第一阶段是她首次因为腿疼而去谢菲尔德大学的健康服务中心问诊。医生给她开了抗抑郁药，服用后她出现视线模糊、睡眠破碎等副作用。第二阶段是当她感到一种全新的以对角线形式从右肋贯穿至左腰的疼痛时，心理医生将她的病症诊断为精神疾病。吊诡的是，在服用医生开具的弱安定剂后，她没有被安抚反而变得愤怒甚至幻想杀人放火。第三阶段是由服用强安定剂而引起的静坐不能等相关症状。基本上，每次促使曼特尔去看病的原因都是身体上的疼痛，这种疼痛属于典型的身体意象问题。因为，对身体的注意或对身体的意识就是身体意象的一部分（何静 14）。

　　与无意识的身体图式不同，身体意象的基础就是对自己身体的自觉意识（Gallagher 544）。除此之外，身体意象的内容还包括主体对身体整体的概念性理解和主体对自己身体的情感态度。在大多数的身体运动中，由于身体图式的自动调试作用，我们并不需要格外注意自己的身体。但在某些特殊情况下，如身体出现不适状况——疲劳、疼痛、疾病或压力，身体就会成为我们关注的对象。在生病的状态下，现象学中的"有一个身体（having a body）"的感受最为突出。此时，身体表现为一个客观的和外在的环境。早期，曼特尔因身患子宫内膜异位症而导致的身体上的疼痛便是如此。她感到的腿疼、从肋部贯穿至腰部的疼痛、腹部疼痛等都是这种疾病表现出来的症候。在自传中，她通过查找资料，自我诊断身患子宫内膜异位症并了解到这种疾病的发病原理。简单来说，子宫内膜异位症就是本应出现在子宫内层的每个月会流血的细胞却出现在身体的其他部位。比较常见的是出现在骨盆、膀胱和肠道，比较少见的是出现在胸壁、心脏和头部。无论出现在哪里，这些细胞都会流血并在身体内部形成瘢痕组织。这些瘢痕组织压迫神经，引起了疼痛（Mantel, *Giving up* 75）。而正是这些疼痛促使曼特尔将关注对象转向自己的身体。在疾病与疼痛的特殊体验中，身体不再是一种外来的物体，而成为一种负担、一种烦恼。与之相伴随的医学检查也成为主体对身体有意识的反思。在圣乔治医院做腹部超声扫描时，曼特尔仔细观看展示身体内部构造的医学影像。内部身体器官以图像化的方式成为她审视的对象。她将注意力集中在子宫的图像上，"第一次也是最后一次，我看到了我的子宫，带着两笔黑色，就像娴熟的书法，将其标记出来"（77）。当身体成为主体关注的中心时，身体意象作为一个反射的意向性系统，将身体表征为"我的"身体，表征为自身所拥有的身体。这种表征倾向在无形中增加了主体对自己身体的归属感，强化了自我意识。

但这种归属感在残酷的现实中却让人痛苦不堪。为了治疗疾病，曼特尔失去了她的整个生育系统。从她首次就诊到得到正确的诊断算起，这中间花费了六七年的时间。在漫长的日子里，曼特尔一面忍受着由误诊带来的精神折磨，一面无能为力地任凭子宫内膜异位症恶化，以致失去了最佳治疗时机。延误的结果便是她被切除了子宫、卵巢和一部分肠子（80）。身体器官的摘除在无意中实现了德勒兹的无器官的身体的实体化，却彻底改写了曼特尔的身体内部空间，剥夺了她做母亲的机会并不可逆转地使她与自己的身体疏远。在自传中，曼特尔称自己经历了手术绝经及女性阉割。这种经历导致她对理解身体作为整体性的概念产生了偏离。作为身体意象的重要维度，主体对身体的概念性建构包括主体对身体的直接意识和知识性理解（Gallagher 546）。对曼特尔来说，身体内部器官的丧失导致她对身体的概念性建构变得残缺不全，并打破了她作为个体的内部世界与外部世界之间的平衡关系。即便在完成手术的二十多年后，当谈及自己的身体时，她依旧觉得"我是位于炮击区的一幢破旧的老建筑，里面的居民在多年前早就撤离"（Mantel, *Giving up* 84）。这种隐喻暗含着曼特尔对身体空间的独特理解。在她看来，自己的身体内部已经被错位的子宫内膜细胞分割成许多昏暗的空间。这些空间正是医疗技术追逐并试图消灭错位细胞的战场。精神分析学家亨利·雷伊认为身体内部空间意识是女性气质的决定性特征（qtd. in Vickers 929）。但对曼特尔来说，在身体内部空间受损后，她要如何安放自己的女性气质呢？她感慨道："我不能生育。我有什么用呢？"（Mantel, *Giving up* 81）笔者认为，在曼特尔失去生育的权利后，对女性身体的关注尤其是对生育的关注相应地成为她的一种补偿。通过写作，她质疑了女性身体与外部世界的关系。在《狼厅》和《提堂》中，她将安妮身体的内部空间刻画为权力博弈的战场，女性的身体和生殖能力堂而皇之地成为故事的中心。在为《伦敦书评》撰写的文章中，她犀利地将矛头指向英国皇室，"剑桥公爵夫人凯特，她的生命是虚无的，她人生的唯一目标就是生育"（Mantel, *Royal Bodies*）。

但对曼特尔来说，来自身体方面的打击远未结束。在1982年，随着子宫内膜异位症的复发，她的身体意象出现了失调的痕迹。身体意象失调（Body Image Disturbance），又称负面身体自我，主要关注身体的外表属性，指对自己身体的消极认知、消极情绪体验和相应的行为调控（曾艺欣 414）。这次疾病的复发及治疗使曼特尔的身体意象呈现一种极不稳定的状态。在服用激素类药物后，体态纤瘦的曼特尔迅速变得肥胖起来。在人生的前三十年里，曼特尔"对自己的腰线如此满意以至于宁愿饿死也不愿它多一英寸"（Mantel, *Giving up* 82）；但现在由于药物的刺激，即便停止进食，她的体重仍不停地上涨。外表属性的骤变直接影响了曼特尔对身体的情感态度。原本，丧失生育系统的事实已经让曼特尔意识到身体的物质性与对象性，它是可被医学技术直接干预的不可靠的存在体；现在身体意象的失调加重了她与被改写的身体之间的疏离感。社会文化因素更是对这种情感倾向起到了推波助澜的作用。当她担忧体重增长得过快时，双下巴的医生幸灾乐祸地投来恶意的一瞥；当她无法在服装店买到合适的衣服时，服装店员的脸上会浮现出半是同情半是傲慢的微笑。在他人看来，肥胖者不按规则行事；因此，必须被提醒注意自己的位置，必须让她蒙羞、受挫。这种身体受辱（body shaming）的经历导致曼特尔很在意他人对自己外表的评价。在成为作家接受别人的采访后，她往往会翻看自己被印刷出来的照片以及采访者用何种形容词去描述圆滚滚的自己。

经历过身体器官的摘除与身体意象的失调，曼特尔早已意识到物质性身体是变动的、不可靠的存在。它无法为自我认同提供一个确切的参考。在访谈中，曼特尔表示疾病不仅改造了她的身体，甚至重塑了她的个性。"如果你的内分泌系统发生偏离，你就失去了通往自我的道路"（Hughes）。她变得阴郁紧张，无法通过图式异常、意象受损的肉身来安放过往。对她来说，身体仅仅成为"一个需要维持运转的物件"（Mantel, *Giving up* 80）。当陷入这种本体困境时，曼特尔开始向稳定的心灵与大脑求助，"我的思想是我唯一可以依赖的东西"（Elmhirst 39）。她开始通过写作来重塑自身。"我需要成为某个人。我能想到的唯一方式就是写作"（Mantel, *The Ghost Writer* 15）。起初，写作支撑她度过了被疾病困扰的艰难时期。只有"在纸上写下足够多的文字时，你才会觉得自己的脊梁骨能够在风中直立起来；一旦停止写作，你会发现你只是一根脊椎骨，一排格格作响的椎骨，像一支旧羽毛笔一样干枯"（Mantel, *Giving up* 84）。之后，通过写作，她建立了一种经得起审视的自我意识。而这正是这部自传得以诞生的原因。"我写作是为了接管自己的童年和我没有孩子的故事；是为了安置自身，如果不能在身体里安放，那就安置在字里行间吧"（84）。

结　语

《气绝》是曼特尔在五十岁左右时回首往事所作的自传。运用充满诗意的语言，她精巧地解决了传主寄居于童年自我与成年自我之间而不至于偏向某一方的问题。在坎坷跌宕、命途多舛的前半生里，她总是与期望中的肉身存在背道而驰。童年时代，她失去了男性坚固的象征身体，得到的是女性脆弱的物质性身体；青年时代，她丢失了女性的生育身体，只剩一副遭受打击的无性身体躯壳。这种独特的创伤经历将曼特尔导向了文学创作之路。写作为她提供了能量的源泉，成为维系身体坚固性的重要方式。她痴迷于寻找写作与身体之间的界限，"我腹部的伤口呈现螺旋状的缝合，就像手稿一样"（Mantel, *Ink* 8），致力于通过作品挖掘身体空间与外部世界的关系。《气绝》的出现正源于此，当她开始为身体的不合逻辑性及死去的生育可能性追溯过往时，言说便开始了。

注释【Notes】

① 以1963年为界限，笔者将11岁前的作者称呼为希拉里，11岁后的作者称呼为曼特尔。其原因在于11岁时，作者与母亲、两个弟弟和杰克·曼特尔从德比郡搬到了柴郡，但她的亲生父亲亨利消失了。从此之后，她开始使用"曼特尔"这一姓氏。

② 劳伦斯·科尔伯格（Lawrence Kohlberg）提出"性别恒常性"的概念。他把性别恒常性定义为：对性别基于生物特性的永恒特征的认识，它不依赖于事物的表面特征，不会随着人的发式、衣着、活动的变化而变化。

引用文献【works cited】

Beckmann, Nina, et al. "How the unconscious mind controls body movements: body schema distortion in anorexia nervosa." *International Journal of Eating Disorders* 54 (2020): 578–586.

Elmhirst, Sophie. "Giving in to Ghosts". *New Statesman,* 5–11 (2012): 34–43.

Enright, Anne.et al. "My favourite Mantel: by Margaret Atwood, Colm Tóibín, Anne Enright and more." *Guardian,* 22 Feb. 2020.

范珍桃、方富熹：《儿童性别恒常性发展》，《心理科学进展》2004年第12卷第1期，第45—51页。

[Fan Zhentao and Fang Fuxi. "Review on Children's Gender Constancy Development." *Advances in Psychological Science* 12.1 (2004): 45–51.]

Gallagher, Shaun. "Body Image and Body Schema: A Conceptual Clarification." *The Journal of Mind and Behavior* 7 (1986): 541–554.

何静：《身体意象与身体图式——具身认知研究》，浙江大学博士论文，2009年。

[He Jing. *"Body Image and Body Schema: A study of Embodied Cognition."* Diss. Zhejiang University, 2009.]

Hughes, Kathryn. "Ghost stories." *Guardian*, 10 May 2003.

梅兰妮·克莱因：《儿童精神分析》，林玉华译。北京：世界图书出版公司北京公司，2016年。

[Klein, Melanie. *The Psycho-Analysis of Children.* Trans. Lin Yuhua. Beijing: Beijing World Publishing Corporation, 2016.]

大卫·勒布雷东：《人类身体史和现代性》，王圆圆译。上海：上海文艺出版社，2010年。

[Le Breton, David. *Anthropologie Du Corps Et Modernité,* 5e. Trans. Wang Yuanyuan. Shanghai: Shanghai Literature and Art Publishing House, 2010.]

菲力浦·勒热讷：《自传契约》，杨国政译。北京：三联书店，2001年。

[Lejeune, Philippe. *Le Pacte Autobiographique.* Trans. Yang Guozheng. Beijing: SDX Joint Publishing Comapny, 2001.]

Lodge, David. "Little Miss Neverwell Triumphs." *Commonweal,* 5 Nov 2004, 42.

Mantel, Hilary. *Giving Up the Ghost.* New York: A John Macrae Book. First Picador Edition, 2004.

— *Ink in The Blood: A Hospital Diary.* HarperCollins e-books. 2010.

— "Royal Bodies." *London Review of Books,* 21 February 2013, 35(4).

— "The Ghost Writer." *Observer,* 4 May 2003, 15.

莫里斯·梅洛-庞蒂：《知觉现象学》，姜志辉译。北京：商务印书馆，2001年。

[Merleau-Ponty, Maurice. *Phenomenology of Perception.* Trans. Jiang Zhihui. Beijing: The Commercial Press, 2001.]

苏珊·桑塔格：《疾病的隐喻》，程巍译。上海：上海译文出版社，2018年。

[Sontag, Susan. *Illness as Metaphor and AIDS and Its Metaphors.* Trans. Cheng Wei. Shanghai: Shanghai Translation Publishing House, 2018.]

Vickers, Neil. "Illness and femininity in Hilary Mantel's Giving Up the Ghost (2003)." *Textual Practice* 33 (2017): 917–939.

汪民安、陈永国编：《后身体：文化、权力和生命政治学》。长春：吉林人民出版社，2003年。

[Wang Min'an and Chen Yongguo, eds. *Postbodies: Culture, Power and Biopolitics.* Changchun: Jilin People's Press, 2003.]

曾艺欣、李燕娟、王雨吟：《身体功能书写对女大学生身体意象的作用及其机制》，《中国临床心理学杂志》2021年第29卷第2期，第414—418页。

[Zeng Yi-xin, Li Yan-juan and Wang Yu-yin. "The Effect and Mechanism of Functionality-Based Writing Intervention on Improving Body Image in Chinese Female College Students." *Chinese Journal of Clinical Psychology* 29.2 (2021): 414–418.]

论苏珊·桑塔格短篇小说存疑的自传性

张俊峰

内容提要：因与作者真实经历相关，苏珊·桑塔格的短篇小说在学术史中通常被认为具有自传性特征，其中的内容甚至被传记作者当作真实材料写入桑塔格传记中。但实际上，桑塔格的短篇小说具有明显的道德指向，其故事情节的真实性也难以确证，这均与自传体的要素不符。就桑塔格的作家形象与创作意图来说，将她作品中个人经历的叙述视为自传性写作是不合理的，在某种程度上甚至是一种误读。

关键词：苏珊·桑塔格 《心问》《我，及其他》 自传性

作者简介：张俊峰，浙江师范大学人文学院博士研究生，主要从事比较文学与世界文学研究。邮箱：jameszjf@zjnu.edu.cn。

Title: On the Questionable Autobiographicality of Susan Sontag's Short Stories

Abstract: As related to the author's real experience, Susan Sontag's short stories are usually considered autobiographical, and even written in Sontag's biographies as authentic material. However, Sontag's short stories manifest obvious moral orientations, and the authenticity of the plots is difficult to verify, thus being inconsistent with autobiography. In terms of Sontag's characteristics and writing intention, it is unreasonable, if not misunderstanding, to regard the personal experience in her works as autobiographical writing.

Keywords: Susan Sontag, *Debriefing, I, Etcetera*, Autobiographicality

Zhang Junfeng is a doctoral candidate at Zhejiang Normal University. His research interests include comparative literature and world literature. **E-mail:** jameszjf@zjnu.edu.cn.

苏珊·桑塔格（Susan Sontag, 1933—2004）的短篇小说时常能和她的人生经历联系起来。由此，提及桑塔格的短篇小说时，研究者们多将之与自传性相联系。桑塔格的传记作者们也将短篇小说视作传记材料的来源，把其中的情节作为桑塔格的真实经历写进传记中。但通过对比分析桑塔格的小说文本与日记、访谈录等材料，并进一步结合对桑塔格写作特征及创作意图的考察，本文认为桑塔格短篇小说的传记性定位值得商榷。

一、学术史中桑塔格短篇小说的自传性定位

桑塔格早期创作的两部长篇小说《恩主》与《死亡匣子》是避开自传性叙事的，如《恩主》的主人公被桑塔格设定为一位六十一岁居住在巴黎名为希波赖特的男性，这完完全全与桑塔格本人的形象不符。同时，桑塔格也多次提及自己在创作中力避自传性。她在为《恩主》中译本所作的序言中就提到，大多数作家在创作伊始倾向于以自己的亲身经历为素材，讲述自己、家人或朋友的故事，但她在写作第一部小说时"发现自己几乎没有写自己的冲动"（1）。她也早在1972年接受乔·戴维·贝拉米采访时提到，与讲述自己经历的作家不同，她在创作中"找到自由的方式是虚构"（Bellamy 46）。也就是说，桑塔格没有意愿创作有关自己的作品，她在《恩主》和《死亡匣子》中也几乎完全没有叙述与自己有关的内容。又一次访谈中，桑塔格被问及在写作《恩主》时是否有特别关注自己的梦，她的回答是否定的，小说中确实有一个她自己的梦，但这个梦的出现只是因为它是小说人物应当会做的梦，而不是因为这个梦是她自己的（Costa and López）。桑塔格还曾说，《恩主》中用六十多岁法国人的口气写作比以自己的口吻写要容易，"写作就是一个角色扮演的过程。就算我写了真正发生在我生活中的事件，如在《朝圣》和《中国旅行计划》中，其中所叙述的'我'，也不是真正的我。但我必须承认，在《恩主》中，这种区别被我尽可能地扩大了。我既不是个独居者，也不是隐士，不是男人，不是老人，更不是法国人"（美国《巴黎评论》编辑部 270）。而紧接着前两部长篇小说创作的短篇小说经常被研究者们认为带有自传因素，这种定位对力避传记体

写作的桑塔格而言无论如何都是令人诧异的。①

桑塔格短篇小说的自传性定位在桑塔格传记作者那里更为明显。目前有三部桑塔格传记被翻译为中文，②这些传记的作者们都直接把桑塔格短篇小说中出现的与她本人相关的内容当作实证材料，并写进传记中。这表明传记作者们认为短篇小说中的记叙确为桑塔格本人的经历。具体来看，《朝圣》叙述的重心是主人公"我"和朋友梅里尔拜访托马斯·曼的经过，作品中的故事情节就直接被传记作者们当作桑塔格拜访托马斯·曼的真实材料写进传记中。卡尔·罗利森与莉萨·帕多克合著的传记《铸就偶像：苏珊·桑塔格传》初版中就直接复述了《朝圣》中的情节，时间、同行者以及谈话内容都相同；③丹尼尔·施赖伯的《苏珊·桑塔格：精神与魅力》在"发明'苏珊·桑塔格'（1945—1948）"一章叙述这件事情时亦是如此。④

《书信场景》《宝贝》等作品则被视为桑塔格婚姻生活不和谐的佐证。比如在《苏珊·桑塔格：精神与魅力》中，作者就直接将短篇小说的内容作为传记材料：

> 桑塔格和里夫经营着他们的婚姻，她将其形容为连体双胞胎式的。在她稀有的自传体小说《书信场景》（*The Letter Scene*, 1986）中，她描绘了那种狂喜和安全感，这是她在婚姻前几年的幸福岁月中可以感受到的。这对新人从未分开超过几个小时。这种形影不离为桑塔格提供了一种智识和私人的对话，而且似乎从不间断。（67）

罗利森和帕多克在《铸就偶像：苏珊·桑塔格传》中对桑塔格与菲利普·里夫（Philip Rieff）婚姻问题的论述则援引了《宝贝》："两人均未提离婚的事。这甚至都算不上是试分居。里夫和桑塔格似乎不允许自己有他们的婚姻就要走到尽头的想法。如同桑塔格的短篇小说《宝贝》中的那对夫妇一样，合，缘于强烈的情感；分，亦因为这份强烈的情感。小说中，夫妻双方同意：'人们时不时得分开一阵儿，这样有好处。'"（49-50）可见，短篇小说中的情节频繁地被传记作者们当作真实材料写进传记，这表明他们认为短篇小说情节是与桑塔格真实经历相符的。传记作者们的认定也成为后来研究者论证桑塔格短篇小说的自传性的依据。

但据笔者考证，桑塔格短篇小说的自传性有待商榷。当然，需要说明的是，本文对桑塔格小说传记性的研究并不是对传记学中的传记，特别是自传文类是否成立的探讨，更不是要如现代或后现代思想理论一样挑战传记这一文类，⑤而是以现有的传记学知识对桑塔格的作品进行分析，探讨研究者们对桑塔格传记体小说界定的合理性。

二、桑塔格短篇小说自传因素的真实性辨析

不可否认的是，桑塔格短篇小说中有很多内容与她本人的经历相关联。如《朝圣》中涉及桑塔格拜访托马斯·曼的经历，《中国旅行计划》表达了桑塔格自幼对孕育地——中国的向往，《没有向导的旅行》涉及对意大利之旅的反思，《心问》以惋惜好友苏珊·陶布斯的自杀为起点，《我们现在的生活方式》表达对好友患艾滋病过世的痛惜等。然而，实际上，除了《朝圣》中的记录与桑塔格本人的经历关联性较大外，其他作品中对她本人的指涉并不是直接的，作品中几乎没有直接复述真实事件。与桑塔格本人的联系大多是由读者"挖掘"出来的，这些联系只能视作作品主题的来源。也就是说，这些短篇小说中的故事情节与桑塔格本人经历的关联性不强，而且她的小说中出现这些论述不是为了记录自己的生活经历，其真实性无法确证。

真实性实际上被视作传记的生命、"第一伦理"（赵山奎 45），但《朝圣》中的故事情节就存在真实性无法确证的问题。当然，首先要明确的是《朝圣》中叙述的拜访托马斯·曼的情节在桑塔格年少时确实发生过，但作品中故事情节的真实性值得怀疑。《朝圣》中提到，"我"在1947年11月11日购买了曼的代表作《魔山》，阅读后觉得非常喜欢，并在读完后把书借给了朋友梅里尔。当时，托马斯·曼住在美国，而且就在加利福尼亚南部，和"我"居住的地方很近。因此，梅里尔在读完后直接提出和"我"一起去拜访曼的想法，这让"我"感到羞愧。其原因既是出于"我"对托马斯·曼乃至欧洲文化的

敬畏，也在于不想打破文学巨匠在自己心中的崇高位置。"我"甚至认为，"对我来说，虽然托马斯·曼没有死，但他又和维克多·雨果一样是死了的"（桑塔格，《朝圣》15）。但是，梅里尔不顾"我"的反对，固执地给托马斯·曼的住所打了电话，并约好下一个周日下午四点前去拜访。所以，"我"在朋友的"怂恿"和"胁迫"之下，前去拜访托马斯·曼在美国的家。此后，短篇小说中对具体的拜访过程以及聊天内容做了详细的叙述。在桑塔格的日记中，我们也可以发现这次的拜访记录，其中第一段话如下：

> 今晚6：00，我和E、F质问了上帝［在页边空白处，SS记下了托马斯·曼的电话号码］。我们在他的房子（圣雷莫路1550号）外面从5：30坐到5：55，敬畏得一动不动，先演练了一遍。他妻子开的门；她纤细瘦小，脸色苍白，头发灰白。客厅很大，他坐在客厅尽头的一张长沙发上，抓住项圈控制着一条大黑狗；我们走过来的时候，听到狗在叫。米黄色的西服，栗色的领带，白色的鞋子——两脚并拢、膝盖分开——（巴桑！）——非常拘谨、普普通通的长相，和他的照片上一模一样。他把我们领进他的书房（当然，靠墙全部排满了书橱）——他讲话慢吞吞的，但是用词精准，他的口音远远没有我以为的那么重——"但是——哦，告诉我们神谕上怎么说的——"（《重生》65-66）

之后，桑塔格对她们和曼的对话做了一些简要记录。将短篇小说的情节与桑塔格的日记做比对分析，我们可以发现两则材料在时间、人物以及事件具体经过等方面都存在许多偏差，有些内容甚至是大相径庭的。首先就故事发生的时间来说，短篇小说中提到"我"是1947年12月的一个星期天下午四点去拜访托马斯·曼的，而桑塔格日记记录这段故事的时间是1949年12月28日晚上六点。其次，与桑塔格同去的人物也不同。《朝圣》中提到"我"与梅里尔同去，而日记中记载的是"我和E、F质问了上帝［在页边空白处，SS记下了托马斯·曼的电话号码］"。在对同一事件的不同记录中，人物的"质"与"量"都是不同的。再次，从事件经过来看，短篇小说中叙述的关于到达托马斯·曼家里之前的经过是"我们把车停在了距离1550号房子大约两百英尺（从房子那里看不见）的地方"（桑塔格，《朝圣》19）。之后，"我们"演练了一下事先商量好的问题，包括让托马斯·曼谈谈《魔山》，以及询问他近期在写什么。而日记中记载的是："我们在他的房子（圣雷莫路1550号）外面从5∶30坐到5∶55，敬畏地一动不动，先演练了一遍。"由此，两者之间的不同已经呈现出来，而且日记与短篇小说有关在曼家中的经过与谈话内容也有出入。

　　一般来说，日记的可信度会高一些，但上文已提到，桑塔格传记的作者们普遍将短篇小说中的情节视作桑塔格的真实经历写进传记中，而不是依照日记中的记录展开写作。如《铸就偶像：苏珊·桑塔格传》中，罗利森与帕多克就是在"别处的一个世界（1945—1948）"一章复述短篇小说中桑塔格拜访托马斯·曼的经历，也就是将短篇小说的故事时间1947年作为实际的拜访时间。在2016年修订出版的传记中，作者也没有修改有关"别处的一个世界（1945—1948）"一章中的论述，只是在"迈向更美好的生活（1949—1953）"这一章内增加了1949年桑塔格日记中拜见曼的记录，并将之与短篇小说《朝圣》进行对比，但没有对两者的真实性问题进行考证。[6]丹尼尔·施赖伯在传记《苏珊·桑塔格：精神与魅力》中讲述这段经历时，则在"发明'苏珊·桑塔格'（1945—1948）"一章复述了《朝圣》中的内容，也就是完全依照短篇小说进行写作，而没有提日记中对这件事的记录。[7]杰罗姆·博伊德·蒙赛尔在《苏珊·桑塔格传》中对这件事的叙述是："根据回忆录《朝圣》的描述，这次会面发生在1947年，也就是桑塔格14岁那年；但在1949年的日记片段中也出现了此事，恰恰发生在她在芝加哥期间。"（23）可见，蒙赛尔直接将两种文本进行对照说明，但也没有求证两者的真实性问题。本杰明·莫瑟2019年出版的最新桑塔格传记对这个问题进行了更细致的考查，他不仅将两种文本对照着解读，还参考了托马斯·曼的日记。在曼的日记中，明确提到去拜访的"不是两个人而是三个人"（Moser 71），而且日期应该是1949年12月而不是1947年的12月份。

　　此外，桑塔格的前秘书、戴维·里夫的前女友西格丽德·努涅斯在回忆录《永远的苏珊：回忆苏珊·桑塔格》中还提到一个要点，即桑塔格在写作

《朝圣》时称自己对那天托马斯·曼的寓所"几乎什么具体的东西都记不起来"（13）。那么，如果桑塔格没有想到去日记中找寻回忆的话，1987年创作的《朝圣》中的诸多细节极有可能是桑塔格编造的。还需要关注的是，短篇小说与日记中不同的叙述各自具有内在合理性。如短篇小说提到托马斯·曼在与"我"的对话中谈论了他将在十个月之后出版的新书《浮士德博士》。短篇小说中的故事时间是1947年，当时曼的新作《浮士德博士》正在翻译中，且该小说的英译本正好在十个月后出版，可见短篇小说的记叙与历史现实可以吻合。同样的，桑塔格1949年的日记中也提到她和曼谈论了《浮士德博士》一书，当时该书英译本已经出版，可见日记中的这一记录与现实也是相符的。之后日记中又提到"《魔山》出版要25年了——25周年纪念——'一个相当重要的周年纪念'"（桑塔格，《重生》71），1949年的确是《魔山》出版25周年。也就是说，短篇小说与日记中的内容虽然是不对应的，但单独就短篇小说或日记来看，故事的时间线又都是合理的，两个文本论述内容的真实性也就更加难以解析。但无论如何，《朝圣》首先在真实性上是值得怀疑的，不符合传记的基本要素。

其他作品也是如此。阅读《书信场景》可见，这部作品的情节主线是化用叶甫盖尼和达吉雅娜的情节，短篇小说中他们两人的通信以及情感纠葛或许与桑塔格和里夫的情感经历相关，但并没有关于他们实际经历的叙述。《宝贝》讲述的是一对患有精神疾病的夫妻与医生的谈话，作品按天记录医患对话，内容主要涉及这对夫妻在培养儿子时遇到的问题以及夫妻两人之间的婚姻问题。虽然卡尔·罗利森认为《宝贝》是《我，及其他》短篇小说集中最具自传性的一篇，体现了桑塔格在抚养孩子过程中的不易（Rollyson 124），但是他并没有给出详细的说明，只能算是一种推测。因此，要说这些作品具有自传性还缺乏确凿的证据。而且，桑塔格本人也提到，她自己的经历与小说中所叙述的内容非常不同（Lippman），所以更不应该简单地把涉及她自身经历的小说与传记性联系起来。

当然，传记并非完全排斥虚构，无法追溯真实材料的虚构补充也是传记的重要组成部分。著名的莎士比亚传记《俗世威尔》中虽然存在大量的虚构故事，但这部传记仍被大家接受、喜爱。这是基于莎士比亚身世难以考证，学者们能够获得的真实、一手材料少之又少的情况下的无奈之举。如果完全以真实为标准，莎翁的传记是没法完成的。在这部传记中，虚构是为了加深对莎士比亚形象的再现，让读者对莎翁有更好的了解。但是，桑塔格小说中大量的虚构是作者有意为之，是为了符合小说主题或者作者的构思，而非基于材料的难以获得或者难以求证，这些虚构与传记学认可的虚构全然不同。

三、桑塔格短篇小说的道德指向性

就作品的创作主旨来说，桑塔格的创作不是指向自己，而是指向外在世界、指向道德。虽然传记最终也会有道德指向，但它首先是指向传主的，它首先关注的是传主的生平、性格以及传主经历带来的启示，就自传来说这种启示就是作者的自我反思。中西方自传往往有自省与忏悔的传统，⑧以自叙"故事"而不是塑造"情节"的方式回顾生平、反思自我。这就是桑塔格短篇小说与自传在本质上的不同。

桑塔格小说中作者本人的出现并不是为了表露自我，自我的出现只不过是作为小说的素材，或者是为了表述自己的思想。她本人是置身于小说之外的。桑塔格也曾明确表示作品中出现的"我"并不是为了表达自我，"而是对个人的超越，目的是让作品更为精彩"（Lesser 198）。在纳丁·戈迪默讲座上发表的以"同时：小说家与道德考量"为题的演讲中，桑塔格将作家的创作"视为一种道德力量"（桑塔格，《同时》217），而她的小说创作实际上就是对这个观点的实践。

桑塔格在《朝圣》中以自己的故事为基本素材展开写作，但作品实际上关注的是"我"作为美国人对于欧洲文化艺术的态度问题，是有关欧洲与美国文化的比较，涉及美国文学中如"母题"一般的"国际主题"。作为一个美国人，桑塔格热切地思考如何向作为传统文化精英代表的欧洲学习，也辛勤地为美国引介了罗兰·巴特、安托南·阿尔托等欧洲作家、思想家。《心问》虽然以好友苏珊·陶布斯的自杀为创作源头，但作品只是略微提及了这个问题，小说主要关注的是当代美国人民的心理状况，特别是关注美国民众的心理危机。《我们现在的生活方式》则更是指向世界的，这部短篇小说创作于艾滋病侵袭美国之时，当时艾滋病不仅带来了病痛与死亡，而且给民众带来了巨大的心理压力。桑塔格的创作正是要抚平人们心中的恐惧，给患者提供正向的、积极的精神动力，同时也呼吁民众正视艾滋病。

实际上，对于自传的态度，桑塔格在她的散文中也有所提及。在评介本雅明的《土星照命》中，桑塔格先陈述了本雅明的观点："回忆中没有时间先后顺序，他否认其回忆录是自传，因为其中的时间是不相干的。"随后附文论述自己对自传的理解："自传必须考虑时间，考虑前后连贯，考虑构成生命之流的连续性因素。"（桑塔格，《土星照命》112）桑塔格对本雅明作品的判断实际上也适用于界定她自己作品中所谓的"自传性"叙述，自传性在她的短篇小说中也是不成立的。

小说与传记所要求的真实性相差甚远，且两者的指向性在根本上就是不同的。正如米兰·昆德拉在《被背叛的遗嘱》中指出："一部传记的价值，在于它所揭示的事实的新颖与准确。一部小说的价值，则在于揭示某种存在直至那时始终被掩盖着的可能性；换句话说，小说发现的，是在我们每个人身上隐藏着的东西。"（277）传记的首要任务是记载传主经历的真实性，而小说则更加关注道德指向。

伊哈布·哈桑写道："最强的自我是最不会只顾自我的，它永远是开放的，总是使自己处于危险的境地。"（287）桑塔格作为小说家在小说中体现出来的就是这么一个自我，时刻关注人的命运、关注人性，如在《死亡匣子》中对越战的批判，以及911事件后撰文对美国政府的抨击都表明她是一位道德战士。故而，就传记生命的真实性以及桑塔格的创作意图、作家形象而言，因出现她的个人经历便赋予其作品传记性是不合理的，在某种程度上甚至是对她的误读。

注释【Notes】

① 这里需要注意的是，研究者们多关注桑塔格母亲的去世与其创作风格转变之间的关联，将家庭变故作为桑塔格创作向自传性转变的缘由，但这一说法实则难以成立。因为桑塔格的母亲是在1986年12月初过世的，在此时间之后，桑塔格创作的短篇小说只有《朝圣》一部，因此家庭变故的影响一说

② 即卡尔·罗利森、莉萨·帕多克：《桑塔格全传》，姚君伟译。上海：上海译文出版社，2018年。（该版为修订版，上海译文出版社2009年曾出版该传记的初版。初版译名为《铸就偶像：苏珊·桑塔格传》，译者也为姚君伟。）丹尼尔·施赖伯：《苏珊·桑塔格：精神与魅力》，郭逸豪译。北京：社会科学文献出版社，2018年。杰罗姆·博伊德·蒙赛尔：《苏珊·桑塔格传》，张昌宏译。北京：中国摄影出版社，2018年。

③ 参见卡尔·罗利森、莉萨·帕多克：《铸就偶像：苏珊·桑塔格传》，姚君伟译。上海：上海译文出版社，2009年，第19—22页。

④ 参见丹尼尔·施赖伯：《苏珊·桑塔格：精神与魅力》，郭逸豪译。北京：社会科学文献出版社，2018年，第53—56页。

⑤ 现代派以来的文学创作中意识流、变形以及荒诞等非传统手法也被传记作者们接受，再加上后现代理论中诸如解构主义对中心、对自我的消解，传记的真实性受到巨大的冲击，之后甚至出现对自传是否"死亡"的讨论。参见杨正润：《实验与颠覆：传记中的现代派与后现代》，《浙江师范大学学报》（社会科学版）2009年第2期，第37—45页。杨正润：《自传死亡了吗？——关于英美学界的一场争论》，《当代外国文学》2001年第4期，第124—132页。

⑥ 参见卡尔·罗利森、莉萨·帕多克：《桑塔格全传》，姚君伟译。上海：上海译文出版社，2018年，第24—25、49—51页。

⑦ 需要说明的是，丹尼尔·施赖伯在中文版序中提到，在写作传记时他尚未看到桑塔格的日记以及戴维·里夫与西格丽德·努涅斯的回忆录。参见丹尼尔·施赖伯：《苏珊·桑塔格：精神与魅力》，郭逸豪译。北京：社会科学文献出版社，2018年，第53—56页。

⑧ 参见杨正润：《现代传记学》。南京：南京大学出版社，2009年，第322—341页。

参考文献【Works Cited】

Bellamy, Joe David. "Susan Sontag." *Conversations with Susan Sontag.* Ed. Leland Poague. Jackson: University Press of Mississippi, 1995. 35–48.

Costa, Marithelma and Adelaida Lopez. "Susan Sontag: The Passion for Words." *Conversations with Susan Sontag.* Ed. Leland Poague. Jackson: University Press of Mississippi, 1995. 228.

伊哈布·哈桑：《后现代转向：后现代理论与文化论文集》，刘象愚译。上海：上海人民出版社，2015年。

[Hassan, Ihab. *The Postmodern Turn: Essays in Postmodern Theory and Culture.* Trans. Liu Xiangyu. Shanghai: Shanghai People's Publishing House, 2015.]

米兰·昆德拉：《被背叛的遗嘱》，余中先译。上海：上海译文出版社，2003年。

[Kundera, Milan. *Testaments Betrayed.* Trans. Yu Zhongxian. Shanghai: Shanghai Translation Publishing House, 2003.]

Lesser, Wendy. "Interview with Susan Sontag." *Conversations with Susan Sontag.* Ed. Leland Poague. Jackson: University Press of Mississippi, 1995. 192–198.

Lippman, Amy. "A Conversation with Susan Sontag." *Conversations with Susan Sontag.* Ed. Leland Poague. Jackson: University Press of Mississippi, 1995. 203.

杰罗姆·博伊德·蒙赛尔：《苏珊·桑塔格传》，张昌宏译。北京：中国摄影出版社，2018年。

[Maunsell, Jerome Boyd. *Susan Sontag.* Trans. Zhang Changhong. Beijing: China Photographic Publishing House, 2018.]

Moser, Benjamin. *Susan Sontag: Her life and Work.* New York: HarperCollins Publishers, 2019.

西格丽德·努涅斯：《永远的苏珊：回忆苏珊·桑塔格》，阿垚译。上海：上海译文出版社，2012年。

[Nunez, Sigrid. *Sempre Susan: A Memoir of Susan Sontag.* Trans. A Yao. Shanghai: Shanghai Translation

Publishing House, 2012.]

Rollyson, Carl. *Reading Susan Sontag: A Critical Introduction to Her Work*. Chicago: Ivan R. Dee, 2001.

卡尔·罗利森、莉萨·帕多克：《铸就偶像：苏珊·桑塔格传》，姚君伟译。上海：上海译文出版社，2009年。

[Rollyson, Carl and Lisa Paddock. *Susan Sontag: The Making of an Icon*. Trans. Yao Junwei. Shanghai: Shanghai Translation Publishing House, 2009.]

丹尼尔·施赖伯：《苏珊·桑塔格：精神与魅力》，郭逸豪译。北京：社会科学文献出版社，2018年。

[Schreiber, Daniel. *Susan Sontag: Spirit and Glamour*. Trans. Guo Yihao. Beijing: Social Sciences Academic Press, 2018.]

苏珊·桑塔格：《同时：小说家与道德考量》，《同时：随笔与演说》，黄灿然译。上海：上海译文出版社，2018年。

[Sontag, Susan. "At the Same Time: The Novelist and Moral Reasoning." *At the Same Time: Essays and Speeches*. Trans. Huang Canran. Shanghai: Shanghai Translation Publishing House, 2018.]

——：《朝圣》，《心问：桑塔格短篇小说集》，徐天池、申慧辉、宋金等译。上海：上海译文出版社，2018年。

[—. *Debriefing: Collected Stories*. Trans. Xu Tianchi, etc. Shanghai: Shanghai Translation Publishing House, 2018.]

——：《恩主》，姚君伟译。上海：上海译文出版社，2018年。

[—. *The Benefactor*. Trans. Yao Junwei. Shanghai: Shanghai Translation Publishing House, 2018.]

——：《重生：桑塔格日记：1947—1963》，姚君伟译。上海：上海译文出版社，2018年。

[—. *Reborn: Early Diaries, 1947–1963*. Ed. Rieff. Trans. Yao Junwei. Shanghai: Shanghai Translation Publishing House, 2018.]

——：《土星照命》，姚君伟译。上海：上海译文出版社，2018年。

[—. "Under the Sign of Saturn." *Under the Sign of Saturn*. Trans. Yao Junwei. Shanghai: Shanghai Translation Publishing House, 2018.]

美国《巴黎评论》编辑部编：《苏珊·桑塔格》，吴嘉茜译，《巴黎评论·作家访谈2》，仲召明等译。北京：人民文学出版社，2017年。

[The Paris Review, ed. "Susan Sontag." Trans. Wu Jiaxi. *The Paris Review Interviews Vol.2*. Trans. Zhong Zhaoming, etc. Beijing: People's Literature Publishing House, 2017.]

赵山奎：《传记视野与文学解读》。北京：北京大学出版社，2012年。

[Zhao Shankui. *Biographical Perspective and Literature Reading*. Beijing: Peking University Press, 2012.]

从个体记忆到集体记忆：
上海犹太难民自传的记忆书写策略

高晓倩

内容提要：在犹太记忆传统中，自传是重要的记忆文本，关涉传主的个体记忆及其所属群体或民族的集体记忆。在上海犹太难民自传中，个体记忆与集体记忆之间形成了诸如共谋与反叛、建构与解构、记忆与遗忘等多重辩证关系，而与集体记忆的关联又促进了自传主体的身份建构与认同。本文拟挑选三部最能体现个体记忆与集体记忆之间独特关联的代表性自传进行解读，从个体记忆的书写策略及其与集体记忆的关联互涉中理解上海犹太难民自传的创作理念与文化意涵。

关键词：上海犹太难民　自传　个体记忆　集体记忆

作者简介：高晓倩，上海应用技术大学外国语学院副教授，研究方向：比较文学与世界文学、犹太历史文化，近期代表成果为《文化记忆理论视域中的犹太传统——兼论上海犹太难民自传的记忆结构》(《人文杂志》2020年第10期)。邮箱：karengaodede@aliyun.com。

Title: From Individual Memory to Collective Memory: Strategy of Memory Writing of Shanghai Jewish Refugees' Autobiographies

Abstract: In the Jewish memory-tradition, autobiography is an important memory writing, concerning autobiographical/individual memory and Jewish collective memory. In Shanghai Jewish Refugees' autobiographies, the relationships between individual memory and collective memory can be characterized as collaboration and rebellion, construction and deconstruction, memory and oblivion. The relationships with collective memory contribute to the identity construction of the author. This paper will focus on three typical autobiographies of Shanghai Jewish Refugees by analyzing their strategies of memory writing and their connections and interactions with Jewish collective memory, which also contributes to the interpretation of creative concepts and cultural connotation in the autobiographies.

Keywords: Shanghai Jewish refugees, autobiography, individual memory, collective memory

Gao Xiaoqian is Associate Professor at School of Foreign Languages, Shanghai Institute of Technology. Her primary areas of interest are comparative literature and world literature, Jewish history and culture. She is the author of "Jewish Tradition from the Perspective of Cultural Memory Theory: With Additional Studies on the Memory Structure of Shanghai Jewish Refugees' Autobiographies", in *The Journal of Humanities*, 10 (2020). **E-mail:** karengaodede@aliyun.com.

20世纪80年代以来世界各地陆续出版了30多部上海犹太难民自传，记述20世纪三四十年代近2万欧洲犹太难民为躲避纳粹迫害在上海避难的经历。根据自传，这批犹太难民大多在1938—1941年间来沪，在二战结束后的1945—1950年间纷纷离沪前往美国、加拿大、澳大利亚、以色列、德国和奥地利等国定居。直至40年后难民们才开始撰写自传记录生平和历史。这恰恰印证了记忆学者扬·阿斯曼（Jan Assmann）的论断："对于集体记忆来说，四十年标志着一个节点，即一次危机。如果记忆不想随着时间消逝，那么它必须由自传性的记忆转化为文化记忆，其手段便是集体记忆术。"（237）记忆的危机来源于40年后第一批亲历者（以成年人身份见证这段历史的亲历者）的衰老或故去，而在80年后的今天，最后一批（以儿童身份见证这段历史的亲历者）也即将消逝。因此，40年后犹太难民集体写作自传的行为绝非巧合，而是一种最典型的集体记忆术，其目的是实现个体记忆到集体记忆的转化。确切地说，自传不仅是对"个体自我"，更是对"集体自我"过去的阐释。每部自传以其独特的个体记忆书写阐释集体记忆，与集体记忆发生意义关联，而与集体记忆的关联反过来又促进自传主体的身份建构与认同。

目前出版的30多部自传分别由德国（18部）、奥地利（7部）、波兰（5部）和捷克（1部）等国的犹太难民用英语（18部）或德语（13部）撰写。传主抵沪时年龄最大的45岁，最小的就出生在上海，且男性传主数量是女性的两倍。自传内容大致包含个人及家庭的受迫害经历、从欧洲逃难至上海的过程以及在上海的流亡生活，有些还涉及离开上海后的生活。大部分自传的叙事风格兼有历史报道和文学描写的特征，同时随传主年龄、性别、职业、社会身份和文化修养的不同又各有差异，诸如后来成为美国社会政治名流的德国难民迈克尔·布鲁门撒尔（W. Michael Blumenthal），其自传在描写个人经历之外还偏重介绍历史政治背景和政策分析；难民艺术家领导德莱弗斯（Alfred Dreifuß）的自传则以散文集的形式记录个人的流亡生活和难民的文艺活动等等。不过犹太人自己和许多专业学者看待自传的眼光与一般读者不同，在他们眼中这些来源于当事人的自传本质上具有"记忆""证词"的性质，因而成为解读上海犹太难民集体最权威的文本。自传作为难民通过记忆建构的文本在某些方面不一定与客观事实完全吻合，或许不是考证历史最可靠的材料，但这并不影响自传成为考察难民本体最有效的材料，因为"记忆文本"直接反映出难民对（自我和集体）过去的认知以及对自身的定位。

　　本文选取的3部代表性自传，较其他自传而言，其个体的自传记忆与犹太集体记忆之间存在较为明显的关联与互动：德国犹太难民科西纳的自传涉及犹太集体记忆中的"出埃及神话"并直接套用了神话的叙事框架和主题，从某种意义上说，这部自传就是一出具有现代救赎意义的"出埃及神话"，将家庭故事与民族故事融为一体使之代代相传，显示了个体记忆对集体记忆的承继；奥地利犹太难民陶西格的自传对犹太集体记忆进行了符合个人特征的改造利用，抓取了犹太集体记忆中的"平民英雄"母题，在此基础上衍生出自传的"女英雄"主题，为像自己这样的普通犹太妇女在上海生存困境下的奋斗历程谱写英雄赞歌；而德国难民培根的自传则采取了迥异于他人的反集体记忆视角，从被犹太集体故意遗忘和压制的创伤记忆入手，在自传中勇敢揭示自我的心理创伤以及寻求治愈的痛苦经历，自传触碰了集体记忆有意规避之处，通过反集体记忆的记忆策略体现个体的主动性。这3部自传的书写模式和记忆策略显示个体记忆与集体记忆之间并非总是清一色的和谐共建关系，个体记忆有时会成为集体记忆主流话语的不和谐音符。个体记忆与集体记忆之间形成了共谋与反叛、建构与解构、记忆与遗忘等多重辩证关系。个体记忆在与集体记忆的辩证和张力中被凸显，而集体记忆也在个体记忆呈现的文化经验中被激活和再现。本文将着重分析3部自传独特的记忆书写策略及其与集体记忆的关联互涉，从记忆书写的角度理解上海犹太难民自传的创作理念和文化内涵。

一、科西纳自传："救赎神话"的重演

犹太难民科西纳（Gerda Kosiner）1916年出生于一个兄弟姐妹众多的维也纳犹太家庭。自1931年起，犹太人在维也纳的处境开始恶化，1938年奥地利被德国合并后形势更加严峻，家中财产被没收、弟弟被抓、姐夫被毒打，男友逃去了意大利，这一切迫使科西纳疯狂地寻找出路。机缘巧合下，她得到一位素不相识的非犹太律师的鼎力相助，全家几乎都逃到了上海避难，居住在虹口。科西纳起初在一家夜总会做礼仪接待，在男友来上海后两人结婚生子，开了一家酒吧度日。上海隔都的建立再度打乱了他们的正常生活，他们只能靠贩卖剃须刀的微薄收入维持生计，女儿因感染伤寒差点丧命。二战结束后科西纳一家及亲戚们全部移居加拿大。

她的自传《十个绿瓶：一个家庭从战火摧残的奥地利到上海隔都的真实故事》（2004年）由在上海出生的女儿卡普兰（Vivian Kaplan）为其代笔，以第一人称叙事，讲述全家从维也纳到上海的流亡经历。自传呈现了犹太文化典型的代际记忆模式，一个家庭的逃难经历被代代相传：科西纳将故事口传给女儿，女儿又将其付诸笔端，以便在家族中传承这份文化遗产。不过按照阿斯曼的观点，代际记忆毕竟只是一种典型的交往记忆，会随着记忆承载者的死亡而消失，八十年是其边界值。因此，交往记忆并不能保证文化的长久留存，文化只有被固化为文化记忆并且通过媒介（诸如仪式或文本）才能得到稳定持久的传承。犹太传统文化中的"出埃及"故事正是因为被记载在圣典《托拉》上才作为文化记忆被犹太子民记诵，并借助逾越节仪式得到世代传承。同样，上海犹太难民希望通过书写自传使个体记忆融入集体记忆话语中，使短暂的交往记忆上升为长久永存的文化记忆。

自传标题中的"十个绿瓶"是整部自传的中心意象，浓缩和承载着个体记

忆要传达的核心思想。传主在自传前面特意讲述《托拉》中"十个灾难"的故事，为后面"十个绿瓶"的出场埋下伏笔：

> 我们从《哈嘎达》上读到关于上帝降下"十个灾难"的故事，上帝以此强迫埃及人允许犹太人摆脱奴役。于是我们背诵起这"十个灾难"，一个接着一个："血灾、蛙灾、虫灾、畜灾、瘟疫、疮灾、冰雹、蝗灾、黑暗和头胎被杀"。（Kaplan 48-49）

"十个灾难"是犹太民族"出埃及神话"的重要片段。"出埃及神话"作为民族集体记忆中的"救赎神话"，讲述以色列人在摩西指引下成功逃出埃及，摆脱法老奴役，历经苦难获得重生和救赎的历史。传主一开始就通过唤起古老的集体神话来开启今天的个人神话。按照《托拉》里上帝的旨意，"出埃及"的经历应在每年的逾越节被犹太人记诵。科西纳的身份神话正是以1937年的逾越节为起点，这一年她在波兰男友家里过逾越节，出身同化犹太家庭的她第一次正式地过起了这个传统节日。当时纳粹对犹太人的迫害日日加剧，男友父亲对《出埃及记》的讲述在科西纳听来如此应景，似乎出埃及前以色列人的危急处境就是此时维也纳犹太人的处境。"出埃及"的情节由接连不断的灾难和紧急情况汇集而成，对应着自传中接踵而至的苦难，犹如街头英国士兵吟唱的童谣：

> 十个绿瓶挂墙上，
> 十个绿瓶挂墙上，
> 一个绿瓶突然掉落，
> 九个绿瓶挂墙上。
> ……
> 一个绿瓶挂墙上，
> 一个绿瓶挂墙上，
> 这个绿瓶突然掉落，

只有余香落墙头。

在我的生命中，还有多少个"瓶子"？在我跌入深渊之前我还要忍受多少创伤？此时此刻我深知这首歌代表着我的生活。（177-179）

歌谣里的"十个绿瓶"在科西纳听来犹如自己经历的一个个苦难，歌曲的唱叙模式与《出埃及记》中"十个灾难"的推进模式如出一辙，代表苦难的"十个绿瓶"逐一从墙上"掉落"，直至最后一个，从而对应着整部自传的叙事模式：一个接一个的苦难出现在科西纳的生活中，一直延续到最后，构成她的苦难历程。科西纳经过苦难的洗礼后已经蜕变，就如她所形容的，像一只被困在茧里的蚕蛹，在一段时间的挣扎和成长后破茧成蝶。自传最终要展现的是一个上海犹太难民历经苦难最终幸存下来并获得重生的神话。

由以上可知，自传借用了"出埃及神话"的两个基本要素：一为苦难的历程，自传特别突出了"十个灾难"和"十个绿瓶"这样两个量化的"回忆形象"，并以数量的推进呈现"历程"的概念，由此搭建起以"苦难"为线索的基本构架。二为苦难的救赎，自传在细数科西纳所历苦难的同时，也在通过每一次的苦难展现她的幸存和蜕变，以此呈现"救赎和重生"的终极主题。应该说，借用集体记忆为个体记忆言说是一种成功的策略。在两种记忆的相互映现和交织中，个体记忆从集体记忆那里获得了"神圣化"的力量，从而能够有效地建构起属于个人的神话；而集体记忆则借助个体记忆对其的阐释和再现得到延续与传承。

整部自传在内容和形式上都完美契合犹太集体记忆。内容上自传着力表达的主题为苦难历程后的重生或救赎，与犹太民族"出埃及神话"的主题基本一致；形式上仍然借用了"出埃及神话"中"十个灾难"的故事作为个人身份神话的叙事框架，创造了象征"苦难"的"十个绿瓶"来取代"十个灾难"。这样的记忆书写策略不仅传承了民族的古老文化记忆——"出埃及神话"，且以"旧瓶装新酒"的形式把个体记忆的新内容建立在古老集体记忆的架构之上，使古老的民族文化记忆焕发出新的生命。犹太难民通过撰写自传践行着犹太集体共同的文化使命，即借助记忆实现身份认同和延续文化传统。

二、陶西格自传:"平民英雄"的再造

难民陶西格（Franziska Tausig）1895年出生于奥匈帝国统治下的匈牙利，1914年在维也纳结婚并定居。1938年纳粹反犹运动日渐猖獗，16岁的儿子受儿童计划救助先行去英国避难。她与丈夫在走投无路之时偶然获得自杀犹太人放弃的船票，于1939年乘德国船"Usaramo"号从汉堡出发来上海避难。陶西格到上海的第一天就找到了糕点师的工作，解决了她和丈夫的生计。日本人建立隔都后，丈夫的身体日渐衰弱，不久就病逝了。而后，陶西格靠打零工勉强度日至战争结束，并于1948年回维也纳与儿子团聚。

陶西格自传《上海船票：一个维也纳女人的逃亡和流放》（1987年）回忆了一个犹太女性在上海生活的种种不易，对中国女性也进行了深入观察和描写。陶西格的人物群像刻画展现了当时上海下层社会的众生百态。以讲述"平民英雄"的故事见长，凸显"平凡中的伟大"，是其自传的最大特色。对"平民英雄"的塑造将自传的个体记忆与犹太集体记忆勾连在一起。在犹太历史上，尤其是在犹太圣典《塔纳赫》中，[①]"平民英雄"比比皆是，最突出的例子莫过于"摩西"。摩西的伟大之处在于他始终没有忘记作为以色列人的"平民"身份，因其高贵的品质被上帝拣选而成为以色列人的先知，在难以想象的困境下带领他们逃出埃及并与上帝立约，创建自己的民族。另一位值得颂扬的"平民英雄"是《圣录》中记载的"女英雄"——以斯帖。[②]她本是一位平凡的犹太女子，因其美貌和美德被波斯国王封为王后。她凭借自己的勇气和智慧揭穿宠臣哈曼的阴谋，在危急关头挽救了养父和族人，成为犹太人心目中的女英雄和妇女楷模。

由此可知"平民英雄"在犹太集体记忆层面的内涵。首先，"平民英雄"皆来自普通大众，尽管摩西和以斯帖后来成为"王子"和"王后"，取得了显赫的社会地位，但他们的高贵并不体现于此，而是在于其内在的优秀品质。其次，"平民英雄"始终为了"平民"，无论是摩西还是以斯帖，都一直心怀大众、忠诚于所属群体，在关键时刻不畏强权、拯救人民于危难中。事实上，上

海犹太难民是一个极易出现"平民英雄"的群体。逃到上海的犹太人都是在最后关头别无出路的平头百姓，当中没有名流志士，以市民阶层为主，说到底就是一群不起眼的"小人物"。③这样一群"小人物"偏偏流落到了一个远离欧洲大陆、条件极为艰苦的陌生世界。对于被纳粹剥夺得几乎一无所有的犹太难民来说，在这样的逆境中求生显得尤为不易。然而正是逆境可以最大限度地激发个人潜力，在最黑暗的环境中才能凸显人身上的闪光点，许多过去平庸的犹太难民在上海开始变得不平凡，展现出宝贵的精神品质和顽强的生命力，成为上海犹太难民中的"平民英雄"。

陶西格的记忆书写策略正是要将自我塑造为上海犹太难民中的"平民英雄"，且是被上海的特殊环境再造的"女英雄"。陶西格从小接受的是传统女性教育。在犹太传统集体记忆中，女子地位向来低于男子，在宗教生活、家庭地位、受教育权利等方面均不如男性，女性最重要的职能是生儿育女、传宗接代。然而，考察一系列上海犹太难民自传以及报纸杂志相关内容后就会发现，"女强男弱""女性从业、男性失业"是当时难民群体中的普遍现象。许多男性难民在欧洲掌握的职业技能在战乱的上海往往派不上用场。相反，女性难民在家政、烹饪、文书或销售等大众化职业领域拥有更多机会。可见，自传建构"女英雄"的策略虽然拆解了犹太传统集体记忆，却正符合上海犹太难民群体的现代集体记忆，揭示出犹太集体记忆在现代特殊社会环境下的转变。由此，陶西格自传体现了个体记忆与集体记忆间解构式重构的关系。

自传从两个层面上展示陶西格的"女英雄"特质：一方面通过男性的衬托凸显"巾帼英雄"本色，另一方面通过对"弱女子"的关怀和救助表明"女中豪杰"之身份。"女英雄"最大的亮点莫过于超越男性并拯救男性。二战前夕，丈夫被纳粹逮捕，在被送往集中营前，陶西格通过购买船票成功救出丈夫，两人侥幸逃出维也纳。在开启对上海生活的回忆之初，陶西格就表明了自己作为家庭顶梁柱的角色："我丈夫从到上海的第一天就生病了。如果说在这段时间还有什么所谓的一点幸运的话，那就是我的工作，幸亏有它我才能的的确确地养活我丈夫。"（Tausig 99）陶西格的糕点师工作可以在食物供给和经济上养活丈夫。相比之下，丈夫不光身体差，还失业了，一个有博士头衔的匈牙利律师在上海已毫无价值，不久便去世了。陶西格此后变得更加孤苦无依，干着各种低贱的零活。通常在如此艰难的处境下，难民中的许多妇女，尤其是单身女性，都会为了生存而放弃自身，去做吧女或妓女，而意志坚定的陶西格没有这样做。依靠坚强的生存意志，陶西格熬到了战争结束，回到维也纳与儿子团聚，而此时的她已满头白发。一个普通劳动妇女、一个寡妇在正常情况下本应属于社会的弱者，却成为上海生存斗争中的强者，依靠的正是可贵的"平民英雄"品质。

陶西格不仅是"巾帼不让须眉"的女性英雄，而且是被其他女性奉为表率的"女人中的英雄"。自传中，她回忆了很多和她一样的苦命女人，其中有寡妇、被贩卖的少女、卖身女孩和中国媳妇。这样的记忆书写策略有助于身份建构，因为要掩盖自身的弱势而把自己树立为"强者"，就必须借助那些比自己更弱的"弱者"，且这些弱女子无一例外都得到过陶西格的援助。其中一位"弱女子"是被她称为"娜芙蒂蒂"的中国女孩。"娜芙蒂蒂"出身贫寒，被迫在街头卖身。在旁人眼里，她是遭人唾弃的卖身女，而陶西格却主动与之交谈并去她家里看望她。因为阶级和种族的不对等，她们的友谊遭到了众人耻笑。在陶西格离开中国后，"娜芙蒂蒂"投海自尽，结束了悲惨的一生。陶西格对"娜芙蒂蒂"跨越种族和阶级的友谊显示了她的淳朴善良和博爱精神，似乎讲述了一段西方女性对东方女性进行救赎的故事。

在自传末尾，陶西格因为染发而围起了头巾，被身边的犹太人戏称为"阿曼努拉"。她回忆道："这个绰号到今天都还属于我。每当我在大街上、在公园里或在咖啡馆里遇到一位'上海人'，他就肯定会用'您好，阿曼努拉！'跟我打招呼。"（176）这位大名鼎鼎的阿曼努拉国王因为1919年领导阿富汗获得了独立而被人们交口称赞。这里的回忆明显有所暗示，似乎在为自己之前的一系列"英雄行为"做一个定性式的总结：自己就是受众人拥戴，具有聪明、勇敢、坚强、善良、平等、博爱、高尚等优秀品质的"女英雄"。这不由得让人联想起前面提到的具有类似美德的犹太女英雄——以斯帖。以斯帖的英雄行径在于拯救，这与陶西格突出的亮点非常吻合。陶西格的自传中虽然没有明确提及以斯帖，但是由以斯帖的事迹转化而来的普珥节是犹太人年年都庆祝的重要传统节日，作为犹太人的她不可能逃出犹太集体记忆的框架，以救助身边人为主题的记忆片断就体现了陶西格对以斯帖"女英雄"精神的继承。总而言之，这部自传展现出个体记忆与犹太传统集体记忆和现代集体记忆之间的不同关联，在拆解传统的同时构建现代，将集体的转变自然而然地投射到了个体的身上。

三、培根自传：反集体记忆的"创伤记忆"

1939年11岁的培根（Ursula Bacon）随父母从德国布雷斯劳来上海。她的父亲因被熟人出卖而遭纳粹逮捕，经由家族打通关系后才被释放。她被家族委派去纳粹那里接回父亲时遭受了严重的心理创伤。全家来沪后居住在法租界，父亲开装饰公司，母亲靠做针线活补贴家用，培根也上了一所教会女子学校，同时在军阀易将军府里做家庭教师。1943年搬进隔都后，培根遭遇了一次失身的危机，在夜里回家途中差点被喝醉的日本兵强奸。她在反抗中失手将日本兵杀死，心理上再次蒙受阴影，此后跟随一位中国僧侣学习东方哲学和宗教以缓解心理创伤，直至1947年移民美国。培根在自传前言中提到两个写作动机：一是她发现周边很少有人知晓犹太人在上海的这段特殊经历，更不了解他们所面临的各种挑战；二是死去的六百万犹太同胞的悲惨命运使她能直面自己的痛苦，用写自传的方式来治愈自我、纪念过去和感恩上海。

培根的自传《上海日记：一个年轻女孩从希特勒的痛恨中来到饱受战争摧残的上海的历程》（2002年）从内部视角展现难民的精神世界和思想感情，回忆书写侧重心理描写。这类视角在上海犹太难民自传系列中并不多见，大多数难民在自传中不愿开掘内在的一面，尤其是心理创伤体验。然而，培根的记忆书写是以精神世界的建构为核心，甚至出现了与其他自传迥异的特征：自传以反集体记忆的方式将集体记忆要遗忘和压制的心理创伤展露出来。这种反集体记忆的个体记忆书写策略说明在集体记忆框架下个体的主动性。有学者指出，"正是因为有了这样的个体记忆，集体记忆才有了值得不断商榷的空间"（刘亚秋 229–230）。这一"值得商榷"的空间是处在集体记忆框架之外的遗忘空间，而只要是研究记忆的专家都不会忽略这一空间且认为遗忘往往比记忆更值得关注，甚至有学者认为遗忘是另一种形式的记忆，是被暂时排除在主流记忆之外的记忆。应该说，培根自传的独特之处就在于它呈现了集体记忆中被刻意隐藏或遗忘的部分。

培根自传展现的心理创伤基本可分为两种：纳粹大屠杀所致的灾难性创伤和流亡所致的文化创伤，前者是根本性创伤，后者是前者的次生伤害。纳粹的迫害给每一个难民家庭都造成了严重的灾难性创伤。一般来说直接承受伤害的都是家里的成人，儿童只能从家人的变化和外界的气氛中感受到纳粹的恐怖。然而，年幼的培根却亲身遭受了一次最深刻的心理创伤。为了不让家里其他成人冒险，10岁的小培根被安排去纳粹那里接回父亲，因为她长了一副雅利安人的模样且乖巧懂事。在这里她第一次感觉到纳粹身上的恐怖气息，第一次要面对赤裸裸的残暴。纳粹将遍体鳞伤的父亲裹在麻袋里交到她手上。在漆黑的雨夜里，她用尽全力拖着麻袋在铺着鹅卵石的街道上艰难前行：

> 我开始将这个沉重的麻袋拖过鹅卵石地面，这时我听到了一声低沉的呻吟。噢，我的上帝！他的头一定是撞到了一块石头。我每拖一下又停顿一下，每一次麻袋底部都会触到坚硬崎岖的路面。那肯定会伤到父亲。泪水夹杂着雨水在我的脸上流淌。我背朝着大门，竭尽全力地向前拖行。
> （Bacon 9）

这是一段泣血的描述，字字句句都传达出培根在那种情境下的恐惧、悲伤、无助和心如刀绞的复杂感情。可想而知，她的每一次动作都会给本就伤痕累累的父亲带来身体上的进一步伤害，可是为了尽快把父亲带离险境，她又不得不这样做。父亲的痛苦呻吟无疑给她带来了极大的心理创伤，她为自己力量的渺小而自责，为父亲承受的痛苦而心痛。对于培根来说，这是她人生当中一次独一无二的痛苦体验。父亲受到的无端伤害在她幼小的心灵上种下了难以磨灭的阴影，在之后的岁月里不断重现。

父亲的遭遇给培根和家人造成了初次创伤，即心理学上的"Ⅰ型心理创伤"，而未愈的创伤总是存在复发的可能，从而形成"Ⅱ型心理创伤"。逃脱纳粹的迫害，来到陌生的国度，全家人再度面临流亡带来的创伤。此类创伤通常是由文化因素所引起，例如文化差异导致的文化休克，背井离乡和环境的改变所致的身份失落感以及随之而来的不安、失落、无助、孤独、焦虑和恐惧等负面情绪。心理学上认为，对地方的归属感会对个人身份认同产生正面强化的作用，人与熟悉环境的交互作用能为人提供认同的连续性（庄春萍1388），反之亦然，陌生的环境则会使个人认同得不到确认，从而产生自我异化和挫败感，这正是培根一家人初到上海时的反应。难民营条件之艰苦恶劣完全出乎他们所料，与德国的生活相比简直是天壤之别。巨大的心理落差促使父母情绪失控，父亲作为七尺男儿也不禁泪洒当场，母亲则在半夜偷偷地啜泣。小培根面对一次又一次的创伤显得有些麻木，没有哭泣，没有多余的话，只有躲进自己的内心世界里。

心理创伤导致的后果使得记忆向两极发展。一方面为逃避和遗忘。人们常说，过去的就让它过去吧，但其实创伤导致的遗忘只是"假性遗忘"，是一种逃避现实的行为，是受伤者自我保护和自我治愈的方式。另一方面，记忆以增强的闪回方式存在，你想忘记也忘记不了。受创伤者会变本加厉地纠缠于过往的经历。培根的梦境就是创伤记忆发展出的两种结果：逃避型的"美梦"和挥之不去的"噩梦"。

梦境从头至尾贯穿于培根的记忆书写中，在最初阶段表现为一种逃避现实的治愈创伤的手段。在前期的流亡生活中，培根家族及其本人遭受了让他们"应接不暇"的心理打击，因此这一阶段是心理创伤形成和加重时期。培根急需找到一种能够治愈（即便不能真正治愈也能暂时抵御）心理创伤的有效方式。她在残酷无情的现实世界之外建立了属于自己的精神家园。这个家园建立在梦境的土壤上，以欧洲温馨舒适的家"玛利亚厅"为意象，成为培根精神上的避难所。按照心理学的解释，心理创伤患者总是会陷入对过去的片段性、零碎性的回忆中。在培根关于"家"的记忆和梦幻中，诸如"慰藉的""温暖的""安全的""美好的""舒适的"等字眼频繁出现，足以抚慰她漂泊在外的孤独而受伤的心灵，是她用于治愈心理创伤的"良药"。

随着战争结束，外在威胁消失，内在的心理防御自然解除，关于"家"的美梦也随之消失。然而，没有了"美梦"遮掩的原始创伤再度暴露出来，并且以"噩梦"的形式出现在培根脑海中，创伤记忆开始向另一个极端发展。她时常梦到一张张"灰暗模糊"的脸，带着"愤怒责怪"的眼神，呼喊着向她求助，可她却不知道他们究竟是谁，从哪里来，需要什么帮助。终于在获知德国亲人遇害的消息后，她明白了"噩梦"的真相：梦中出现的那些脸就是和父亲一样曾在集中营受虐，却最终没能逃脱厄运的亲人们。培根感受到了他们的痛苦和绝望，却又不知该如何帮助他们。这种痛苦又无奈的感受以及对亲人的同情和负疚是其心理创伤的根源，最早在她营救父亲时就已深深地烙印在了心里。事实上，培根的心理创伤可谓是大屠杀幸存者典型的心理创伤，面对同伴和亲人的被害，却无能为力，同时对自己的幸存感到无比内疚。坚强者能够直面创伤，从中寻找活下去的动力和意义；软弱者则永远无法走出创伤，一辈子承受心理折磨，有的人甚至以自杀来获取解脱。

在离开上海时，培根的心理创伤并未痊愈，正如她所说，她把创伤以及和它有关的过去都埋藏在心里的一个角落，直至某一天有勇气将它唤出，面对它、谈论它（Bacon 255），那么创伤才算是真正愈合了，而多年后决定撰写自传就是她用来证明这一点最恰当不过的行为。如培根的母亲所言："我们必须要让我们的幸存变得有意义，我们必须为那些死去的同胞活着，我们必须要记住他们，直到永远。"（232）通过自传来传承大屠杀集体记忆，对民族和受难同胞尽记忆的义务正是解除负疚感、治愈创伤的办法。培根最终摆脱了创伤，寻找到了存在的意义。

结　语

"记忆"向来是犹太人的宗教义务和身份认同手段。上海犹太难民的三部代表性自传展现了多样化的记忆书写策略：既是虚构，又是现实，既是隐蔽的救赎神话，又是平民英雄的实录，甚至是大屠杀幸存者治愈心理创伤的良药。然而，连篇累牍的上海记忆并不仅是个体化的浪漫故事，更是一种借以建构身份、保存和传承文化遗产的"集体记忆术"。犹太难民通过自传的个体记忆书写，以不同的方式关涉集体记忆，而读者通过阅读个体记忆解码其中的集体记忆。上海犹太难民和流散世界的所有犹太人一样，从来不曾忘记上帝和民族赋予他们的"记忆"使命，以自传书写为主要的记忆手段延续集体的文化命脉、搭建自己与祖先及同胞间的精神桥梁，展示自我乃至民族的生存价值和意义。

致谢【Acknowledgement】

本文为教育部人文社科基金一般项目"战后犹太集体身份建构中'上海'神话的功能：上海犹太难民自传及其文化记忆研究"（18YJA751013）阶段性成果，得到教育部社科司的经费支持，作者谨致谢忱！

My acknowledgement and gratitude go to the research project "The Function of 'Shanghai-Myth' in Postwar Jewish Identity Construction: A Study of Shanghai Jewish Refugees' Autobiographies and Cultural Memory" supported by the Ministry of Education in China Project of Humanities and Social Science Foundation.

注释【Notes】

① 《塔纳赫》（Tanakh）是犹太教的第一部也是最重要的典籍，包含《托拉》（Torah）、《先知书》（Nevi'im）和《圣录》（Kethuvim）三部分，它与基督教的《旧约圣经》内容相同，只是编排和名称不同。

② 《圣录》是《塔纳赫》中的一部分，参见上一条注释。

③ 国际学术界一向将犹太难民在上海的流亡经历称为"小人物的流亡"（Exil der kleinen Leute）。上海犹太难民大部分为普通的市民阶层，由中年男女和一些青少年或儿童组成，因此被认为是"小人物"，但也有德国学者认为这一说法不恰当，认为"边缘性流亡"（Emigration am Rande）这一说法更合适。具体参见 Jennifer E. Michaels, "The Struggle to Survive: German and Austrian Refugees' Depiction of Daily Life in Their Shanghai Exile", in: Andrea Hammel & Anthony Grenville ed., *Exile and Everyday Life*, Leiden/Boston: Brill Rodopi, 2015, p.134。

引用文献【Works Cited】

扬·阿斯曼：《文化记忆：早期高级文化中的文字、回忆和政治身份》，金寿福、黄晓晨译。北京：北京大学出版社，2015年。

[Assmann, Jan. *Cultural Memory: Script, Recollection and Political Identity in Early Civilizations*. Trans. Jin Shoufu and Huang Xiaochen. Beijing: Peking University Press, 2015.]

刘亚秋：《从集体记忆到个体记忆——对社会记忆研究的一个反思》，《社会》2010年第5期，第217—242页。

[Liu Yaqiu. "From Collective Memory to Individual Memory: A Reflection on the Studies of Social Memory." *Society* 9 (2010): 217-242.]

庄春萍、张建新：《地方认同：环境心理学视角下的分析》，《心理科学进展》2011年第9期，第1387—1396页。

[Zhuang Chunping and Zhang Jianxin. "Place Identification: Analysis with the Perspective of Environmental Psychology." *Development of Psychology* 9 (2011): 1387–1396.]

Bacon, Ursula. *The Shanghai Diary: A Young Girl's Journey from Hitler's Hate to War-Torn China*. Seattle: Hara Publishing, 2002.

Kaplan, V. J. *Ten Green Bottles: The True Story of One Family's Journey from War-torn Austria to the Ghettos of Shanghai*. New York: St. Martin's Press, 2004.

Tausig, Franziska. *Shanghai-Passage: Flucht und Exil einer Wienerin*. Wien: Verlag für Gesellschaftskritik, 1987.

后记忆理论视域下的美国犹太图像回忆录

鹿佳妮

内容提要：随着第一代大屠杀幸存者的衰老和死亡，以亲历者证言为基础的大屠杀文学逐渐淡出公众领域，依托于后记忆的第二代幸存者的回忆录创作成为新的大屠杀叙事形式。以阿特·斯皮格曼、马丁·莱姆曼、米里亚姆·卡廷等为代表的幸存者后代采用语图互文的混合媒介进行回忆录书写，试图通过图像叙事抚平心灵创伤，并借此修复断裂的家族历史与犹太文化传承。

关键词：后记忆　大屠杀创伤　语图互文　图像回忆录

作者简介：鹿佳妮，山东师范大学比较文学与世界文学专业博士研究生，主要从事美国犹太文学研究。邮箱：lujianisdnu@yeah.net。

Title: American Jewish Graphic Memoirs from the Perspective of "Post-Memory"

Abstract: Due to the aging and death of the first generation of Holocaust survivors, Holocaust testimony literature gradually faded from the public view. In contrast, memoirs based on the post-memory of the second generation of survivors have gradually emerged as a new form of Holocaust narrative. Descendants of survivors, represented by Art Spiegelman, Martin Lemelman, and Miriam Katin, use the intertextuality of "word and image" to write memoirs to heal psychological trauma, restore broken family histories, and preserve Jewish cultural heritage.

Keywords: post-memory, Holocaust trauma, the intertextuality of "word and image", graphic memoirs

Lu Jiani is a PhD candidate at Shandong Normal University and her research focus is on Western Literature, especially American Jewish Literature. **E-mail:** lujianisdnu@yeah.net.

由于种族灭绝和流离失所的经历过于悲惨沉重，犹太大屠杀的幸存者在获得稳定生活后往往选择对过去闭口不谈。他们试图用沉默掩埋记忆，在不得不与子女说起过去时，从不讲述完整故事，只肯传达一些与集中营、饥饿、躲藏、偷渡等有关的记忆碎片。幸存者后代无法将这些毫无前因后果的随机事件串联起来进行理解，也就造成了家庭代际传递与民族历史延续的断裂。20世纪70年代末期，幸存者后代长大成人，开始挖掘、拼凑和重新修复破碎的家庭历史与文化传承（Stein 30）。以第二代美国犹太作家阿特·斯皮格曼（Art Spiegelman）、马丁·莱姆曼（Martin Lemelman）、米里亚姆·卡廷（Miriam Katin）等为代表的一批幸存者后代选择利用图像回忆录的形式叙述笼罩在大屠杀阴影中的家庭故事，通过语图互文的混合媒介展现种族灭绝给犹太个体、家庭、民族乃至整个人类社会带来的持久影响。

一、依托于后记忆的大屠杀回忆录创作

二战期间，纳粹对犹太民族发起的大屠杀堪称人类文明史上的重大惨痛事件。作为犹太民族的集体创伤记忆，"大屠杀"逐渐成为美国犹太作家书写的标志性叙事元素。大屠杀文学的起始阶段大概是二战后到20世纪70年代左右，以幸存者的证言为主。这期间出版了大量由亲历者创作的传记与回忆录，比较具有代表性的是诺贝尔和平奖得主埃利·威塞尔（Elie Wiesel）的《夜》（*Night*, 1956）、哈伊姆·格拉德（Chaim Grade）的《我母亲的安息日》（*My Mother's Sabbath Days: A Memoir*, 1955），以及被译为英文在美国出版后掀起轰动效应的《安妮日记》（*The Diary of a Young Girl*, 1952），等等。

由于大屠杀血腥、邪恶到不可思议，与生活在20世纪文明社会的美国人相隔甚远，这一事件的真实性曾经受到过怀疑。即便一系列历史研究表明大屠杀是事实，但仍有一部分学者试图通过所谓理性分析去否认大屠杀，或者认定许多信息是捏造的，例如他们不肯相信竟然会有多达600万的犹太受难者。除此之外，战后不久官方对二战的一种普遍说法是这场战争让全人类都成为受害者，纳粹犯下的是一种反人类的罪恶。这无疑在一定程度上低估了犹太民族受

到的伤害，减轻了德国人对犹太人犯下的弥天大罪。幸存者传记与回忆录的出版，不仅作为证言和第一手资料对当时的"大屠杀怀疑论"进行了有力回击，而且还强调了这一事件对犹太民族特殊的悲剧意义。

20世纪70年代后，第一代幸存者日渐衰老，他们的后代成长起来，大屠杀文学进入下一阶段。此时的写作主体多为幸存者子女，他们生活在深受大屠杀创伤重压的家庭之中，同样是种族灭绝事件的牺牲品。第二代幸存者没有亲身经历过大屠杀，因此他们常用的创作体裁为虚构小说。索尔·贝娄、伯纳德·马拉默德、艾·巴·辛格、辛西娅·奥兹克等犹太作家都表现出对大屠杀的真切关怀。虽然这一时期的大屠杀文学以小说创作为主，但是并不代表传记、自传与回忆录等体裁就此销声匿迹。许多第一代美国犹太作家仍在记录自己的大屠杀幸存经历，坚持在公众领域发声。一些幸存者子女也加入了大屠杀回忆录的创作队伍之中，成为第二代美国犹太作家群体的中坚力量。其中，阿特·斯皮格曼的成就与影响力较大。他的《鼠族1：幸存者的故事：我父亲的血泪史》（*Maus: A Survivor's Tale: My Father Bleeds History* Ⅰ，1986）与《鼠族2：幸存者的故事：我自己的受难史》（*Maus: A Survivor's Tale: And Here My Troubles Began* Ⅱ，1992）以图像和文字相结合的漫画形式展开，开辟了大屠杀图像回忆录的先河，并于1992年获得普利策奖。此后美国文坛出版了一系列由第二代美国犹太作家创作、绘制的大屠杀回忆录，马丁·莱姆曼的《孟德尔的女儿》（*Mendel's Daughter*，2006）和米里亚姆·卡廷的《我们只能靠自己》（*We Are on Our Own*，2006）是典型代表。

然而，长久以来围绕文学中的大屠杀的书写一直争议不断。威塞尔在其著名的《作为文学灵感的大屠杀》演讲中谈到，只有亲历者才能破译有关大屠杀的特定语言编码，"那些没有亲身经历这一事件的人永远无法明白……在我们（关于大屠杀）的记忆与对它的表达之间，永远隔着一堵无法穿透的墙"（Wiesel 7）。无论语言的表达有多丰富，都无法将那些深埋在记忆中的伤痛全部诉说出来。然而，尽管有这堵难以逾越的创伤记忆之墙，威塞尔却庆幸他这一代的幸存者"发明了一种新的文学，即证言（testimony）"（Wiesel 9），用以讲述大屠杀创伤，并且坚持幸存者们是这种经历和文学的唯一拥有者。在许多批评理论家和亲历者看来，大屠杀文学的作者只能是二战期间事件的见证人（Bachmann 83）。如果"大屠杀"成为一种被滥用的文学元素，那么其神圣性与虔诚性必然会被逐步削弱，犹太民族遭受的痛苦会被轻视，犹太前辈的努力也会付之一炬。

因此，关于第二代幸存者大屠杀回忆录的一个普遍争议便是：那些未曾亲身经历这一事件的幸存者子女进行的回忆录创作是否具有"合法性"。在虚构小说中对大屠杀进行想象、重塑和再造，尚可理解为一种创作手法和叙事方式。但是，"回忆录是以亲历、亲见、亲闻、亲感的名义回忆的（包括写作、口述等方式），让他人相信回忆内容在过去确实发生过的作品"（廖久明 92），出生于二战后的美国犹太作家根本不曾经历大屠杀，由他们创作的回忆录又何谈真实性与可信性。针对这一争论，犹太文学理论家玛丽安·赫希在阅读、研究第二代犹太作家、视觉艺术家的传记写作时提出了后记忆理论，尝试分析大屠杀记忆代际传递的可能性与幸存者二代进行回忆录写作的合理性。根据赫希的论述：

> 后记忆是一种创伤性知识、经验的代际间和跨代际传递结构，是创伤记忆代际迁移的结果。……那些目睹了文化或集体创伤的一代人之后的那一代人，只能通过自己成长过程中的故事、形象和行为来"记住"上一代人的经历。但是，这些经历是如此深刻并且有效地传递给了他们，以至于似乎构成了他们自己的记忆。因此，后记忆与过去的联系实际上并不是通过回忆来实现的，而是通过富有想象力的投射、推测和创造实现的。（Hirsch, "The Generation of Postmemory" 106-107）

换言之，大屠杀事件虽然发生在过去，但阴影一直蔓延至幸存者后代身上。幸存者的情感、记忆、行为和思想传递给后代，成为后代的知识和感觉状态的一部分。

以斯皮格曼、莱姆曼、卡廷等为代表的回忆录作家虽然出生于二战之后，但其生活依旧被这一事件填满。战后的这一代人未曾亲身经历过大屠杀，他们对大屠杀的认识基本来自父母讲述的家庭故事，以及受害者的日记或者传记、回忆录，还有文学作品、历史文献、纪念档案，等等。幸存者子女借此获得了一种关于时间、地点和生活的真实体验，并以这种体验作为回忆录创作的基础。斯皮格曼反复观看有关希特勒和集中营的纪录片，拼命阅读那个时代的历史和轶事，通过采访自己的父亲获知与大屠杀有关的家庭过往，并以动物寓言的形式将其绘制出来。莱姆曼则结合真实照片、文件及其他遗物，将母亲晚年的回忆与悲惨证词创作成黑白图画书。可以说，后记忆理论为第二代美国犹太作家进行大屠杀回忆录创作找到一个合理性。

当然，第一代与第二代大屠杀回忆录有着本质区别，这种区别是由记忆与后记忆的差异决定的。以幸存者记忆为创作基础的第一代大屠杀回忆录属于证言文学，即便记忆经过个体过滤可能出现偏差，但仍然具有极高的史料研究价值，可以帮助历史学家和大众获得关于大屠杀事件的第一手信息。然而，后记忆虽然具有与记忆相似的作用和情感力量，可以成为幸存者子女进行回忆录写作的基础，但第二代大屠杀回忆录并不属于证言文学。赫希认为，后记忆"因为代际距离而区别于记忆，又因与个体之间的深刻联系而区别于历史"（Hirsch, "Family Pictures" 8）。后记忆与个体的人生经历和心理世界联系紧密，因而具有更强的主观性，与强调客观性的历史研究相悖。大屠杀幸存者后代、二战历史研究者保拉·法斯也曾经说过，作为历史学家的她一生中大部分时间都把个人的过去和历史的过去分开（Fass 1）。她从不曾讲述自己关于二战的记忆，因为她认为自己是在战后出生的，所以她的记忆是二手的，不足以重建历史。因此，依托于后记忆创作出来的回忆录只能是对幸存者子女所继承的大屠杀记忆的回顾，只能是对其内心隐秘空间中的精神创伤的挖掘，是大屠杀档案的重要组成部分，但难以划归到历史研究范畴。

二、语图互文的回忆录叙事模式

赫希认为，摄影档案是后记忆产生和创伤跨代际传递的主要媒介（Hirsch, "The Generation of Postmemory" 106）。一方面，照片是公认的大屠杀事件的最佳见证，纳粹擅长直观地记录自己的崛起以及犯下的暴行，盟军也会将解放难民营与战后审判的过程精心拍摄下来，可以说"大屠杀是视觉记录的标志性事件之一"（Hirsch, "Surviving Images" 7）。照片使重要的历史场景和时刻得以永久固定，成为幸存者子女了解大屠杀的直接来源。另一方面，"当一个人看到（具有震撼性的）照片时，他就会开始渴望看到越来越多的东西"（Sontag 19）。照片具有强大的视觉冲击力，以最直接有效的方式使幸存者后代与上一代人的悲惨经历产生紧密的情感联系。大屠杀公共纪念照、犹太家庭相册等视觉景观构成强有力的记忆媒介，连接过去与现在，在幸存者子女的后记忆形成过程中扮演着重要角色。受此影响，第二代美国犹太作家总是倾向于将摄影档案纳入自己的叙述中，在进行回忆录创作时自觉采用语图互文的方式呈现大屠杀后记忆。

语图互文是一种复杂的混合叙事媒介，斯皮格曼称其为"图像写作（picture writing）"，伊朗漫画家玛嘉·莎塔碧（Marjane Satrapi）则称之为"叙事绘画（narrative drawing）"。它并非文字与图像的简单匹配，而是两者"以不同的方式推动叙事发展，读者通过这两者之间的关系来理解故事"（Chute 22）。在美国，语图互文的叙事模式最早应用于漫画创作中，与漫画产业呈现同步发展的趋势。美国漫画产业的兴起最早可以追溯到19世纪80年代，于20世纪30年代进入黄金时期。但是，由于"垮掉的一代"成为风行一时的文学流派，一些青年以漫画为媒介进行边缘性写作，向传统价值标准发起挑战，导致许多成年人将漫画视为一种松散而危险的青少年文化形式，在20世纪40年代末和50年代发生了漫画焚烧事件。此后，美国漫画杂志协会颁布了严苛的管理制度和审查标准，虽然商业漫画的发展依旧如火如荼，但是漫画作为一种艺术表现形式的创造力被大大削弱。

基于以上背景，20世纪60年代美国兴起了地下漫画革命。受严苛的审查制度所限，一些无法在主流社区出版、发行的漫画作品逐渐转入地下。地下漫画由作者独立创作，没有商业限制，以反主流和宣泄个人情感为目的，摆脱了漫画创作的公式化枷锁。由于地下漫画颇具前卫性、禁忌性与实验性，并且极富艺术色彩，因此很快便迎来了蓬勃发展期。自此之后，漫画从儿童领域走向成人世界，从仅供普通民众消遣娱乐转为自我表达的媒介，并且跻身主流文学殿堂。这场革命使语图互文的叙事模式被广泛认可，图像绘画与传记写作相结合，便产生了图像自传（autographics）、自传体漫画（autobiographical comics）、图像回忆录（graphic memoir），进一步扩宽了回忆录的创作形式。

此外，地下漫画运动对"个体情感"与"自我意识"的强调也鼓励创作者讲述个人故事。在20世纪出版的一系列地下漫画中，非虚构的漫画作品占据半壁江山。其中，特别值得一提的是贾斯汀·格林（Justin Green）创作的自传体漫画《宾基·布朗与圣母玛利亚的邂逅》（*Binky Brown Meets the Holy Virgin Mary*，1972），这部作品开创了图像叙事与传记相结合的文学传统。格林将象征风格作为自传漫画的表达方式，书中年轻的宾基·布朗是作者的化身，宾基的性幻想常常致使其对圣母玛利亚产生"不纯洁"的想法，从而导致巨大的内疚感。"他的恐惧和迷恋通过作品中的意象被文学化了。因此，漫画以独特的方式讲述自传体故事的实验潜力在这部早期作品中显而易见。"（Kunka 36）大多数自传体漫画都可以追溯到贾斯汀·格林，斯皮格曼也曾说过，没有《宾基·布朗与圣母玛利亚的邂逅》便没有他的《鼠族》。

从地下漫画革命到以语图互文的创作方式书写自传体故事，这其中有一条清晰的主线："正是通过地下漫画，漫画本身才成为成人的表达媒介。这些漫画书的独立性……使这一媒介成为各种表达的理想平台，而这些表达都是极其个人化和关注自我的。"（Hatfield 7）这场兼具文学性、艺术性与大众性的漫画运动，推动了回忆录在形式与主题方面的革新。斯皮格曼的漫画《鼠族》更是将图像回忆录从地下带入主流文坛，让大众领略了图像叙事的巨大魅力，也使许多幸存者后代意识到语图互文这一混合媒介对于展现大屠杀后记忆的重要性。

《鼠族》以动物寓言的方式描绘笼罩于家庭之上的大屠杀阴影，在这部作品中，犹太人是老鼠，德国人是猫，波兰人为猪。动物形象的塑造表明了作品的虚构性质，但《鼠族》的叙事又无限接近真实。一方面，斯皮格曼使场景在当下对父亲的追踪采访与父亲接受采访时的回忆之间来回切换，呈现了真实的家庭故事。另一方面，他又利用现存的大屠杀照片表现了真实的历史事件。斯皮格曼重绘了著名摄影师玛格丽特·怀特（Margaret White）拍摄的一张在战后广为流传的照片，这张照片为观众呈现了布痕瓦尔德集中营释放囚犯的场景。即将被释放的犹太人衣着褴褛，穿着破损的囚犯服，隔着铁丝网望向外面。镜头恰恰将他们迷茫的眼神与孱弱的形态收入进来，成为纳粹暴行的最佳见证。斯皮格曼通过黑白漫画的形式把原本的人类形象换成了老鼠形象，并且在其中一只老鼠的头上标注了一个箭头，写着"爸爸（Papa）"。实际上，他的父亲并没有被关进布痕瓦尔德集中营，也不是这批摄影对象中的任何一位。对于未曾亲身经历大屠杀事件的斯皮格曼来说，只有参考怀特的照片，才能想象自己的父亲在奥斯威辛的经历。

斯皮格曼利用公众纪念照、漫画图像与文字叙述共同创建了一个跟历史研究和创伤表达相适应的伦理空间，他将现实事件与人为想象融为一体，使得《鼠族》"虽然最初看起来是虚构的，但逐渐变得越来越'真实'，甚至对读者来说也是自然的"（Refaie 170）。受此启发，许多第二代美国犹太作家开始尝试进行图像回忆录创作。不同于斯皮格曼的动物拟人化模式，莱姆曼的《孟德尔的女儿》选择了传统的线性叙事方式，以自己母亲关于二战的生活录像证词为基础，根据时间线索，从母亲一家在战争前的普通生活开始，展现了母亲和她的兄弟姐妹为了躲避纳粹暴行而被迫藏身森林，蜗居洞穴，最终艰难幸存的经历。莱姆曼试图通过图像回忆录再现母亲的记忆，以此强调大屠杀的真实性。因此在漫画开篇，他便画了一幅自己手拿录像带，将其放入视频播放机中的图片，并写道："这是她的故事，全部都是真实的。"（Lemelman 5）同时，还采用朦胧的铅笔画风格，模糊了图像边界，刻意模仿记忆如丝如缕的状态，让读者感觉仿佛真的在翻阅作者母亲脑海中的记忆，进而使已经成为历史的大屠杀事件在读者心中复活。米里亚姆·卡廷的《我们只能靠自己》则不执着于记忆的真实再现，而是以自我为中心，用杂乱的黑白线条描绘儿时与母亲逃离匈牙利的经历，用清晰的彩色笔触绘制自己20世纪60至70年代在纽约的生活，两者穿插交替，以打破时空界限的跳跃叙事方式呈现记忆碎片，详细阐述了作为大屠杀幸存者的孩子，她一生中如何处理大屠杀暴行对家庭以及个体的负面影响。

　　基于不同经历和需求，幸存者子女进行图像回忆录创作时选择的叙事模式各异，但都试图将继承自上一代的大屠杀创伤与报纸书籍上刊载的公共纪念照、家庭私密相册、博物馆陈列物、影视纪录片、视频证物等相结合，经过个人想象的加工，建构自己的大屠杀后记忆。这种历史与想象相结合的叙事方式挑战了大众对现实的一般看法，"可以使众所周知的故事陌生化，并且回避大屠杀'已经被讲述过'的性质"（Witek, *Comic Books as History* 103）。许多学者认为，构成我们当前视觉景观的过多暴力图像会使我们对恐怖失去敏感性，大屠杀照片及故事以一种陈词滥调的方式出现在公众视野，必然令观众陷入麻木。图像回忆录在一定程度上缓解了这种困境，幸存者子女将档案照片重新组织、分解或改写，使其嵌入当下的叙述语境，令大屠杀照片总是以新的形态出现在公共文化领域，保持其冲击力与震撼性。同时，这些以后记忆为依托的回忆录又成为大屠杀档案的重要组成部分，帮助新一代犹太人重新认识纳粹屠犹事件，推动大屠杀记忆的代际及迭代传递。

三、大屠杀回忆录的治愈与修复意义

　　时至今日，大屠杀事件仍然是盘桓在犹太民族心中的巨大伤痛。作为一种集体创伤，它的余波能够跨越代际，在几代犹太人之间持续传递。后记忆充当着创伤延续的传送装置，将超乎想象的大屠杀阴影投射到幸存者后代的内心深处。在形成后记忆的过程中，第二代幸存者不仅从父母那里继承了关于大屠杀的知识，更继承了那些令人痛苦的情感体验，他们仿佛与上一代人一起遭遇了大屠杀事件。战争已经结束，但是大屠杀给幸存者及其后代带来的创伤却不曾消弭。基于这种现实语境，第二代大屠杀回忆录的关注重点转向历史之外。这些作品并非单纯记录大屠杀的发生，而是控诉这一事件给犹太人造成的心灵创伤，以及由此导致的历史延续性的断裂。第二代美国犹太作家试图通过回忆录与大屠杀事件进行对话，渴望用图像叙事治愈创伤，进而修复断裂的犹太传承。

　　心理学家经过研究后证实，遭受过类似大屠杀这种严重伤害的人很容易患上创伤后应激障碍（Post-Traumatic Stress Disorder），这种心理障碍通常会引发情绪失控和歇斯底里，不仅严重影响幸存者的个人生活，还会给他们的后代造成无尽困扰。尼古拉·亚伯拉罕和玛利亚·托洛克也通过"代际幽灵"理论，阐释了创伤在家庭内部的代际传递。他们认为："创伤的发生及其对受难者带来的情感上的毁灭性打击，使受难者无意识地将其埋葬在内心深处。"（Abraham 99-100）然而，创伤记忆可以被埋葬，却永远不会消失。它们在受害者及其后代的心灵空间中重复闪现，成为家族代际传递过程中如影随形的"幽灵"。

最明显的例子是，一些在战争中失去兄姐的孩子很可能面临成为"替身儿童（Replacement Children）"的困境。父母无法接受孩子的死亡，因此将失望、恐惧和内疚等情绪迁移到后来的孩子身上，视其为逝去兄姐的化身。替身儿童"从生命开始的那一刻起，就有意无意地与一个不再存在、永远被理想化的孩子作对比"（Crehan 206）。斯皮格曼在《鼠族2》中提到他的"鬼魂兄弟"瑞奇时说："父母会在房间里放着瑞奇的照片，但不会放我的，因为我还活着。这张照片从来不会发脾气或惹上任何麻烦……这是一个理想的孩子，而我是个讨厌鬼，我无法与他竞争。"（Spiegelman, *Maus II* 15）当孩子与内心深处埋葬着创伤记忆的父母接触时，那些令人痛苦的情感体验总是会从父母的潜意识悄然传递到孩子的潜意识中。这种遭遇导致替身儿童与父母之间构成一种病态的亲子关系，并且造成严重的自我认同混乱。

更为严重的是，由于大屠杀创伤具有隐蔽性，大多数幸存者后代难以察觉到它的存在。传记研究学者达芙妮·代斯尔就在论文中讲述过自己的经历：她的父亲是一个家暴者，这让她痛苦不堪。20岁时，她曾求助心理医生，医生怀疑她的父亲有狂躁症，并未往其犹太人身份和大屠杀经历进行过任何联想。直到代斯尔了解了第二代大屠杀幸存者受到的特殊伤害时，才有机会将她的个人挣扎与民族集体创伤联系起来。这种联系，花了将近30年的时间才完成（Desser 33）。许多幸存者后代甚至在无法完全理解大屠杀事件的意义时，便已经被迫成为父辈创伤的承载者。漫长的人生历程中，他们或许永远无法得知自己的痛苦来源于何处。

在这种情况下，图像回忆录成为第二代幸存者表达创伤、重塑后记忆的有效媒介。赫尔曼提出的创伤修复理论证明了图像叙事对治愈心灵裂痕的重要作用，她认为，受害者以时间和历史背景为导向，重新建立条理清晰的叙事是治愈创伤的重要步骤。"叙事不仅包括事件本身，还包括幸存者对事件的反应以及生命中重要人物的反应。随着叙述接近最痛苦的时刻，受害者会发现越来越难以使用语言进行表达。有时，他们可能会自发地转向非语言交流方式，如绘画。鉴于创伤记忆的'标志性'视觉本质，图像叙事可能是表现这些'不可磨灭的（创伤）意象'的最有效的原始方法。"（Herman 176）在大屠杀阴影中成长起来的第二代美国犹太作家以敏锐的心灵意识到个体困境与集体创伤之间的紧密联系，渴望通过图像叙事缓解痛苦、抚平创伤。

大屠杀影响着每一位犹太人，它令幸存者及其后代被迫成为创伤记忆的容器，不可避免地处于"失常"状态之中。然而，这一事件造成的可怕后果远不止此。大屠杀给犹太人带来的灭顶之灾更在于由此导致的历史连续性的断裂，这深深地影响着犹太民族整体。600万犹太人被屠杀的背后，是华沙、里加、阿姆斯特丹等欧洲所有繁华的犹太社区都遭受到系统性摧毁。纳粹不仅要杀害犹太人，更要毁灭犹太民族的历史传统与文化根源。被囚禁于集中营的受害者先是失去了自己的家人，又在极端环境中丧失了对人性的基本信任，更失去了作为犹太人的尊严和信仰。《鼠族2》中，斯皮格曼的父亲在集中营祈祷无望后，说出了一句令人毛骨悚然的话："上帝没有来，我们只能靠自己。"（Spiegelman, *Maus Ⅱ* 29）宗教信仰的破裂削弱了民族认同感，丧失了犹太人身份与个性的幸存者，即便逃离集中营也无法修复断裂的犹太历史与文化传承。

大屠杀对犹太民族造成的悲剧并未随着战争的结束而终结，幸存者逃出集中营，却被迫"与大屠杀前的生活产生断裂，失去了社区提供的安全感、归属感和身份认同感"（Lessing 266）。战后美国犹太移民有着惊人的默契，往往对来到美国之前的那些过去闭口不谈。许多人选择对后代保密自己的犹太血统，期望过上一种没有死亡和迫害的生活。斯皮格曼说："我的父母没有以任何连贯和全面的方式谈论他们经历的一切。"（Spiegelman, *MateMaus* 12）莱姆曼在《孟德尔的女儿》中也说过："在成长过程中，我听到了一些关于我母亲（从大屠杀中）幸存的故事，但在大多数情况下，这种经历太痛苦了，她无法与孩子们进行任何真正深入的讨论。"（Lemelman 221）孩子们不明白为什么父母总让他们和一些大屠杀幸存者的后代玩耍，并视其为同类人，而排斥另一些美国小孩。他们同样不明白，为什么每逢重大节日，有的家庭几代同堂，而他们的餐桌前只有寥寥数人。我们的祖父母、叔叔阿姨、兄弟姐妹去哪里了？

家庭内部的"沉默共谋"切断了孩子与过去的联系，历史传承的断裂导致他们无法获得身份认同。因此，幸存者子女总是陷入"我是谁""我从哪里来"的困惑之中，经历着严重的身份与信仰危机。一些人后来成长为天主教徒、新教徒或世俗主义者，遗忘了犹太语言，也不再翻阅犹太教书籍。随着越来越多的犹太移民及其后代被美国社会同化，连接断裂的民族历史，寻求身份认同成为最为急迫的任务。幸存者后代的回忆录书写无疑对修复犹太传承、重建民族身份具有重要意义。纵使许多回忆录作家声称自己是世俗自由主义者，但他们的作品仍然烙有抹不去的犹太印记。斯皮格曼在采访中说："我对任何宗教都不感兴趣，包括犹太教。"（Witek, *Art Spiegelman* 174）可他的《鼠族》中却处处可见犹太圣经故事与犹太教传统。莱姆曼的回忆录则带有更多的宗教和超自然色彩，他在故事最后引用了犹太人在逾越节家宴时常说的一句话："每一代人都必须把自己看作是埃及来的。"（Lemelman 219）犹太人从集中营逃生的经历与古时候从埃及奴隶制中解脱的历史多么相似，每一个犹太人都不该忘记大屠杀，同样也不该忘记自己的文化根源。

幸存者后代创作的回忆录虽然讲述的只是一个人或一个家庭的故事，却承载着犹太人无法舍弃的信仰与民族特性。重塑家族历史是寻找民族文化根源的关键步骤，"即使是一个家庭的回忆录也能揭示被大屠杀抹去的人们的丰富性和多样性，只有对过去的广泛见证才能赋予不同民族以质感和历史深度"（Fass 4）。通过图像回忆录创作，第二代美国犹太作家努力治愈大屠杀创伤，也渴望借此找回消亡的家族历史，修复断裂的民族传承。

结　语

近年来，白人至上主义和反犹主义在西欧与美国又有死灰复燃之势。2018年，美国匹兹堡一处犹太教堂遭到袭击，11位犹太教徒在此事件中死亡（Robertson）。同年，埃利·威塞尔在故乡罗马尼亚的纪念馆被反犹主义者随意涂鸦侮辱性字眼（Gillet）。随着上了年纪的犹太见证人逐渐淡出公众意识，大屠杀在文化和个人记忆中进一步被淡忘，其准确性与真实性再次遭到怀疑。第二代美国犹太作家的回忆录利用视觉语言与文字表达之间的张力，建立了一个以大屠杀亲历者及其后代的记忆为基础的证词档案。在否认大屠杀日益成为反犹主义者手中的致命武器之时，家庭图像回忆录成为一种强大的对抗力量。如同代斯尔说的那样："每一代人都必须与大规模的历史创伤事实进行斗争，并且根据自己的情况，重新考虑其对个人和政治生活的潜在意义。"（Desser 155）幸存者后代的回忆录可以打破沉默，直面大屠杀越来越淡漠的基本事实，并且发挥令人信服的治愈与修复作用。

致谢【Acknowledgement】

本文受益于《现代传记研究》编辑和匿名评审人提出的修改意见，作者谨致谢忱！

I am grateful to the editor of *Journal of Modern Life Writing Studies* and anonymous reviewers for their suggestions and comments.

引用文献【Works Cited】

Abraham, Nicoas, and Maria Torok. *The Shell and the Kernel: Renewals of Psychoanalysis*. Ed. and Trans. Nicholas T. Rand. Chicago and London: U of Chicago P, 1994.

Bachmann, Michael. "Life, Writing, and Problems of Genre in Elie Wiesel and Imre Kertész." *Rocky Mountain Review* 63. 1 (2009): 79–88.

Chute, Hillary. *Why Comics?* New York: HarperCollins, 2017.

Crehan, Geraldine. "The Surviving Sibling: The Effects of Sibling Death in Childhood." *Psychoanalytic Psychotherapy* 18. 2 (2004): 202–219.

达芙妮·代斯尔：《公共记忆、回忆录和纳粹大屠杀——家庭叙事和遗传创伤（英文）》，《现代传记研究》2020年第2期，第153—172页。

[Desser, Daphne. "Public Memory, Memoir, and the Shoah: Narrating Family and Inherited Trauma." *Journal of Modern Life Writing Studies* 2 (2020): 153–172.]

Fass, Paula S. *Inheriting the Holocaust: A Second-generation Memoir*. London: Rutgers University Press, 2009.

Gillet, Kit. "Anti-Semitic Graffiti Scrawled on Childhood Home of Elie Wiesel in Romania." *New York Times* 6 (2018): A7.

Hatfield, Charles. *Alternative Comics: An Emerging Literature*. Jackson: University Press of Mississippi, 2005.

Herman, Judith. *Trauma and Recovery*. New York: Basic Books, 2015.

Hirsch, Marianne. "Family Pictures: Maus, Mourning, and Post-memory Discourse." *Discourse* 15. 2 (1992–1993): 3–29.

—. "Surviving Images: Holocaust Photographs and the Work of Postmemory." *The Yale Journal of Criticism* 14. 1 (2001): 5–37.

—. "The Generation of Postmemory." *Poetics Today* 29. 1 (2008): 103–128.

Kunka, Andrew J. *Autobiographical Comics*. New York and London: Bloomsbury, 2018.

Lemelman, Martin. *Mendel's Daughter*. New York: Free Press, 2006.

Lessing, Carla. "The Vanished Communal Heritage of Holocaust Survivors: Its Impact on Survivors and Their Children." *Journal of Jewish Communal Service* 75. 4 (1999): 266–272.

廖久明：《回忆录的定义、价值及使用态度与方法》，《当代文坛》2018年第1期，第92—101页。

[Liao Jiuming. "On the Definition, Value and Approaches of Memoirs." *Contemporary Literary Criticism* 1 (2018): 92–101.]

Refaie, Elisabeth El. *Autobiographical Comics: Life Writing in Pictures*. Jackson: University Press of Mississippi, 2012.

Robertson, Campbell, et al. "11 Killed in Synagogue Massacre; Suspect Charged with 29 Counts." *New York Times* 27 (2018): A1.

Sontag, Susan. *On Photography*. New York: Anchor Doubleday, 1989.

Spiegelman, Art. *Maus II : And Here My Troubles Began*. New York: Pantheon Books, 1992.

—. *MateMaus*. New York: Pantheon Books, 2011.

Stein, Arlene. "Trauma and Origins: Post-holocaust Genealogists and the Work of Memory." *Qualitative Sociology* 32. 3 (2009): 293–309.

Wiesel, Elie. "The Holocaust as Literary Inspiration." *Dimensions of the Holocaust*. Evanston: Northwestern University Press, 1977. 5–19.

Witek, Joseph. *Comic Books as History: the narrative art of Jack Jackson, Art Spiegelman, and Harvey Pekar*. Jackson: University Press of Mississippi, 1989.

—, ed. *Art Spiegelman: Conversations*. Jackson: University Press of Mississippi, 2007.

宗源瀚日记的自我书写
——兼论近代日记的多维表达功能

曹天晓

内容提要：晚清官员宗源瀚的日记在自我书写方面呈现多样性与隐蔽性特征，借之可窥近代日记丰富的表达功能，以及由公向私的转变痕迹。具体而言，日记中插入的"回溯性书写"与"即时性书写"相辅相成，使日记部分承担自传与回忆录的功能。作者通过对争议事件的重新叙写，对内维持自我叙事同一性，对外完成形象整饰，日记由此成为解释自我、重构自我的媒介，并借用隐蔽手法表达不便直言的隐衷，从而达到情绪纾解与自我疗愈的目的。

关键词：日记　自传　自我书写　宗源瀚　《自有馀斋日记》

作者简介：曹天晓，南京大学文学院中国古典文献学专业博士研究生，主要从事清代文献学、近代日记研究。近期出版有古籍整理著作《宗源瀚日记》（凤凰出版社，2020年）。邮箱：dg1808003@smail.nju.edu.cn。

Title: Self-Writing of Zong Yuanhan's Journal: On the Multiple Expressive Functions of Modern Diary

Abstract: Zong Yuanhan was an official in the late Qing Dynasty. The self-writing in his diary shows the characteristics of diversity and concealment. Throughout his diary, we can see the modern diary's stylistic function and its transformation from the public text to the private one. Firstly, the "retrospective writing" and "instant writing" inserted in the diary complement with each other, so that the diary undertakes the functions of autobiography and memoir to a certain extent. The diarist maintained the self-narrative identity internally and completed self-image shaping externally by redescribing the controversial events. Therefore, the diary has become a medium for understanding, interpreting and reconstructing the diarist himself. In addition, the diarist uses the hidden means to express his inner thoughts that are inconvenient to reveal directly, so as to relieve his negative emotions and achieve the purpose of self-treatment.

Keywords: diary, self-writing, modern literature, Zong Yuanhan, *Diary of Ziyouyuzhai*

Cao Tianxiao is a PhD candidate majoring in Chinese Classical Philology at the School of Liberal Arts, Nanjing University, China. His research interests include the philology of the Qing Dynasty and the diary research of the late Qing Dynasty. He has published *Zong Yuanhan's Diary* (Phoenix Publishing House, 2020). **E-mail:** dg1808003@smail.nju.edu.cn.

在近代人物丰富的文献著述中，日记堪称最贴近日常生活与历史现场的一种，近年来，日记研究渐成热门。不过在留存至今的一千一百多位近代人物的日记中，目前得到关注、研究的仅有数十人，大部分近代日记尚未进入研究者的视野（张剑 123）。晚清浙江知府宗源瀚（1834—1897年）的日记便是其中之一。

宗源瀚日记所记时间为光绪十三年至十六年（1887—1890年），涉及日常记事、读书札记、诗文创作、书画鉴藏、见闻随录、史料抄纂等各个方面。从该日记中所夹大量浮签校记、数百处自注文字、一丝不苟的楷体字迹、严整的语言表达可知，该日记是一个经过作者精心润饰、严格审查以备刊刻出版的文本。日记大部分内容均有关国计民生与学术谈艺，属于"公共表达"的范畴，且在其生前已传给他人阅读过，这与现代意义上强调内容的私人性、传播的私密性的日记大异其趣。不过借助对日记中一些"异常"文本、微妙"书法"、私人情绪片段的文本细读，以及不同类型、不同视角文献的对读，我们仍可透过这一整饬端方的文本，进入作者的内心世界，探究其自我表达的维度与方式，进而对近代日记的文体功能转变有更加深入的认识。

一、自传与回忆的空间

日记作为一种最为私人化的文本，与自传、回忆录存在天然的关系，因三者皆与个体记忆息息相关，有学者将日记归为"边缘自传"（杨正润 355）。但日记与自传、回忆录的区别也很明显，法国学者菲利普·勒热讷曾指出，自传是一种"趋于总结的回顾性和全面的叙事"，而日记是一种与事件发生时间"几乎同时进行"的片段式写作（25）。回忆录与自传亦具有相似性质。换句话说，自传与回忆录是一种"回溯性书写"，而日记相对而言是一种"即时性书写"，因此它"保留了往事的原生态与鲜活性"（赵宪章，《私语言说》88）。

不过在宗源瀚的《自有馀斋日记》中，"回溯性书写"与"即时性书写"有时交替进行，日记与自传、回忆录的界限不太分明。如日记开篇云：

> 余弟兄之名，皆命自先王父，以"得"字冠之，惟余于应童试之后改名"源瀚"。伯兄长子入塾时，兄禀命于先公，命曰"彭年"。后吾儿暨五弟之子，皆以"年"字排之。彭年两子乳名，先公命之曰"春生""寿生"。乙酉（1885）春，先公去世时，两生幼，未入塾，未命塾名。今年彭年以塾名来请，乃本先王父与先公之意，拈十字曰"得年惟大德，积善有馀庆"，使子孙他日递排以名。即名春生曰"惟熙"，寿生曰"惟永"。彭年今年闰四月又生一女，乃命乳名曰"闰生"。（宗源瀚，《日记》2）

作为一部日记，开篇不记当天之事，却自述其得名之因、父亲逝期、家族字辈，实在让人有些匪夷所思。这种与《离骚》相似的"自报家门"式开篇，昭示此日记并非"日记的正宗嫡派"（鲁迅，《马上日记》325），而是一种变体。这一点从日期标注方式亦可看出，《自有馀斋日记》前6 000多字均未标注日期，内容则以"回溯性书写"为主。

在开篇"自诉身世"之后，日记仍未进入"正题"，而是开始回忆两年前在常熟看风水、买地、安葬亡父的经历，并"顺便"考证丧期与丧服之制。不久，日记中又开始自述咸丰间因太平天国之乱全家迁常熟之事，外公、母亲、四弟、妻子、儿媳、父亲先后去世的经过，买房过程、新居方位布置以及"自有馀斋"这一斋名的含义等（7）。这部分文字虽然篇幅不大，但三十年间重要人生事件略已述及，对于读者了解宗氏生平很有帮助。如果说回忆过往经历还可理解为人生旅途的自我回顾，属于日记应有的"自言自语"，那么自述斋名来源及含义，显然带有"自我介绍"性质，其预设读者已经不只是自己，还有他人。

宗氏日记中这类回顾总结人生经历、自表心迹的自传类文本尚有多处，若将之汇总在一起，不啻为一篇简要的自传。这类自传性质的文本多集中在日记开篇部分，与上下文毫无关联，看不到任何记忆触发过程，显然是作者的"主动回忆"，此类文字以平铺直叙为主，较少情绪波动。而日记正文中的"回溯性书写"，更多是由相关"旧物"或相似情境触发的"被动回忆"，往往用笔细腻而饱含情感，有时还借助诗歌等较富文学意味的形式来表达怀旧之情。

如光绪十五年二月初七日，宗源瀚入都引见，当天日记云：

> 辰初起，大风，扬沙。俟装车齐，六车同发，已辰正后矣。一路风沙眯眼，车箱闭置，不敢启帘。……余行箧中扁式茶壶，乃廿五年前北上引见时旧物，见此忆旧仆汪喜，口占二诗云："方壶扁侧插车箱，十丈尘中阔苑浆。记汝殷勤揩睡眼，和烟和雨进茶汤。""当时渴吻饱黄埃，曾说长安不再来。岂意卅年尘梦在，壶边犹有复燃灰。"晚膳毕，天忽雨雪，殊不止。（172）

在这则日记中，借由扁壶这一旧物，宗源瀚得以暂时抽离现实情境，回忆起二十多年前的场景。火堆边揉眼的旧仆、和着雨水与烟灰的茶汤、满嘴的沙尘、壶边的烟痕，这些生动的场景、物象均由扁壶这一旧物召唤而出，所有的感官知觉都被复活，故人的音容笑貌得以再现。与其他部分的追述文字不同，这段文字由现实生活引入回忆内容，而且是用诗歌形式，在日记中别具一格。

除此之外，宗源瀚日记中还记载了由"偶检旧诗稿"这一极具怀旧色彩的行为触发的对多位恩主的回忆（159），由北京春光引发对江南春日胜景的回忆（185），以及由光绪十四年常熟旱灾引发的对同治十二年在嘉兴以"先天坛法"祈雨、光绪五年在宁波以"蛤蟆龙"祈雨之事的回忆（105-106）。这些回忆文字或繁或简，皆是由相关旧物、相似情境引发的"回溯性书写"。

自传与回忆类文本渗入日记的情况，在其他晚近日记中亦不鲜见。这一现象表明，日记作为一种与个人记忆密切相关的文本，绝不限于"即时性书写"，也可容纳适量的"回溯性书写"。作为"即时性书写"的日记内容十分琐碎，视角较为局限，缺乏对事件、人生的宏观认知与评价，而自传与回忆类文本则可避免这些问题。并且回忆类文本一般是距离较长时间后偶然有所触动而写，无论是怀念、遗憾还是悔恨，皆具有更加深厚的情感价值。但与此同时，"回溯性书写"也存在一些问题，因为自传与回忆录皆隐含对人生的诠释意图，作者希望证明自己所写的故事具有合理性，而且在某种程度上是个好故事（Yagoda 110-115）。然而正如盖伦·斯特劳森所言，自我是由一连串直接体验的瞬间构成的，所有试图于个人现实生活中发现叙事连续性的自我阐释过程都是对这种现实的歪曲（Strawson）。因此，插入日记中的"回溯性书写"虽有助于作者形成连贯的自我叙事，但对其真实性必须加以警惕。

二、自我形象整饰的媒介

作为一种"边缘自传"，日记不可避免地存在自我文饰的倾向。关于这一现象产生的原因，南帆强调文字符号具有监察过滤作用，使得"自我"不得不经过伪饰之后进入日记（69）。赵宪章指出"隐身听者"影响日记写作的真实性与自由度，使得日记成为自我形象的"美容院"（赵宪章，《私语言说》91）。然而由于文献之不足，即使读者对日记叙事的客观性有所质疑，也很难举出有力证据。宗源瀚日记的特殊之处在于，其日记中叙述的一些事件在晚清报纸上有"异样"记载。借助日记与报纸的文献对读，再返回日记中进行文本细读，可以发现其中自我形象整饰的痕迹。

作为一名地方官员，宗源瀚日记中常记载其兴利除弊的施政措施，如《自有馀斋日记》云：

> 余在浙守五六郡将二十年，主郡试屡矣。每试点名，无不鱼贯而入，从容接卷，每一时可点一二千人。其法必预于门口向外用叙进名次牌，以次疏列。东西二栅门先下钥头，门口向以首县，点名无应者，余改令各县

教官率书斗点名。……历十馀试，每试五场，无或窠者，乃知应试者岂好为拥挤哉！无良法以齐一之耳。（31）

在这段日记中，宗源瀚以自信的笔调介绍其"成功经验"，与前文所述其他地区府县考试的纪律混乱情况形成鲜明对比。文中"五六郡""二十年""十馀试""一二千人"等数量词，以及"屡""每""无"等程度副词，皆意在强调其施政经验之丰富、改革方案之成功。

在日记其他部分，宗源瀚还强调其善于断案，认真负责，效率很高，"往往余批一出，其案即结"（158）。又自述因感于吏役薪资常被幕丁克扣，致使吏役舞文弄法，以致百姓受苦，因此严格保障吏役薪资发放，从而减少吏役对百姓的盘剥，并取得良好成效（108）。

上述自叙文字在宗源瀚日记中还有多处，从中可以看到一位勤政爱民、断讼如流、敢于改革、善于改革的循吏形象，这与《清史稿》宗源瀚本传的记载是一致的。不过宗源瀚是在晚清浙江地区当官，彼时上海已有报纸这种新媒体，《申报》便是其中的代表。光绪六年（1880年）二月十九日，《申报》刊登有一篇宁波府童生闹场的新闻，主试者正是宁波知府宗源瀚：

新正初六日，宁波府宗太守考试鄞县文童。正场四鼓点名，大门外先由教官开点，每人给一竹签，再由九曲文栏到二门缴签给卷，无签者不得闯入，鱼贯而进，并不拥挤。迨封门出题，众童见题纸上"滕"字缺写一点，遂即喧哗。太守不得已，乃易纸重书，众童始归号。（《宁波府试》）

宁波府一次童生考试风波，竟被上海的报纸披露出来，可知该事件影响不小。《申报》中云，童生进场秩序井然，这与宗源瀚日记记载相符，可见有关进场秩序这一点他并未说谎。四天之后，《申报》又刊出一篇题为《论苛求官长之非》的文章，专就此事件作评论，认为诸童实为吹毛求疵、挟私毁谤（《论苛求官长之非》）。该文长达一千三百字，从侧面说明闹场事件影响之恶劣。作为事件核心人物的宗源瀚，在七年后提及童试入场问题时必然会想起这件事，但是他对这件事缄口不言，显然是因该事件对其形象有损。

在《论苟求官长之非》一文中，作者提到"人言太守之为守也，多近于沽名，非尽由于实意"。这句话其实另有所指，宗源瀚在宁波任知府七年，期间发生过多起争议事件，仅仅见诸《申报》者即有七件：奉化闹捐案、拆毁河工局风波、匿名揭帖风波、镇海抢劫案、"劝捐"风波、童试闹场风波、办理流民案等。其中尤以光绪五年（1879年）冬的"劝捐"风波影响最大，《申报》有全程跟踪报道。①所谓"劝捐"，其实是宗源瀚以行政暴力手段逼迫宁波富绅杨宝镕等捐巨款以充公帑。此事激起宁波众多绅士不满，因此在《申报》发文批评宗源瀚，而宗源瀚则指责《申报》是"华人为西人执笔，据衣冠败类、市井讹言以报事者"（宗源瀚，《颐情馆诗钞·续钞》339），并且扬言将惩办在《申报》发表批评文章的嫌疑作者戈鲲化，致戈氏远走海外。②

由《申报》揭示的信息可知，宗源瀚一方面确如其日记所言，勤政为公，敢于任事，很有改革魄力，所到之处无不兴利除弊；另一方面，他做事手腕强硬，容不得任何批评意见，"好名多事"，治下绅民颇有怨言，甚至酿成多起舆论事件。总之，宗源瀚日记中展现的良好控制力与《申报》所揭示的舆论危机形成强烈反差。但这些负面信息在宗源瀚日记中或只字不提，或用一些巧妙的"书法"瞒天过海，将争议事件改写为知府因施政有方深受民众爱戴：

> 余初至杭，即有湖绅公函致抚藩，谓余两次守湖，吏畏民怀，湖州赈务非余不可。茗人又谓禾中许某有书来，谓余守禾多善政，濒行尚开斜桥堰救旱，禾事必赖余；又同众推余，谓宁波劝捐非余不可。余皆谢不敏，而明州劝捐，余尤不愿。明亦同被水灾，以有海口，退水较速，然闻慈、镇之山北一带，灾伤颇重。连年直隶、河南等省劝赈捐，必首及明州，比岁以来，已连捐八次矣。（145）

这则日记的论述重点仍然是表现自己"吏畏民怀""爱民如子"的父母官形象。值得注意的是，宗源瀚自言"明州劝捐，余尤不愿"，因为宁波近年来已连捐八次，不过更可能的原因是，宗源瀚此前在宁波派捐已得罪当地富绅，并闹出舆论危机，因而有所忌惮。

几天后，宗源瀚在日记中再次提起宁波"劝捐"之事，称"当道又谓宁波劝捐非余不可，一似余果有无负于民者，且不第绅民也"（147）。随后用四百多字笔墨依次列举刘秉璋、谭钟麟、杨昌浚、卫荣光四位前浙江巡抚对自己政事才能的肯定，还特别说明每一条消息得自何人、何时，使自己的论据显得无可置疑。通过这种"借言标榜"，宗源瀚一方面证明自己"无负于民"，另一方面则强化其卓有官声的循吏形象，"劝捐"事件引发的物议民怨则被巧妙掩饰。

细读宗氏日记关于推辞宁波"劝捐"事务的两次陈述会发现，凡涉及宁波知府任的政绩，均只有同僚、上官表示认可，宁波本地绅民则集体失声，所以读者从其日记中看到的只有众人的赞誉、挽留和爱戴。其日记虽未说谎，但通过选择性叙事策略，回避不利材料，突出对自己有利的材料，并借助对材料的精心组合，将分散的事件整合成一个具有鲜明表达意图的逻辑自洽的新故事。这种做法一方面维持了自我叙事的同一性，另一方面则对叙事者的自我形象产生了粉饰效果。查尔斯·泰勒曾言，人是自我解释的动物（Taylor 75），人使用语言对自己的内在情感、意向的阐释参与构成了人的存在本身。个体要想成为自我，需将自身置于一个有着叙事结构的善的空间中，叙事的过程本身就是一个重构的过程，通过这一过程，行为者将其生活理解为一个朝向善的整体（张容南 28），从而达成自我认同，完成自我形象建构。

日记与诗歌、书信、自撰年谱、自传等私人文献一起，为解释自我、重构自我提供了第一人称权威叙事，但这种不受节制的权威叙事会带来有关真实性的质疑。正因为如此，鲁迅在阅读乡前辈李慈铭的日记后，不无讥嘲地评论道："我觉得从中看不见李慈铭的心，却时时看到一些做作。"（鲁迅，《怎么写》24）所谓"做作"，即有意识地文饰自我形象。廖可斌曾指出："中国古代文学，以至所有的文字书写，都有粉饰、伪饰的习惯，不太直接、准确地揭示生活和心灵的真相。"（廖可斌 125）这一论断对于日记而言尤为适用。因此，在阅读近代人物日记时，最好能与其本人的诗文书信，其他人物的日记、诗文书信，当时的报纸刊物、地方志等不同类型的文献对读，这样才可能得到较为全面、客观的认知。

三、内心隐衷的纾解场所

阿英曾指出："在古人的日记中，很少能令读者看到他们的内心生活。"（3）不过这一现象在晚清日记中已有所改变，只不过受限于时代环境，日记作者的内心想法往往是以曲折、隐晦的方式表露，宗源瀚日记便是如此。在阅读宗源瀚日记时，读者会有一个显著的感受，即日记中载有大量他人对宗源瀚的褒誉之辞。尤其在提到当世名公、大僚时，这类文字很少缺席。近代一些著名日记，如李慈铭《越缦堂日记》、王闿运《湘绮楼日记》中，也常有自我标榜的内容。但宗源瀚的标榜方式较为特别，他几乎从不自我标榜，而是假借他人之言标榜，这种方式或可称之为"借言标榜"。

如光绪十五年二月初六日，宗源瀚在天津拜谒李鸿章，日记中载，李鸿章"接问殷勤，无所不询，尤问浙江历任上司相待之状，谓余在浙何以不调首府，其真有偏好之意耶"（宗源瀚，《日记》171）。同年二月二十五日，宗源瀚在京拜见兵部尚书许庚身，许建议其拜谒张之洞，宗源瀚担心张之洞不记得自己，许云："南皮尝言知君政声，未必不记忆。"（180）至于当朝帝师翁同龢对宗源瀚的褒扬，日记中更是数见不鲜，兹举二例："余赠大农四律……大农得诗，飞一小笺曰：'赠诗无一敢承，然笔力出入苏黄矣。'他日又面言：'君诗佳，然题为赠我，不切，须易题。'"（126）"翁大农……在都时，为余跋褚临张芝草书，推余文学、政事浙中第一。"（127）

以上所举仅是一些只言片语，在宗源瀚日记中还有成段的标榜之辞。如光绪十五年三月二十一日，宗源瀚在京拜见刚刚辞官的前军机大臣阎敬铭（陕西朝邑人），当天日记中的"借言标榜"堪称典型：

> 十点钟入内城，至锡拉胡同阎故相宅。初，相知余名前数年，曾询生平于许静山月之。初五日晤静山时，劝余往谒，余以凤无一面，缓之。昨日薛廉访言："朝邑相国谈及君，尚记忆，宜一往。"至是谒之。朝邑拄杖而出，面皙，两眼略有大小，髯白而短，年已七十四，谈论如云。谓余

曰："凤知君政事才。"余自谓一无所能。……朝邑曰："君饶识解，昔周小棠通政，尝极称君才，惜君遂以忧去官，不然早擢用矣。"（195-197）

这则日记末尾提到的周家楣（小棠）曾任都察院左副都御史，宗源瀚日记中亦有大段文字叙述其对自己的推重，谓其"每与王公枢相论人才，必首推余"（72）。这次拜谒后二十多日，翁同龢侄孙翁斌孙来访，宗氏日记又载翁氏言曰："数日前，某为朝邑送别，朝邑曰：'前日见宗某，可谓独明外事者。'某曰：'相国但知其明于政事，未知其优于文事也。'"（231）在上述引文中，前后有四五次"借言标榜"，且写法各不相同，有正写，亦有侧写，有顺序，还有插叙、补叙，以及类似《史记》写人的"互见"笔法，可谓深得史传"书法"之妙。

似这类标榜文字，粗略统计，在宗源瀚日记不算太长的篇幅中竟有二十多处，所援引之人多为一二品大僚。宗源瀚为何要在日记中如此频繁地标榜自己？又为何不直接自我标榜，而是不厌其烦地引用他人褒誉呢？宁波民众曾评价知府宗源瀚"好名多事"（《论宁郡匿名揭帖事》）。所谓"好名"，既可理解为爱惜名誉，亦可理解为虚荣心强，不过这一点恐怕并非问题的实质。回顾《自有馀斋日记》开篇部分，有这样一段饶有意味的自述：

> 余本倦游，道员又补缺无期，故早与弟约，余虽力不能家食，然宜且不出，俾弟服阕后到浙候补。弟似不安，欲谋捐改省分，又苦无力，牢骚之意不免形于辞色。余语之曰："吾等虽贫薄，然目前不如我者，毕竟尚多。我两人在浙服官二十年，辛勤黾勉，似亦不后于人，乃进未有一阶之升，退亦无三年之储，视世之贵且富于我者，似甚可羡。然有可羡者，即亦有甚不可羡者。天下事，此优彼绌，大抵互相乘除，即其乘除而观之，有馀与不足，亦正相等耳，不平何为？"弟甚韪吾言。（宗源瀚，《日记》3）

这段文字出现在日记开篇，紧接前文所引"自报家门"的内容。如果说《自有馀斋日记》开篇乃模仿《离骚》首章之自叙身世，那么宗源瀚撰写这部日记也可能有模仿屈原作《离骚》之意。司马迁《屈原贾生列传》云："屈平之作《离骚》，盖自怨生也。"（3010）屈子之怨为"信而见疑，忠而被谤"，宗氏之怨则是上文所云"在浙服官二十年……未有一阶之升"。宗源瀚对这种现状显然很不满意，日记中随处可见的借言标榜之辞，亦可理解为这种"不平之意"的外在表征。

在上述引文中，宗源瀚安慰五弟"有馀与不足，亦正相等耳，不平何为"，这也是宗源瀚的自我劝慰之辞。但这种自我劝慰始终未能消弭宗氏内心的骚怨，在其日记中更多的是对久沉下僚的自我解嘲。如光绪十五年十一月十九日日记云："余在浙江官知府二十年，服满，吏部以未到浙时保有升阶，今应以道员赴原省候补。在浙虽谓之未转一官可也，其无优政可知。"（宗源瀚，《日记》148）前一句再次强调"官知府二十年"，显然有抱怨之意，后一句则是故作反话的自嘲。因为下文紧接着便自述在湖州、嘉兴、宁波的官声，以及刘秉璋、谭钟麟、杨昌浚、卫荣光四位前浙江巡抚对其政绩的一致称誉，可见其在浙期间绝非"无优政"。既有优政，却"未转一官"，足见其所受待遇之不公。整段日记正话反说，明贬实褒，怨怼之情，溢于言表，足见宗源瀚内心深处对于不得升迁之事耿耿于怀，所谓"自有馀"，实为"意难平"。宗源瀚以"自有馀"命名其书房、日记，正可见这种隐含牢骚的自慰、自嘲已成为其内心的主导情绪，这一点是解读其日记的关键。

借助写日记这一行为，宗源瀚与自我进行对话，在日记中纾解内心不便言说的隐衷、释放长期压抑的苦闷情绪，体现了日记的情绪纾解与自我疗愈功能。这种功能在近现代作家日记中也常使用，如郁达夫曾云："日记的目的，本来是在给你自己一个人看，为减轻你自己一个人的苦闷。"（261）吴宓日记也被认为具有"缓解焦虑，宣泄屈辱，辩白心迹，净化心灵，寄望于后世读者对他能有'同情之理解'"的作用（黄彦伟 100）。而宗源瀚日记可谓"日记叙事疗法"的较早实践者。

余 论

不同于现代人将日记视为一种私密文献，中国古代日记的私密观念形成甚晚。晚清人的日记纵使不完全公开，也会在亲友间私下传阅，这一点冯尔康已经指出（冯尔康 182）。宗源瀚日记也属此类情况，其日记曾在生前交给侄子宗嘉谟校阅。但是也不能将晚清日记当作完全公开的写作，因为仍有许多人不愿在生前公开日记，甚至李慈铭也在日记中自言："余书无副本，而不愿以示人，《日记》尤所密。"（8844）或许正是基于这种模糊的文体观念，日记为近代士人提供了一个诗文集之外的略显"暧昧"的自我表达空间。相比公开的诗文集，日记的这种"半私密性"更具"形式的诱惑"（赵宪章，《形式诱惑》69），它诱使近代士人在日记中记录生命历程、检视人生经历、重塑理想自我、纾解内心隐衷，使日记的自传性质越发突出，越来越接近现代日记。这种发展趋势既是日记文体的题中应有之义，也是近代社会环境、文学思潮激发下的产物。正如普实克所言，清代文学中出现了一些与现代文学相通的征兆与迹象，即作家越来越关注自己的个人命运与生活，作品更加强调个性和情感的表达，他将这种倾向称作"主观主义和个人主义"（Prusek 261）。近代那些注重表现自我的日记正是这一思潮影响下的产物。

要之，日记这种文体在千余年发展历程中，其功能逐渐由记录社会政治史料转向个人学术或日常生活记录、情志表达，其性质则由可以示人的公共文本转向秘不示人的私人文本。近代作为中国文学的过渡期，同时也是日记文体转变的过渡期，近代日记的内容往往复杂多样，文体功能表达也较丰富。宗源瀚日记中即时性书写与回溯性书写交织，自我文饰与借言标榜相辅，将隐秘的自我书写嵌入谨饬的公共表达中，成为蠡测近代日记文体功能转型的典型个案。

致谢【Acknowledgement】

本文为国家社科基金重大项目"中国近代日记文献叙录、整理与研究"（项目编号18ZDA259）阶段性研究成果。本文受益于《现代传记研究》匿名评审专家提出的修改意见，谨致谢忱！

This paper is the phased research results of the major project of the National Social Science Foundation "description, sorting and research of Chinese modern diary documents" (No.18ZDA259). I am grateful to the editor of Journal of Modern life Writing Studies anonymous reviewers for their suggestions and comments.

注释【Note】

① 有关宁波"劝捐"事件的报道，详见《申报》1879年1月8日，第2060号第2版《宁波派捐》；1879

年1月30日，第2074号第2版《派捐议定》；1879年2月26日，第2097号第2版《催捐馀闻》；1879年3月15日，第2112号第3版《太守加捐》；1879年3月20日，第2116号第2版《劝捐更奇》等。

② 根据诸多文献佐证，《申报》中这篇文章的作者很可能是时任英国驻宁波领事馆文员戈鲲化（1838—1882年），戈在《申报》发表《劝捐说》等文章批评宗源瀚之后，被后者写信给诸多当权大僚，言其诽谤之状。恰好当时美国哈佛大学在中国物色汉语教师，戈氏便携家眷赴美，成为哈佛大学第一位华人教师。详参张宏生编著：《中美文化交流的先驱：戈鲲化的时代、生活与创作》（凤凰出版社，2016年），第20—21页。

引用文献【Works Cited】

《论宁郡匿名揭帖事》，《申报》1878年10月5日：第1版。

["Comment on the Anonymous Report of Ningbo." *Shen Pao* 5 Oct. 1878: 1.]

《论苛求官长之非》，《申报》1880年2月23日：第1版。

["On Criticizing Officials." *Shen Pao* 23 Feb. 1880: 1.]

冯尔康：《清代人物传记史料研究》。天津：天津教育出版社，2005年。

[Feng Erkang. *Research on Historical Materials of Biographies of People in the Qing Dynasty.* Tianjin: Tianjin Education Press, 2005.]

黄彦伟《〈吴宓日记续编〉的"变体"及其意涵探微》，《现代传记研究》2019年第2期，第93—106页。

[Huang Yanwei. "The Stylistic Changes and The Exploration of Its Connotation in the Sequel of Wu Mi's Diary." *Journal of Modern Life Writing Studies* 2 (2019): 93-106.]

李慈铭：《越缦堂日记》第12册。扬州：广陵书社，2004年。

[Li Ciming: *Diary of Yuemantang*, Vol.12. Yangzhou: Guangling Publishing House, 2004.]

廖可斌：《回归生活史和心灵史的古代文学研究》，《文学遗产》2014年第2期，第122—125页。

[Liao Kebin: "Research on Ancient Literature Returning to Life History and Spiritual History." *Literary Heritage* 2 (2014): 122-125.]

鲁迅：《马上日记·豫序》，《鲁迅全集》第3卷《华盖集续编》。北京：人民文学出版社，2005年，第325—327页。

[Lu Xun: "The Preface of Immediate Diary." *Sequel to Huagai Collection, The Complete Works of Lu Xun, Vol.3.* Beijing: People's Literature Publishing House, 2005: 325-327.]

——：《怎么写（夜记之一）》，《鲁迅全集》第4卷《三闲集》。北京：人民文学出版社，2005年，第18—28页。

[—. "How to Write (One of the Night Notes)." *Three Leisure Collections, The Complete Works of Lu Xun, Vol.4.* Beijing: People's Literature Publishing House, 2005: 18-28.]

南帆：《论日记》，《北方文学》1990年第9期，第67—70页。

[Nan Fan: "On Diary." *Northern Literature* 9 (1990): 67-70.]

《宁波府试》，《申报》1880年2月19日：第2版。

["Ningbo Examination." *Shen Pao* 19 Feb. 1880: 2.]

菲力浦·勒热讷：《自传契约》，杨国政译。北京：生活·读书·新知三联书店，2001年。

[Philippe Lejeune. *Autobiographical Contract.* Trans.Yang Guozheng. Beijing: SDX Joint Publishing Company, 2001.]

Prusek, Jaroslav. "Subjectivism and Individualism in Modern Chinese literature." *Archiv Orientální* 25.2 (1957): 261-286.

司马迁：《史记》第8册。北京：中华书局，2014年。

[Sima Qian. *Historical Records*, Vol.8. Beijing: Zhonghua Book Company, 2014.]

Strawson, Galen. "Against Narrativity." *Ratio* 17.4 (2004): 428-452.

Taylor, Charles. *Philosophy and the Human Science: Philosophical Papers Ⅱ* . Cambridge: Cambridge University Press, 1985.

本·雅格达：《伪装的艺术：回忆录小史》，王哲、殷圆圆译。北京：北京联合出版公司，2019年。

[Yagoda, Ben. *The Art of Camouflage: A Brief History of Memoir*. Trans. Wang Zhe and Yin Yuanyuan. Beijing: Beijing United Publishing Company, 2019.]

杨正润：《现代传记学》。南京：南京大学出版社，2009年。

[Yang Zhengrun. *A Modern Poetics of Biography*, Nanjing: Nanjing University Press, 2009.]

郁达夫：《日记文学》，《郁达夫文集》第五卷。广州：花城出版社，1991年，第261—267页。

[Yu Dafu. "Diary Literature." *Collected Works of Yu Dafu*, Vol.5. Guangzhou: Huacheng Publishing House, 1991: 261-267.]

张剑：《中国近代日记文献研究的现状与未来》，《国学学刊》2018年第4期，第121—131页。

[Zhang Jian. "Current Situation and Future of Research on Diary Literature in Modern China." *Sinology Journal* 4 (2018): 121-131.]

张容南：《叙事的自我》。上海：华东师范大学出版社，2020年。

[Zhang Rongnan. *Narrative Self*, Shanghai: East China Normal University Press, 2020.]

赵宪章：《日记的私语言说与解构》，《文艺理论研究》2005年第3期，第85—94页。

[Zhao Xianzhang. "Private Speech and Deconstruction of Diary." *Research On Literary Theory* 3 (2005): 85-94.]

——：《日记的形式诱惑及其第一人称权威》，《江汉论坛》2006年第3期，第69—71页。

[—. "The Formal Temptation of Diary and Its First Person Authority." *Jianghan Forum* 3 (2006): 69-71.]

宗源瀚：《颐情馆诗钞·续钞》，《清代诗文集汇编》第727册。上海：上海古籍出版社，2010年。

[Zong Yuanhan. "Sequel to Poetry Banknotes of Yiqing Pavilion." *Collection of Poems and Essays of the Qing Dynasty*, Vol.727. Shanghai: Shanghai Ancient Books Publishing House, 2010.]

——：《宗源瀚日记》。南京：凤凰出版社，2020年。

[—. *Zong Yuanhan's Diary*. Nanjing: Phoenix Publishing House, 2020.]

辛格日记《在华十三个月》：
多重文化身份的战争叙事

张文钰

内容提要：《在华十三个月》记录了八国联军侵华期间，代表大英帝国出征的印度士兵迦达达尔·辛格在中国十三个月的战争证言。辛格的战争叙事既突出了侵华战争的不义性，对被侵略的中国人民充满同情；但同时又认同西方侵略者的强权逻辑，对侵华战争的合理性有一定认同。这种矛盾心理与复杂情感源自作者在侵华战场这一特殊场域之下的多重文化身份。在被殖民者、拉杰普特人、印度底层士兵和"圣社"教徒等多重身份表征之下，辛格的民族意识与自我认知仍然囿于西方现代性世界观念的二元对立话语体系之内，无法摆脱对西方现代文明进步的路径依赖。

关键词：迦达达尔·辛格 《在华十三个月》 战争叙事 身份政治

作者简介：张文钰，河北师范大学文学院比较文学与世界文学专业博士研究生，河北体育学院外语系讲师，主要从事印度英语文学、中印文学关系研究。邮箱：zwycjc@163.com。

Title: War Narratives with Multiple Cultural Identities in Singh's *Thirteen Months in China*

Abstract: *Thirteen Months in China* records the war testimony of Gadadhar Singh, an Indian soldier who served on behalf of the British Empire in China for thirteen months during the invasion of the Eight-Power Allied Forces. Singh highlights the injustice of the war and shows great sympathy for the invaded Chinese people on the one hand; but on the other hand, he identifies with the power politics logic of the Western invaders and justifies the invasion to some extent. His ambivalent and complex emotions stem from the author's multiple cultural identities in the special battlefield in China as the colonized, the Rajput, the Indian subaltern sepoy and the member of Arya Samaj. His nationalist consciousness and self-perception are still confined to the dichotomous discourse system of the Western conception on modern world, and cannot avoid relying on the progressive path of modern Western civilization.

Keywords: Gadadhar Singh, *Thirteen Months in China*, War Narratives, Identity Politics

Zhang Wenyu is a PhD candidate of the School of Chinese Language and Literature, Hebei Normal University and Lecturer of Foreign Languages Department, Hebei Sport University. **E-mail:** zwycjc@163.com.

　　印度和中国作为有着悠久历史的东方古国，在近代面临着相似的命运，二者都在被殖民被侵略的困境中重新认识世界与自我，认识东西方关系。《在华十三个月》（*Thirteen Months in China*, 1902）从独特的角度给我们提供了见证这一历史进程的珍贵素材。它是20世纪初印度人旅华日记中最重要的作品之一，是"第一本印地语写就的长篇海外记述"（Yang 4），讲述了八国联军侵华期间，加入大英帝国部队出征海外的印度籍士兵迦达达尔·辛格（Gadadhar Singh）在中国十三个月的经历。辛格作为英军孟加拉管区拉杰普特第七军团（7th Rajput Regiment）的一名下士（naik），1900年6月29日随军从加尔各答出发，途经孟加拉湾、马六甲海峡、新加坡、中国香港、威海，1900年7月17日到达天津，之后一路随联军攻打至北京，8月14日由水门攻入紫禁城和外国公使馆，成为首批冲进紫禁城的英军之一。辛格1901年9月离开中国，后于1902年自费出版了《在华十三个月》一书，将此期间他在中国的所见所闻特别是对侵华战争的所感所想充分记录下来。

　　《在华十三个月》的总印数达1 000册，这在当时是不小的数目。不过该书在出版后很长一段时间湮没在茫茫历史之中，无论在印度本土还是在海外都鲜有关注，这与其采用印地语写作不无关系。然而，《在华十三个月》的重要意义却不容忽视。正如安纳德·杨在英译本序言中所说，该书"在很大程度上是一个由底层人（subaltern）书写的文本"，并且"是为底层人和新兴阅读群体准备的"（Yang 9）。这在当时实属罕见。英属印度时期参与过大英帝国对华战争（包括两次鸦片战争和八国联军侵华战争）的印度底层军人成千上万，却很少对他们的军事行动和经历留下如此详尽的叙述。因此，"该书无疑是一个印度基层军人对中国认识的罕见史料。就像法显和玄奘一样，辛格的作品提供了他对异国的理解，特别是他在写作时不仅意识到自己作为一个底层人，而且还意识到自己作为一个印度人在写作"（Sharma 168）。正是由于其身份的特殊性，作者在书中对八国联军侵华动因的看法与当时西方主流的"文明冲突说"完全不同，他提供了一个有别于西方主导的独特视角，"这是一个印度士兵通过中国看印度，再通过印度看中国的记录"（Whewell）。

国内对《在华十三个月》一书关注较早。丁则良曾在1954年2月1日的《光明日报》上发文介绍了辛格的这本日记，文章于1956年被收录进《义和团运动史论丛》当中；著名印度史专家林承节在《中印人民友好关系史》中以"一个觉悟印度士兵的心声"为题简要介绍过此书（51）；郁龙余的《中国学在印度》和尹锡南的《当代印度汉学家的中国历史研究》也对此书有所提及。但目前国内学界还没有针对该书进行过详细分析，也没有从底层叙事、身份政治和跨文化角度对其作进一步阐释与挖掘。基于此，本文尝试从战争书写出发，探究作者以被殖民者、拉杰普特人、印度底层土兵（sepoy）、"圣社（Arya Samaj，又译为'雅利安社'）"教徒等多重身份参与到大英帝国对另一东方国家的侵略战争中时的矛盾心理与复杂情感，并进一步思考被殖民的经验如何影响了印度人对自我与他者、野蛮与文明、民族与世界以及东西方关系的认知。

一、《在华十三个月》中的战争书写

1900年的八国联军侵华战争是当时引起巨大轰动的全球事件，从侵略者一方记录这次战争的以西方传教士、记者、旅人和殖民军官为主，《在华十三个月》是其中少有的以印度底层军人的视角记录整个战争过程的文本。正如其封面上所介绍的，该书旨在向读者提供1900年至1901年侵华战争的"完整亲历者（aankho dekha）"记录。日记分为三章：第一章叙述了作者从加尔各答出发到中国天津的行军旅程；第二章侧重描写战争，战役从大沽开始一直蔓延到首都北京和保定；第三章名为"杂谈"，叙述了中国的地理风貌、宗教法律、风俗习惯、教育体制、饮食文化、建筑园林等，并把印度和中国进行了比较。虽然日记内容庞杂，结构松散，却是作者亲眼看见的战争境况，是亲笔记录下来的战争证言。其中，对战争的书写是整本日记的主体部分，其中既包含对战争场面的描述，也包含作者对交战双方的认识、对侵华战争起因的探究以及对战争这一斗争方式的宏观思考。

辛格对列强侵略战争本质的认识是随着战争的深入而不断变化的。起初，辛格在刚刚踏上侵略中国的旅程时，在思想观念上他认同侵华战争的"正义性"，甚至为自己能成为当时世界最强大的军队——英国远征军的一员而感到自豪。日记在开篇便隆重记叙了英国将军利奇（Edward Pemberton Leach）对印度部队发表的动员演讲，其中说辞具有明显的殖民主义思维，但包括辛格在内的全体印度士兵听过之后爆发了狂热情绪，人群发出了"乌拉""胜利"的欢呼声（Singh 33），这表现出他对英国发动侵略战争的认同。

然而随着不断深入战场，辛格的战争书写逐渐具有反思性，由昂扬自豪转变为对侵略战争残酷性的反思。辛格第一次在天津大沽口乘船登陆时，便被眼前惨烈的战争场面所震惊："据我估计，在从大沽到天津的路上，散落着数百具尸体。狗啃着一些尸体，而其他尸体有的沿河漂浮，有的被冲到岸两旁。几乎所有村庄都被烧毁，没有一个村民。"（48）到处是尸横遍野、破壁残垣的废墟景象。作为八国联军侵华一分子的辛格，看到此景后，对被列强围攻的中国产生了强烈的同情。他指出，"作为亚洲的居民，他们也几乎是同胞。在肤色、传统和文化方面，他们也不相上下。为什么神要给他们带来这种苦难！难道神不想帮助他们吗？看到中国人的困境，一股同情涌上心头"。（48）辛格甚至告诉读者，中国和印度有着相邻而又相近的特殊关系，"中国自古以来就是印度的邻国、宗教伙伴和兄弟"（211）。他对中国的同情，对其所遭受苦难的追问，就是对侵略战争委婉的批判。在这些富于情感的文字中，辛格不再是那个出征时被鼓动起来的战士，而是逐渐拥有了亚洲人、东方人的视角，更深入地去思考和认识这场战争。

辛格强烈谴责了八国联军在中国的种种残暴不义之举，并进行了较为忠实的描述，他称其为"狩猎"（shikar）（39）。这个词在整本日记中多次出现，辛辣地讽刺了八国联军将中国人的身体和财产当作猎物无情掠夺的强盗行径。辛格甚至在日记即将结尾之时，用一整节的篇幅专门记录八国联军种种烧杀抢掠的细节，并将之命名为"战利品和暴行"（292）。

在烧杀抢掠方面，辛格表示包括印度军人在内，没有哪个列强是无辜的。"对于掠夺和暴行，俄国人和法国人名列前茅"（292）；"真正的暴行主要由俄国人和日本人犯下。他们进入村庄，先杀死所有男性，而后是孩子，最后是妇女，妇女在被杀之前还要遭受强奸。在离开的时候，士兵们会放火烧掉整个村庄"（297）；"德国人……的部队曾经组织过饲料党、粮食党和搜寻队来侦察村庄"（298）；甚至连"印度士兵也参与了一些残忍的暴行和屠杀"（296）。还有一次，"一个中国年轻人被七八个外国士兵踢死。在二十码的范围内，他们用沉重的军靴，像踢足球一样把他踢来踢去。每当这个可怜人想站起来时，他就会被踢倒在地上，从这头踢到那头，大约一个半小时，直到他咽气。所有这些球员都是属于文明国家的"（295）。对此，辛格评论道："很难说八国联军当中，谁掠夺得最多最狠。只能说，不管是谁，只要有机会，他就不会放过！"（292）在辛格眼中，列强们是猎人和侵略者，尽管他们是军事胜利的一方，但种种残害、虐待中国百姓的暴行，注定了这场战争的不义性和残酷性，他也因此开始质疑列强们是否有资格自诩为文明的代表。

同时，随着对义和团运动各路消息的广泛收集和对中国认识的不断加深，辛格开始质疑帝国所宣扬的"代表世界文明国家战胜野蛮蒙昧的邪教组织"这类说法（Rawlinson 85-86），并试图分析义和团运动的本质。他指出，西方列强将战争的起因指向义和团运动，但其实义和团运动是对西方文化侵略的反抗，中国人与西方的这种对抗关系应该归因于西方传教士在中国的扩张。这些传教士是"欧洲扩张的先头部队"，扩张速度比起"军事部队毫不逊色，而且越来越快……就像溃疡造成身体疼痛一样"（Singh 117）。这是造成西方传教士与中国百姓及政府之间激烈矛盾的导火索。当中国人看到"自己国家的荣誉被毁、被嘲笑时，他们也受到了影响"（119），于是奋起反抗，这才爆发了义和团运动。在这一理解中，我们看到辛格几乎完全摆脱了西方列强为自己的侵略行径所做的宣传，体现了作为一个东方人对义和团运动所做出的充满正义感的阐释。不仅如此，辛格对侵略战争背后的殖民主义逻辑还有着更深刻的认识和揭示。他指出，列强只不过以义和团运动为借口发动侵华战争，没有这个借口，他们依然可以找到另外的由头侵略中国，这就是他们奉行的"弱者有罪"论："如果我们看一下自然法则，会发现弱者总被认为是有罪的……按照这一说法，将目前的动乱归咎于义和团，对世界各国来说都是聪明的做法。"（119）

但不可否认的是，辛格在同情中国、谴责侵华战争的不义之余，也通过各种方式为自身的侵略行径作开脱和掩饰。首先，辛格在战争书写中竭力寻找印度士兵的忠勇事迹，却有意淡化他们对中国人的杀戮细节。辛格认为派遣印度士兵海外作战是英国女王陛下对印度人的信任，印度士兵完全不输于其他各国士兵，他们甚至在战斗中更能抵抗炎热（90-91）；他还借美国人之口夸赞印度士兵的勇敢、勤劳和忍耐（290-291）；而在描述印度军人的暴行之时，辛格总是有所保留，从不透露细节（296）；对其所在的拉杰普特军团杀害中国人、占领丰台邮政哨所的行径也是遮遮掩掩、一带而过（113）。这实际反映了作者意欲美化印度军人形象、自我脱罪以减轻道德负担的写作目的。

其次，辛格从观念上对弱肉强食的殖民主义思维有很大认同。他崇尚战争、赞美战争，认为"有两件事比所有事情都好：第一是权力，第二是战争"（55），英国和日本之所以强大，是因为他们具有先进的战争知识和军事技能，由此辛格对日本人的战斗精神极为推崇；他也为自己作为拉杰普特人，拥有尚武好战的品格而自豪，"的确，拉杰普特人听到激烈的战争时，热血自然会沸腾起来，变得焦躁不安。如果他们不感到兴奋，那才令人惊讶呢"（43）。同时，他还谴责印度人对战争的无知和短视，"我们（国家）这些知识渊博的人……对军事科学和战争如此无知……他们甚至不羞于显示自己的无知"（44）。辛格的战争观暗含社会达尔文主义思想，这反映出作为被殖民者的特殊一员，他对大英帝国殖民主义意识形态，以及西方现代世界运行法则在某种程度上的认可，这是作为被殖民者对殖民者的认可，受害者对加害者的认可，其中的悲剧意味令人深思。

二、战争书写中的矛盾心理与身份政治

从辛格的战争书写中不难看出，他对侵华战争的态度是复杂而矛盾的：一方面，他为自己的军人身份自豪，为印度得到英国的庇护感到庆幸，并崇拜和赞美西方的强大；另一方面又清醒地认识到自己作为印度底层士兵，与英国白种军人和其他西方列强存在巨大差异，为印度的被殖民处境感到哀婉，并质疑西方列强有关战争动机的伪善与欺骗。这样复杂而矛盾的心理反映出在八国联军侵华战争这一特殊场域下辛格多重身份的显现及作用，涉及种族、阶级、宗教等多个因素。

辛格对战争的积极态度与其民族身份有直接关系。迦达达尔·辛格是拉杰普特人，1869年10月出生在印度坎普尔地区的桑切迪村，父亲是一名军人，1864至1878年在孟加拉第五步兵队服役。他追随父亲的脚步，于1886年入伍拉杰普特第七军团。"拉杰普特之名源于梵语 Raja Putra，意为'王族后裔'。该族自称是起源于吠陀时代的刹帝利英雄……其首领多以充当君主侍卫起家，富于尚武精神，依靠氏族组织结成军事集团、割据称雄。"（周伟洲，王欣 140）拉杰普特人尚武好战，其主导的社会伦理"强调封建的荣誉和英勇"（Rudolph, *Essays on Rajputana* 41）。英国殖民者征服印度之后，拉杰普特军人成为英军孟加拉管区的重要组成部分。到1892年，英军孟加拉管区的16个单种姓团中，第2、4、7、8、11、13和16团完全由拉杰普特人组成（Yang 19）。辛格承袭了拉杰普特人尚武好战的精神并受到殖民主义意识形态的洗礼，因此在日记中赞美战争、崇尚战争也就不足为奇了。

迦达达尔·辛格的底层身份也是其矛盾书写的又一动因。在他的日记中有大量的战争场面书写，这与同时期参加侵华战争并写作日记的拉杰普特贵族阿玛尔·辛格（Amar Singh）有较大差异。阿玛尔·辛格于1900年9月跟随印度焦特普尔长矛骑兵队（Jodhpur Lancers）来到中国，加入英军侵华战争的行列，此时北京已经沦陷。他的日记几乎没有关于战争场面的描写，绝大部分只是印度封建王公与英国军官关于谁该坐哪张餐桌，谁该睡头等舱，军队该受谁管辖等权力问题的纷争，以及作者是如何在两者之间巧妙周旋和谨慎应对的

（Rudolph, *Reversing the Gaze* 107-164）。这与一直在一线战场，花大量篇幅描写战况的普通士兵迦达达尔·辛格毫不相同。与此同时，迦达达尔·辛格的战争书写也与他的上司、当时拉杰普特第七团的英国指挥官亨利·巴瑟斯特·沃恩（H. B. Vaughan）不甚相同。沃恩1902年出版了侵华战争日记——《圣乔治与中国龙》（*St. George and the Chinese Dragon*），书中主要描述了清政府的自不量力和义和团的野蛮蒙昧，强调侵华战争的原因是义和团对"（外国）公使馆的懦弱与无端攻击"，以及"对包括无助妇女和儿童在内的欧洲人的屠杀"（Vaughan 97）。这显然是受到当时英国媒体，特别是《每日邮报》杜撰之影响，与《在华十三个月》对八国联军侵华战争动因的分析也完全不同。与这两部侵华日记相比，辛格日记表现出底层叙事的独特价值。

底层人对于殖民政治和社会观念的影响在20世纪受到学术界的充分关注，在印度出现了庶民研究这一学派。在拉纳吉特·古哈（Ranajit Guha）等代表学者看来，印度的历史学研究长期以来被精英主义主宰，包括英国殖民主义的精英主义和本土民族资产阶级的精英主义。古哈认为，"在整个殖民时期，印度政治存在着另一种与精英政治并行的领域，其中的主角不是本土社会的统治集团或殖民政府，而是由广大的劳动者构成的底层阶级和群体以及城市和乡村的中间阶层，也就是我们所说的人民"（Guha 40）。因此，与拉杰普特贵族阿玛尔·辛格和殖民主义军官亨利·沃恩相比，迦达达尔·辛格所代表的无疑是印度底层人，他只能在封建贵族的精英叙事与英国殖民者的"东方主义"话语夹缝中，通过印地语文本发出"微弱的杂音"。这样的底层人身份是其对同遭侵略的中国人民产生同情，对侵华战争"文明冲突说"产生怀疑，对八国联军在中国的暴行感到羞耻的心理基础。

不能忽略的是，《在华十三个月》所反映出的矛盾心理也与作者的宗教倾向有关。虽然辛格在1902年还没有明确表示自己是"圣社"教徒［他的"圣社"信仰在之后的著作《同情的故事》（*Karuna Kahani*, 1916）一书中才明确表露出来］，但在这本日记里，作者便常以"雅利安人"（Aryan）来代指印度人、以"雅利安之地"（Aryavarta）来代指印度，认为"吠陀"（Vedas）是唯一真正的知识宝库。不难看出，这些观念已经受到当时"圣社"宗教观的影响。"圣社"创始人达耶难陀（Dayanand Saraswati）1877年修订《"圣社"十条行动纲领》（*10 Principles Of Arya Samaj*），提出"回到吠陀去"的口号，并在纲领中主张普及民众教育、发展民族语言、提高妇女地位、破除种姓隔离、改善贱民处境等，以宗教语言表达了反殖民反封建的爱国主义和民族主义情绪（黄心川 475-481）。上述观念在辛格日记中俯拾皆是，与其对社会改革的认知高度一致。比如，辛格认为妇女应走出家庭并接受教育（Singh 306）；应放弃种姓"洁净"观念，与他人分享食物（258-259）；甚至还与美国人讨论印度独立问题（291）。然而，这种明显带有印度民族意识的"圣社"认知，显然与作者大英帝国军人的身份是完全相悖的。这大概也是辛格为什么在日记中不愿明确透露自己的宗教信仰，并在许多地方刻意使用曲笔的原因。

三、"文明使命"下的他者观照与自我认知

在1900年八国联军侵华之时，大英帝国对印度的殖民统治已超过百年，强者征服弱者、文明教化野蛮的意识形态已然渗透到印度人对自我与他者的认知之中。在侵华战争中，辛格在大英帝国的征召下入伍，是一名忠诚的军人，是拉杰普特士兵的典范；但同时他也是被殖民的印度人，是一名底层印度士兵，是拥有民族意识的"圣社"教徒。在多重身份表征之下，中国作为一面镜子，使辛格对他者和自我的认知产生了变化，并开始重新审视所谓"文明"背后的残酷真相。

1757年普拉西战役之后，英国东印度公司（British East India Company）开始了实质上对印度的殖民统治。自18世纪末开始，为了"构建印度要受文明等级更高的英国支配的意识形态"（李士珍 112），英国殖民者开始不遗余力地进行殖民知识生产和话语体系建构，试图把自身塑造成肩负教化使命的文明使者和责任承担者，而把印度塑造成"野蛮的，落后的，充满了奇风异俗的"未开化之地（王春景 106）。进入19世纪，在福音派复兴运动和功利主义意识形态的加持之下，这种话语建构进一步确立了"东方人"形象，即一个弱小的原始民族，由于长期被奴役而不适合建立自治政府，强大的家长制是最适合未开化民族的形式，将西方的语言宗教、思想文化、治理制度和科学技术全

面引入印度是改善其文明水平和人民生活的适当手段（Mann 5-9）。1857年印度民族起义之后，"文明使命"（Civilizing Mission）的话语规训开始更进一步表现出本质主义和种族主义色彩。种族代表着不可改变但可被观察的生物特征，皮肤颜色、头部大小和鼻子形状等都被认为是由遗传决定的。维多利亚时期的英国人相信种族有等级之分，也相信种族特征可以通过遗传代代相传下去（Roy 78）。到了19世纪末，在英印军队里，"尚武民族理论"（Martial Race Theory）成为影响帝国征兵的主要因素。此理论的创始人英国陆军元帅鲍勃·罗伯茨（Bob Roberts，1885年至1893年担任印度总司令）认为，居住在印度西南部的人缺乏勇气，体质较差，次大陆的战斗民族是锡克人、廓尔喀人、多格拉人、拉杰普特人和帕坦人（qtd. in Roy 77-78）。这种极具本质主义倾向的种族主义把人的生物属性与社会属性混为一谈，企图以"文明教化野蛮"的种族优越论为大英帝国对印度的永久殖民奠定理论基础。由此可见，"文明使命说"随着大英帝国对印度殖民的步步深入而不断变化，但其对印度人民的思想规训却一直在发挥作用。

辛格在日记中常以"野蛮人"自居，并调侃印度土兵是"野蛮而粗野（wild, uncouth）"的"黑鬼"（Singh 103），嘲笑印度人"懒惰、沉睡、无知、喜欢争吵、好打官司、不和谐、爱争论、不可信任、迷信自私、傲慢无礼"（171）。他给自己贴的这些标签，也恰恰是殖民统治者为维护"文明使命"的合理性而强加在印度人身上的。辛格内化了帝国所贴的"野蛮"标签，接受了英国人对所谓"文明"生活方式的定义，对印度人的一些"野蛮"行为常常进行反省并感到羞愧。比如，一位受伤的印度土兵宁愿挨饿也不接受白人女士的食物，辛格评论道："如果他能接受女士们手中的食物，不认为那是一种违规或罪恶，那么也许文明世界就不会嘲笑我们，认为我们不文明了。"（104）类似的事情还有，在军营中当欧洲人和日本人都穿着体面地围坐在桌旁，愉快地边用餐边交谈时，印度土兵却独自在厨房里半裸上身做饭，他"到处看以确保没有人碰他的食物"，辛格痛心地指出，"这是我们古老的印度文明！这是印度兵在中国向世界展示的模样……外国人看到了，嘲笑我们，认为我们是野蛮的。"（259）

  辛格虽然认同英国殖民者给印度贴上的"野蛮"标签，但随着侵华战争的推进，作者也逐渐认识到肩负"文明使命"的英国殖民者并不文明，认识到西方媒体在不同立场之下歪曲事实的双重标准。1894—1895年发生中日甲午战争，当时英国报纸"不遗余力地严厉批评日本人……杀死伤员、火烧活战俘的野蛮行径"，并称"没有一个文明的欧洲种族会做出如此兽性的行为"（292）。然而，辛格接着写道，在此次八国联军侵华战场上，那些同样烧杀抢夺的日本人，"那些曾被英国报纸辱骂为野蛮未开化的日本人，现在非但没有被严厉批评，反而得到了热情的赞美"（293）。可见西方媒体笔下所谓"文明"与"野蛮"的分野，其实并无关乎任何道德标准，而只取决于自身的立场和利益。新闻报道也因此完全丧失了客观性和公正性，沦为舆论引流的工具。

  辛格一方面内化了殖民者所贴的"野蛮"标签，接受了英国人对"文明"生活方式的定义，并对西方现代文明世界充满向往；另一方面，在中国的经历也使他开始重新审视西方文明，这些所谓"文明"的军队以无比野蛮的方式抢劫、掠夺，以猎杀平民为乐，辛格开始质疑其是否有资格获得文明的衣钵。这种对"文明"的向往和对"文明"的反思，成为印度像辛格一样的有识之士民族意识觉醒的开端。在他们眼中，中国与西方都是印度的"他者"。只不过当向西方参照学习时，西方是"同一性的他者"，中国是"差异性的他者"；当与中国同病相怜时，中国是"同一性的他者"，西方则是"差异性的他者"（周宁 90-91）。

  辛格的民族意识正是在与"他者"的想象性关联中建立起来的，这种想象性关联也是印度人争取民族独立、确证自我现代性身份的策略与抓手。透过中国之镜，辛格看到了被西方列强殖民侵略的印度与中国具有同样的受难者地位，这一"自我东方化"的做法加速了其民族意识的觉醒；而透过西方之镜，辛格也认识到自身与白种军人的巨大差异，认识到英属印度被宰制与被压迫的地位永不会变，认识到印度民族独立和民族复兴的必要性与紧迫性。

  需要指出的是，辛格的民族意识具有历史局限性，他对西方所建立的现代文明进步特质的认同是影响其自我认知的主要障碍。肇始于19世纪的印度民族主义思想本身成形于，且包含于东方学话语体系之内。民族主义者与自身和与他者的关系一直是被他者，即被一种客观的科学意识，被普遍知识、普遍理性"摆布、理解、定义和扮演的"（Chatterjee 36）。在1900年大英帝国如此强盛的全球格局之下，辛格虽然从侵华战争的经历中认识到"文明使命"的欺骗性，但还是从思想上认同了"弱者有罪"的强权逻辑，认同了帝国所建立起的一整套服务于殖民统治的话语体系对"文明"和"野蛮"的定义，认同了弱/强、东方/西方、野蛮/文明这一基于西方现代性世界观念的二元对立话语框架体系。他可能没有意识到，"作为殖民地的印度缺乏现代性，与印度文明中任何本质性文化缺陷无关"，"亚洲文明中也没有任何有机或本质的东西使之停滞与无力"，而正是"因为外国统治势力一直妨碍着现代性力量的增长，印度社会才发现自己不可能发展"（Chatterjee 137）。因此，一味敦促中印像日本一样全面学习西方并不是其走向强大的必由之路，而更为重要和根本的，是在思维起点上摆脱东方主义话语体系的窠臼，摆脱殖民宗主国在思想上、道德上和文化上的隐形控制，进而摆脱对西方现代文明进步的路径依赖。

结　语

八国联军侵华已经过去一百二十多年，二战后以大英帝国为首的西方殖民体系早已分崩离析，然而后殖民时期的印度仍然存在诸多前殖民地时期的行事做派，前宗主国的心理影响难以根除。《在华十三个月》通过参加侵华战争印度底层军人的独特视角，以加害者与受害者的双重身份，展现了印度人对中国及西方国家的矛盾心理与悖论情感，为我们探索印度民族心理、研究印度对中国及世界的认知提供了历史文化依据。此外，对于庚子事变的研究，西方长期以来利用"文明冲突说"美化战争动机，通过炮制和大肆宣传"黄祸"恐慌来淡化八国联军对华造成的巨大伤痛。因此，挖掘侵略者视角下有别于西方主流叙事话语的史料，对深化八国联军侵华战争的历史认识，打破西方舆论操控与话语霸权具有现实意义。

致谢【Acknowledgement】

本文受益于王春景教授及《现代传记研究》编辑与匿名评审人提出的宝贵修改意见，作者谨致谢忱！

I am grateful to Prof. WANG Chunjing and the editors of *Journal of Modern Life Writing Studies* and anonymous reviewers for their suggestions and comments.

引用文献【Works Cited】

Chatterjee, Partha. *Nationalist Thought and The Colonial World: A Derivative Discourse*. London: Zed Books, 1993.

Guha, Ranajit. "Preface" and "Some Aspects of the Historiography of Colonial India." *Subaltern Studies v.1*. Ed. Ranajit Guha. Delhi: Oxford UP, 1982. 35–44.

黄心川：《印度哲学通史》。郑州：大象出版社，2014年。

[Huang, Xinchuan. *A History of Indian Philosophy*. Zhengzhou: Elephant Press, 2014.]

李士珍：《沃伦·黑斯廷斯与英国在印度的殖民知识生产》，《世界历史》2017年第6期，第112—125页。

[Li, Shizhen. "The Colonial Knowledge Production in British India Propelled by Warren Hastings. " *World History* 6 (2017): 112–125.]

林承节：《中印人民友好关系史》。北京：北京大学出版社，1993年。

[Lin, Chengjie. *History of Friendship between Indian and Chinese People*. Beijing: Peking University Press, 1993.]

Mann, Michael. "'Torchbearers upon the Path of Progress': Britain's Ideology of a Moral and Material Progress in India, An Introductory Essay." *Colonialism as Civilizing Mission: Cultural Ideology in British India*. Ed. Harald Fischer-Tine and Michael Mann. Wimbledon: Anthem, 2004. 1–26.

Rawlinson, H. G. *The History of the 3rd Battalion 7th Rajput Regiment*. London: Oxford UP, 1941.

Roy, Kaushik. *The Army in British India: From Colonial Warfare to Total War 1857–1947*. London: Bloomsbury, 2013.

Rudolph, Susann Hoeber, and Lloyd I. Rudolph. *Essays on Rajputana: Reflections on History, Culture and Administration*. New Delhi: Concept, 1984.

—. *Reversing the Gaze: Amar Singh's Diary, A Colonial Subject's Narrative of Imperial India*. Boulder: Westview, 2002.

Sharma, Anita. "Book Reviews of *Thirteen Months in China*." *Indian Historical Review* 1 (2018): 168–172.

Singh, Thakur Gadadhar. *Thirteen Months in China*. Tans. Anand A. Yang, Kamal Sheel and Ranjana Sheel. New Delhi: Oxford UP, 2017.

Vaughan, H.B. *St. George and the Chinese Dragon*. Dartford: Alexius, 2000. (The original text by Vaughan was published by C. Arthur Pearson Ltd., London in 1902.)

王春景：《奇异印度的生成——以20世纪上半叶中国报刊印度题材书写为中心的考察》，《南亚东南亚研究》2020年第4期，第94—107页。

[Wang, Chunjing. "The Creation of Bizarre India: An Investigation of Writings about India in Chinese Newspapers in the First Half of the 20th Century. " *South and Southeast Asian Studies* 4 (2020): 94–107.]

Whewell, Emily. "Review of *Thirteen Months in China: A Subaltern Indian and the Colonial World*." *H-Asia, H-Net Reviews*. Sept. 2019. Web. 12 Oct. 2021. <http://www.h-net.org/reviews/showrev.php?id=53231>

Yang, Anand A. "Introduction." *Thirteen Months in China*. By Thakur Gadadhar Singh. New Delhi: Oxford UP, 2017. 1–32.

周宁：《"我们的遥远的近邻"——印度的中国形象》，《天津社会科学》2010年第1期，第88—101页。

[Zhou, Ning. "Our Distant Neighbor: China's Image of India." *Tianjin Social Sciences* 1 (2010): 88–101.]

周伟洲、王欣：《丝绸之路辞典》。西安：陕西人民出版社，2018年。

[Zhou, Weizhou and Wang Xin. *Encyclopedia of the Silk Road*. Xi'an: Shanxi People's Publishing House, 2018.]

近代中文报刊所载西方人物传记之考察

赵美园

内容提要：19世纪初，传教士创办了近代最早的中文报刊，此后报刊逐渐发展成为晚清译介西学的重要平台。对早期中文报刊上刊载的西方人物传记的考察是当前传记翻译领域的研究空白。从各个刊物发表的相关传文来看，传教士的初创之刊《察世俗》与《东西洋考》对西方人物的介绍带有浓重直白的传道取向，日臻成熟的《遐迩贯珍》与《六合丛谈》引介各类雄贤以树立美好的西方形象，鼎盛时期的《万国公报》与《中西闻见录》配合洋务思潮介绍政哲科技人物，为学习西方鼓呼，而到国人自办的《时务报》《新民丛报》，译传已呈潮起之势，对西方人物的引进更体现出自取所需、维新救国的特点。

关键词：近代中文报刊　西方人物传记　译传

作者简介：赵美园，北京大学外国语学院英语系博士研究生，主要研究传记翻译与传播。邮箱：zhaomeiyuan@pku.edu.cn。

Title: An Investigation of the Western Biographies Published in the Modern Chinese Press

Abstract: In the early 19th century, Western missionaries founded the first modern Chinese periodical. Since then, the modern Chinese press had gradually developed into an important platform for enhancing Western learning in the late Qing Dynasty. The investigation of Western biographies published in the early Chinese press is a gap unfilled yet for the research of biographical translation. *Chinese Monthly Magazine* and *Eastern Western Monthly Magazine*, the two earliest missionary press, published articles on Western figures with a very strong religious orientation. *Chinese Serial* and *Shanghai Serial* then introduced many Western saints and heroes in order to build a glorious image of the West for the Chinese people to admire. In line with the Westernization Movement, *Chinese Globe Magazine* and *The Peking Magazine* mainly introduced political, philosophical and technological figures, encouraging a campaign for learning from the West. When it came to *The Chinese Progress, Xinmin Congbao* and other periodicals founded by Chinese intellectuals themselves, high tides of translating Western biography were brought forth and the introduction of Western models was more self-reliant for the cause of national salvation.

Keywords: modern Chinese press, Western biographies, biography translation

Zhao Meiyuan is a PhD candidate in the English Department, School of Foreign Languages, Peking University. Her research concerns the translation and communication of biographies. **E-mail:** zhaomeiyuan@pku.edu.cn.

晚清时期，我国介绍和引进西方人物传记渐成潮流，其路径大抵有二：一是许多传教士为了在中国传教而努力介绍西方人物楷模，使中国人增进对西方的了解和崇拜，从而为传教铺路；二是一些先进的中国知识分子受国势长衰的刺激，产生了对西方优秀人物的兴趣，从而进行主动了解和译介的实践。在19世纪的中国，随着列强侵略不断加剧，传教活动不断扩大，西方传教士开始以传教为目的介绍和宣传西方人物，而且尤以报刊①为一个重要的媒介平台，并逐步影响到中国知识分子自办报刊和关注西洋传记。1896年梁启超在《时务报》上发表文章《论报馆有益于国事》，论述报刊的重要性："去塞求通，厥道非一，而报馆其导端也。"（1）报刊兴盛，则信息通达，于国事大有裨益。晚清时期，西方传记与科学、政治等其他新学一道，以报刊为阵地在中国传播，于开拓新知，启发民智，功用不可谓不重。

中国近代报刊业的发展始自西方传教士创办的中文报刊。1815年诞生了中国近代第一份中文刊物《察世俗每月统纪传》，此后传教士在华办报事业渐成气候，一些报刊逐步弱化了宗教取向，在引领知识传播和思潮导流方面，发挥了积极的社会作用。从《察世俗每月统纪传》开始，就有西方人物传记作品陆续通过报刊传入中文语境。可以说，在近代中文报刊诞生之初，西方传记便未曾缺席——西方传记是与近代报刊一道在汉语文化里落地生根并发展壮大的。早期中文报刊上登载了不少引介西方人物的文章，开启了西方传记进入中国的大门，是中国传记翻译研究的珍贵史料。目前，学界对这些传记文章尚未进行过集中考察，我国中文报刊最早介绍了哪些西方传记，其引进与传播又呈现怎样的流变趋势呢？

一、为传教而传人：《察世俗》与《东西洋考》

19世纪初，西方传教士在中文报刊上撰文介绍西方历史名人，这形成了中国近代报刊对西方传记最早的引进。《察世俗每月统记传》（*Chinese Monthly Magazine*，以下简称《察世俗》）是伦敦传教会传教士米怜（William Milne）于1815年在马六甲创办的一份宗教性质的中文报刊，每月发行。该刊虽然创办于境外，却以中国人为目标读者，所以被视为"中国近代化报刊的肇始"（赵晓兰、吴潮 38）。《察世俗》以宣传基督教神理为主要目的，也兼传播科学道理和人文知识，曾最早刊登过西人传记。嘉庆庚辰年（1820年）第36帙发表的《法兰西国作变复平略传》一文虽以法国大革命为题，实际就是拿破仑的传记，讲述了拿破仑崛起与称帝、失败与复辟的过程，包括最后遭遇滑铁卢而被流放海岛的结局。文末还将拿破仑与中国人物作比照，辩证品评一代枭雄的历史作用："有人看破拿霸地实比得三国之曹操，为甚有才无德之人。又云：天用之，为罚淫恶世界，此样看来，颇似是也。"（《法兰西国作变复平略传》5）文章虽然将拿破仑和法国大革命视为谋逆作乱之人事，但是认为这样的叛乱起到了惩治庸君、促进社会发展的作用，"倘人无逆无贼，及似此不法之事，则任人自意见而拜神天也。此数件算因祸致福也"（5）。此中之客观立场和辩证史观是评判历史人物时难能可贵的，在尚处封建统治之下的中国知识界颇显其先进性。《察世俗》所刊文章均不署名作者或译者，只在期刊封面署"博爱者纂"，多数文章应是报刊主笔米怜所写，但崔文东指出这篇文章出自英国传教士马礼逊（Robert Morrison）之手（25）。根据笔者迄今为止的考察，《法兰西国作变复平略传》是在近代中文报刊上发表的系统介绍西方人物生平经历的第一篇文章。

晚于《察世俗》问世的《东西洋考每月统记传》乃近代报刊在中国境内创

刊之首家。《东西洋考每月统记传》（*Eastern Western Monthly Magazine*，以下简称《东西洋考》）由德国传教士郭实腊（Karl Friedrich August Gützlaff）于1833年在广州创办，每月发行，1838年停刊。1833—1835年间，该刊每卷卷首署"爱汉者纂"（"爱汉者"乃郭实腊笔名），此后各期均未署名。《东西洋考》也曾登载多篇西方历史人物传，其中也尤以对拿破仑的介绍为突出。1837年道光丁酉八月号刊载的《霸王》讲述了拿破仑从崭露头角，到与欧洲各国征战，建立霸业，直至战败流放的经过，还赞他为霸中之魁，堪比中国的秦始皇和忽必烈。丁酉十月号、十一月号、十二月号连载的《拿破戾翁》更详细地叙述了拿破仑的人生传奇，评价道："若论其行藏，可谓出类拔萃，而高超乎众。盖彼实锺山川之英气，而为特异之人也。"（304上）除了拿破仑，《东西洋考》也介绍了其他西方人物。1838年道光戊戌正月号的《华盛顿言行最略》是华盛顿的传记，系统介绍了华盛顿的功勋和地位。同年二月号的《马理王后略说》简略叙述了苏格兰女王玛丽一世执掌苏格兰，与伊丽莎白一世进行政教权力争斗的经过。整体来看，《东西洋考》比《察世俗》稍微弱化了些宗教色彩，但介绍人物生平的落脚点仍然带有很强的传播基督教义的目的，例如称拿破仑攻打俄罗斯时遭遇的严寒灾害为上帝所降，称华盛顿全赖上帝之庥而成大事，称玛丽一世所信奉的天主教为异端邪教等。

19世纪初，西方传教士在华传教活动受阻甚多，著译书刊受限，印发过的西人传记仅见寥寥数篇。鸦片战争之后，随着中国一些通商口岸的开放，传教士在不平等条约的庇护下，开始越来越多地实施传教和介绍西方知识的活动。西学以一定规模输入中国是在鸦片战争之后（夏晓虹，《序言》1），而作为西学之一隅的西方传记较多译入中国要到19世纪中后期了。

二、西方有雄贤：《遐迩贯珍》与《六合丛谈》

鸦片战争后最早为人瞩目的中文报刊是《遐迩贯珍》（卓南生67）。《遐迩贯珍》（*Chinese Serial*）由英国传教士麦都思（W. H. Medhurst）于1853年在香港创办，基本每月发行一次。内容上除了宣传基督教教义，还用大量篇幅介绍西方政治制度与社会风俗，并刊登过数篇西方卓越人物的介绍。1855年第4期的《少年华盛顿行略》讲述了华盛顿年少时斫树认错的故事，借少年华盛顿的故事启发中国儿童的心智。1855年第5期的《佛郎西国烈女若晏记略》讲述英法百年战争期间贞德独当一面，领兵救国，歌颂了巾帼不让须眉的英雄气概。1855年第8期转载英国传教士艾约瑟（Joseph Edkins）所著《中西通书》中的《马礼逊传》一文，讲述马礼逊赴中国传教，勤习中文以翻译《圣经》和编撰《华英字典》的经过，并示此刊秉承马礼逊在华开拓基督教传播事业之遗志。1855年第11期刊登的《马可顿流西西罗纪略》是古罗马哲人西塞罗的传记，西塞罗颇善格物言辞律法之学，以雄辩称誉古罗马，文章赞颂他"赤心为国，意念宽宏，言词灵敏"，故"今之为仕者皆法其言论焉"（32）。据笔者所见，"马可顿流西西罗"是西塞罗最早的汉语译名。这些传记文章虽然没有脱离播道的目的，但已越发倾重于传播西方人文知识，期望以华盛顿、贞德、西塞罗等德才兼备的西方人物典范，改变中国人鄙视外族为蛮夷的刻板印象。

继《遐迩贯珍》之后的《六合丛谈》（*Shanghai Serial*）是由英国传教士伟烈亚力（Alexander Wylie）于1857年在上海创办的，系属墨海书馆，每月刊发，是上海第一家中文报刊。《六合丛谈》曾先后发表了艾约瑟的多篇传记短文。艾约瑟为了宣扬西方古典学知识，在该杂志的"西学说"专栏介绍了许多古希腊罗马的文学家、史学家和哲学家，这些传记文章包括《希腊诗人略说》《罗马诗人略说》《基改罗传》《百拉多传》《土居提代传》《和马传》《黑陆独都传》《伯里尼传》等。

1857年第3期的《希腊诗人略说》介绍了希腊诗人荷马、海修达、萨福、品达和阿那克里翁的作品及特点，论述了希腊戏剧的起源，并介绍了悲剧作家埃斯库罗斯、索福克勒斯和欧里庇得斯，喜剧作家阿里斯多芬和米南德，评析了他们各自擅长的文学风格。同年第4期的《罗马诗人略说》介绍了罗马戏剧家恩纽斯、普劳徒斯和凯基里乌斯，文学家加图和瓦罗，史学家李维，评点了写作哲理长诗的卢克莱修，写作短诗且诗作感染力极强的贺拉斯，并推维吉尔为拉丁语诗歌之圣。同年第8期刊登的《基改罗传》是西塞罗的传记，概述西塞罗的生平经历，总结其著书成就，赞其论性理论辩驳，为罗马第一名家。

同年第11期刊登的《百拉多传》陈述柏拉图从师、研习、游历和讲学的经过，介绍其哲学思想，以其为性理学说之宗。第12期的《土居提代传》介绍了希腊史学家修昔底德的生平、行迹和撰史贡献。修昔底德的代表成就是将雅典与斯巴达的战事撰成史记作品《伯罗奔尼撒战争史》。文章认为该书所载史事考据甚详，笔法谨严，且言简意赅，明通易感，故可贵而垂远。同一期还刊登了《和马传》，探讨荷马可能的出生时间和地点，详细介绍了荷马史诗的基本构成，并对比《伊利亚特》和《奥德赛》二诗的叙事特征和文笔风格，以尝试判断荷马史诗的作者身份。1858年第2期刊载的《黑陆独都传》和《伯里尼传》分别是古希腊史学家希罗多德和古罗马博物学家普林尼的传记。希罗多德开启了用纪事体而非诗谣记录兵战大事的传统，传文赞其史著忠实客观，褒贬甚公，"大有裨于舆地之学"（艾约瑟 752）。普林尼少时在罗马、日耳曼等地辗转研学、勤勉著书，其代表作《格物志》（今多称《博物志》）既博且详，被广泛翻译为泰西各国方言。对这些西方古典人物的介绍呈现了文治昌明、学才辈出的古希腊罗马。

纵览以上数篇传记文章，可以发现艾约瑟十分注重中西文学文化的对照比较，例如，在《罗马诗人略说》中将维吉尔与中国的李杜类比，在《和马传》中介绍荷马史诗的音步特点，将声步长短与中国的平仄类比，在《黑陆独德传》中将埃及祭司比作中国高僧，将尼弥西女神比作中国的观音，如此以中国为参照来介绍西方人物，可以方便中国读者理解和认识西方，也体现出译作者的中西比较思维。艾约瑟通过这些零散的、片段性的描述，力图展现一个"足以与中国汉唐相媲美的异域世界"（陈德正、胡其柱 128），使晚清中国人得以了解古代希腊罗马的代表性人物，从而认可、亲近和追随西洋文明。

《六合丛谈》上也有西人传记出自华人之手。例如，清代文学家蒋敦复在19世纪50年代曾协助墨海书馆翻译西书，《六合丛谈》1857年第2期发表的《海外异人传：该撒》便是蒋敦复所作。文章讲述恺撒作为独裁官掌握罗马大权之后平复叛乱，施政利民，最后被元老院成员刺杀而亡的经过，称赞恺撒是泰西帝号始祖，与秦王嬴政类似，还发出"天生异人，固不以中外限"（蒋敦复 8）的慨叹，强调西方与中国一样拥有英雄人物。1857年第12期《卦德明先生行略》是华人教徒路得为缅怀新近去世的美国传教士卦德明（John Winn Quarterman）而为他所作的传记。文章总结了卦德明在宁波传教十一年间，教习天文地理格致知识，作旧约史记问答、圣经图记等传教事迹。

此外，《六合丛谈》还发表了两篇没有署名的传记文章。一篇是1857年第4期的《麦都思行略》，当时正值麦都思去世（1857年1月）不久，《六合丛谈》刊文以表缅怀。文章详细回顾并全面肯定了麦都思在东方著书传教的经历，称赞麦都思为赴东方传教士之巨擘、东方之益人。另一篇是1857年第8期刊载的《波士敦义妇记》，讲述波士顿一妇人航海救夫的英勇事迹——在担任船长的丈夫生病时，她悉心事夫，力主船事，为勇且德。文中只提到丈夫名为"拔敦"，然"义妇"是谁，读者未尝可知。据笔者查索，此"波士敦义妇"乃美国首位指挥商船的女性玛丽·帕滕（Mary Ann Brown Patten）。1856年7月1日，玛丽随丈夫约书亚·帕滕（Joshua Patten）驾驶商船"海神座驾（Neptune's Car）"号从纽约驶往旧金山，途中丈夫患肺结核病倒，玛丽遂挺身而出，勇担重任，最终成功将船驶入旧金山港口（Baker）。当时的《纽约先驱报》（*New York Herald*）、《纽约每日论坛报》（*New York Daily Tribune*）等多家报纸都对这一事件进行了报道。据此推测，《波士敦义妇记》的译出很可能源自当时的域外报闻。

《六合丛谈》在刊印模式、内容设定和发行渠道等方面借鉴《遐迩贯珍》颇多，宣扬西方文明的优越性与传播基督教义两者并举，力图通过古希腊罗马的史哲先贤、博学多识的传教士、忠贞勇敢的西洋妇女等人物形象，鼓励中国人了解和学习西方。不过，《遐迩贯珍》和《六合丛谈》的主要读者和赞助者，主要为居住在香港、广州、上海等地的英美人士，中国人较少（卓南生 89）。早期报刊的传播影响有待扩大。

三、习洋人之务：《万国公报》与《中西闻见录》

19世纪六七十年代，清政府发起洋务运动，随着洋务势头逐渐发展强劲，近代报业也迎来了新的发展，为学习西方鼓呼（路鹏程 24），传教士办报撰文的数量和质量进一步提升。为了配合宣传西方政治制度和科学技术，《万国公报》和《中西闻见录》都刊载过一些西方人物传记。另有外商所办《瀛寰琐记》上的个别传记文章值得关注。

《万国公报》（*Chinese Globe Magazine*）由美国传教士林乐知（Young John Allen）主编，1868年在上海创刊，原名《教会新报》（*Church News*），1874年更名为《万国公报》，早期是宗教性质的刊物，后逐渐演变为以刊登政治时事和西学新知为主的综合性刊物，呼应正值高潮的洋务运动。《万国公报》主要介绍欧美政治制度和民主思想，极力宣扬西方价值观念（谢放、谢尚芸 214），也刊载一些西方古典哲学家和政治家的传记文章。例如韦廉臣（Alexander Williamson）在1877年第451—452期发表了《希利尼原流备考》，第455—458期发表了《续希利尼原流备考》，这几期文章主要介绍希腊古圣前贤之事，包括哲学家恩培多克勒及其哲学见解，苏格拉底、柏拉图和亚里士多德的成就与师承，而在1877年第453期发表的《希利尼贤哲纪略》和第454期发表的《续希利尼贤哲纪略》主要介绍了犬儒学派代表安提斯泰尼，以及受教于安的第欧根尼等人物。除了介绍哲学家，韦廉臣提出"德礼固作人之雅化而政刑亦驭世之良模"（2），在1877年第459—460期发表的《续希利尼律例备考》中介绍希腊政治家来库古、德拉古和梭伦等立法施政的功绩。此外，《万国公报》还发表了艾约瑟的《希腊性理纪略》（载1880年第598期）一文，介绍泰勒斯、伊壁鸠鲁等古希腊哲学家及其性理学说。《万国公报》借助这类传记文章，宣传西方民主思想。

与《万国公报》不同，创刊稍晚的《中西闻见录》（*The Peking Magazine*）主要介绍西方科技。《中西闻见录》是北京首家中文报刊，由美国传教士丁韪良（William Alexander Parsons Martin）和艾约瑟等人主编，1872年创刊，每月一期。作为洋务运动时期重要的科技刊物，《中西闻见录》刊发的西方传记也以科技人物为主。例如，1872年第4期刊载艾约瑟的《亚尔奇默德传》，讲述阿基米德鉴定王冠、发明螺旋式水车、发明作战兵器抵御罗马敌军等故事，总结了他在数学和天文学领域的理论成就，并与中国学者的理论相比较，还批评了清人阮元所著《畴人传》②第四十三卷阿基米德传的叙述太过简略、年代混乱等。1873年第10期刊载艾约瑟的《古格传》，讲述英国航海家古格（James Cook）在英王授意下探索南极洲、北冰洋等地的经过。1875年第32期刊载艾约瑟的《亚里斯多得里传》，讲述亚里士多德如何师从柏拉图，教授亚历山大大帝，并详细介绍他的著述成就。另外，《中西闻见录》1874年第21期还刊载过丁韪良的一篇《英国近事：才女列传》，记述了一位未知姓名的英国妇人的生平略传，她从小勤勉苦思，成为西方天文学巨擘，堪为女学规范。据笔者考察，这位女传主是19世纪苏格兰女科学家玛丽·萨默维尔（Mary Somerville），她主要研究数学和天文学，曾将法国天文家拉普拉斯（Pierre Laplace）的天体力学著作从法语翻译成英语。这篇传文系萨默维尔其人其事介绍到我国之首次。但是，与《波士敦义妇记》中的航海女英雄玛丽·帕滕一样，由于传文未详女主人公的姓名，即使引介较早，她们的名字和事迹后续都未能在中文语境里进一步传播。

其时，文艺刊物《瀛寰琐纪》上也有个别"西方传记"值得注意。1872年，《瀛寰琐纪》由上海申报馆发行，曾设立人物传记栏目，但刊载文章大多为本土烈女孝子传、江浙沪寒士学子传、诸皇后外传等。有两篇讲述海外人物的传文很耐人寻味：1872年第2期的《阿儿传》讲述海外名妓阿芙蓉为粤贾携至中国，时人皆为伊痴狂以致倾家荡产；1874年第21期的《淡巴菰传》讲述吕宋人淡巴菰在海外不得志，来到中国后足迹遍天下，人人相交欢，竟致人惑溺，诱发了众多倾家杀身之事。这两篇文章看似介绍海外奇人奇事，其实，阿氏和淡氏并非确有其人。"阿芙蓉"是鸦片的别称，③"淡巴菰"则是"tabaco"的音译，两篇文章实际是以虚构传记的方式，批判西洋毒物鸦片和烟草被引入中国后所造成的巨大社会危害。④二物被人格化地运用于文学创作，借助虚拟的"西人传记"，针砭时弊，发挥世俗文艺的教化作用，这不失为对传记的一种寓言性的创用。

西方人所办中文报刊在19世纪后期趋于鼎盛，从最初的宗教宣传册发展为弘扬新知、博文益趣的综合性刊物。《万国公报》和《中西闻见录》以洋务运动为背景，刊载传记文章，引介西方政哲先贤和格物名家，鼓吹习洋人之务，与此前中文报刊上的西人传记相比，传文篇幅更长，介绍更加翔实，而且往往夹叙夹议，文辞精良。《万国公报》是近代传教士报刊发展的最高峰（余亚莉 70），其传播影响的进一步提升促使一些中国知识分子逐渐萌生了办报的想法，并为其提供思路模式的借鉴，启迪广兴报闻、吁求变革的探索，为19世纪90年代后期中国的报业生态和中文译传的潮流奠定了基础。

四、自办报刊与译传潮起

近代报刊传入中国及至此时，大多数是由西方人创办或主编的。19世纪后期，中国民族危机日益加重，促使国人力争自主办报译书，以打破西人办报措辞径庭、"详于中而略于外"（王韬 4）等缺点。中国人自办报刊逐渐崭露头角，也对西方传记有所注意，其刊载之传文与变法改革等社会思潮相配合，为国家发展探索提供启发。

甲午战败刺激中国本土有识之士开始主动改革传统，维新派知识分子最先在报刊上登载译传。1896年，汪康年、梁启超等人在上海创办《时务报》，该报从第1期到第11期连载了《华盛顿传》，系出黎汝谦和蔡国昭于1886年合译出版的华盛顿·欧文（Washington Irving）所著《华盛顿全传》（*The Life of George Washington*）。黎、蔡之译文体量庞大，比此前以中文介绍的华盛顿传记更为丰富详细。据笔者目力所及，该部译作是我国最早从英语翻译的专门介绍西方人物的单行本传记。时务报馆在进行连载之后，还排印重版了《华盛顿传》的单行本（熊月之 90），对中国人了解华盛顿事迹和美国开国史略颇有助益。

中国知识分子对西方人物的自主选译是与国家发展诉求合流的。19世纪末，康有为曾编译多部外国变政考，以为清廷提供由弱至强的改革范例。1898年，康有为将编译的《俄彼得变政记》上呈光绪帝，这同时也是一部讲述彼得一世主导西化改革过程的传记作品。康有为在上书的奏折里，陈述译书始末："搜采彼得变政之事，苦中国群书，皆罕译出。刻意考求，始获彼得本传，即为译出。旁搜记乘，稍加损益，于是彼得行事，粗见本末矣。"（8）康有为苦心编译彼得本传便是为了劝励清廷择法俄国，以善吾国之治。

有一些西人传记中可能出现误译，尽管如此，译传的价值仍不容小觑。例如，近代诗人蒋智由（字观云）主编的《选报》于1902年第18期刊登了《批茶女士传（友人译寄观云润稿）》一文，介绍美国女作家批茶女士（斯托夫人）通过文学创作助力解放黑奴之事。译文里没有提及译者（推测可能是在文章倒数第二段以"扶弱子"之名进行评论者），而文字经由蒋智由润色加工，其底本也难以确定。夏晓虹据当时之翻译气候考证，推定该篇应译自日文（《晚清女性》179）。她同时指出，译文在叙述中以《五月花》冒替《黑奴吁天录》一书的内容及成就，系出讹误（185）。不过，《批茶女士传》产生了相当广泛且积极的影响，在《选报》刊出后不久即被《新民丛报》和《女报》等转载，1904年被列入杨千里编著的《女子新读本》作为历史教本化育女学，使批茶女士和"五月花"融洽于晚清女界和女性议题（金正秀 105）。

20世纪初，彻底引发中文译传潮流的是梁启超。为了探求救国之路，梁启超编译并撰写了一系列外国英雄史传作品，主要包括《匈牙利爱国者噶苏士传》《意大利建国三杰传》和《近世第一女杰罗兰夫人传》等，其正文多以日文著作为蓝本。《匈牙利爱国者噶苏士传》是匈牙利独立革命者科苏特（Lajos Kossuth）的传记，自1902年3月24日起在《新民丛报》第4号至第6、7号连载，是梁启超最早发表的西洋史传。其发端和结尾部分由梁启超本人创作，正文译自石川安次郎的《路易·噶苏士》一文（松尾洋二 227）。《意大利建国三杰传》讲述意大利统一运动的三位杰出人物——玛志尼（Giuseppe Mazzini）、加里波的（Giuseppe Garibaldi）和加富尔（Camillo Benso Cavour），于1902年6月至12月连载于《新民丛报》，大部分取材自平田久的译著《伊太利建国三杰》和松村介石的文章《嘉米禄·加富尔》（231–232）。讲述法国政治家罗兰夫人（Madame Roland）的《近世第一女杰罗兰夫人传》插入《意大利建国三杰传》的连载，在《新民丛报》第17、18号上刊登，基本编译自德富芦花所编《世界古今名妇鉴》的第一章"法国革命之花"（241）。彼时日本史传文学正当勃兴，在日流亡的梁启超借助其主编的《新民丛报》，读解、译写、宣传西方人物，这深刻影响了其政治思想和创作思路，后来的传作如《中国殖民八大伟人传》等从题目到内容都受到翻译传记的影响。传记作为一种非虚构文学，以真实性获得影响力，比小说等其他文类更易为民族英雄立身扬名，适宜进行奋力救国的意识形态宣传。梁启超的史传编译虽然并非我国译介外国传记作品的发端，却启动了西方传记流砥中学统界的阀门，自此颇具势力。他编译的西方传记为中国带来了具有现代意义的传记文学（唐欣玉 108），在晚清广泛流行。

如果说，19世纪中文报刊上零散出现的西方传记是中国传史长河里偶然翻起的几朵彩异浪花，那么进入20世纪的西传译介便是以奔流之态冲融聚汇的文化激潮。以近代中文报刊为阵地，西方人物传记在中国经历了从依附传教引入到慕强效优而求的发展变化。对西方传记的引介是晚清西学东渐大潮的一脉。从初创的传教士报刊，到后起而兴的国人自办报刊，对西方传记的介绍愈来愈切近和适应中国的社会现实，通过目览西学之志士拣择裁舍、按引创发的编译之法，输入近代中国的思想语境，使西方传记逐渐成为西方思想文化传入的一个导体。

致谢【Acknowledgement】

本文极受益于《现代传记研究》的编辑老师和匿名评审人提出的修改意见，作者谨致谢忱！

I am grateful to the editor of *Journal of Modern Life Writing Studies* and anonymous reviewers for their suggestions and comments.

注释【Notes】

① 19世纪处在萌芽期的近代中文报业并不严格区分"报纸"与"杂志"，虽然《察世俗》等早期宗教月刊颇近似于今天的"杂志"，但它们与后来的中文报纸有密切的传承关系（卓南生，《自序》3-4）。故不可以今日之眼光，按刊期条件细致区分早期报纸杂志。本文遵袭中国新闻史学界的说法，采用"报刊"一词泛称之。英文也采用较为笼统的"Chinese press"而非"Chinese newspapers and periodicals"。

② 《畴人传》是清代学者阮元编纂的中外天文历算家史传，成书于1799年，共四十六卷，前四十二卷收录中国天文算学家275人，后四卷收录西洋天文算学家41人，以志为后学树立值得效仿的学术榜样。

③ 鸦片也称阿片，阿拉伯语为Afyūm，又因其花娇艳，似芙蓉，故亦得名"阿芙蓉"。晚清鸦片屡禁不止，"阿芙蓉"频繁出现在文学书写中，成为有识之士批判的对象。

④ 关于这两则传文内容之实指，以往一些研究文献未能指明。例如，《我国最早之文学期刊——〈瀛寰琐纪〉研究》（孙琴，苏州大学博士论文 2010 年）将《阿儿传》与编记金陵诸妓的《白门新柳记》等文一道列入讲述"青楼妓女"之篇目表，而对《淡巴菰传》仅限于考证其作者，对两传文的内涵

都没有探讨。

引用文献【Works Cited】

艾约瑟：《黑陆独都传》，《六合丛谈：附解题·索引》，沈国威编著。上海：上海辞书出版社，2006年，第751—752页。

[Edkins, Joseph. "Life of Herodotus." *Shanghai Serial: Annotated and Indexed*. Ed. Shen Guowei. Shanghai: Shanghai Lexicographical Publishing House, 2006. 751–752.]

Baker, Julie. "The Troubled Voyage of Neptune's Car." *American History* 39.6 (2005): 58–65.

陈德正、胡其柱：《19世纪来华传教士对西方古典学的引介和传播》，《史学理论研究》2015年第3期，第125—134页。

[Chen Dezheng and Hu Qizhu. "Introduction and Dissemination of the Western Classics by Missionaries in China in the 19th Century." *Historiography Quarterly* 3 (2015): 125–134.]

崔文东：《晚清英雄传记研究》（博士论文），香港中文大学，2015年。

[Cui Wendong. *A Study of Translated Biographies of Heroes in Late Qing Dynasty*. Diss. Chinese University of Hongkong, 2015.]

《法兰西国作变复平略传》，《察世俗每月统记传》1820年第36帙，第1—5页。

["A Brief History of the Upheaval and Restoration of France." *Chinese Monthly Magazine* 36 (1820): 1–5.]

蒋敦复：《海外异人传：该撒》，《六合丛谈》1857年第2期，第6—8页。

[Jiang Dunfu. "Julius Caesar: A Foreign Hero." *Shanghai Serial* 2 (1857): 6–8.]

金正秀：《晚清女性传记与国族想象的形成研究》，北京大学博士论文，2011年。

[Kim Jung-soo. *A Study of the Relationship between the Writing of Women's Biographies and the Imagining of State-Nation in the Late Qing Dynasty*. Diss. Peking University, 2011.]

康有为：《康工部有为译成俄主彼得变政记呈请代奏折》，《集成报》1898年第34期，第8—13页。

[Kang Youwei. "Memorial to the Throne from Kang Youwei on the Translation of *Reform of Russian Emperor Peter the Great*." *Jicheng Bao* 34 (1898): 8–13.]

梁启超：《论报馆有益于国事》，《时务报》1896年第1期，第1—2页。

[Liang Qichao. "Benefit of the Press to the State." *The Chinese Progress* 1 (1896): 1–2.]

路鹏程：《〈万国公报〉与洋务运动》，《新闻春秋》2014年第1期，第19—26页。

[Lu Pengcheng. "On *Chinese Globe Magazine* and Westernization Movement." *Journalism Evolution* 1 (2014): 19–26.]

《拿破戾翁》，《东西洋考每月统记传》1837年12月号，第303下—304上页。

["Napoleon." *Eastern Western Monthly Magazine* 12 (1837): 303b–304a.]

《马可顿流西西罗纪略》，《遐迩贯珍》1855年第11期，第30—33页。

["Records of Marcus Tullius Cicero." *Chinese Serial* 11 (1855): 30–33.]

唐欣玉：《被建构的西方女杰：〈世界十女杰〉在晚清》。成都：四川大学出版社，2012年。

[Tang Xinyu. *The Making of a Model: Ten World Heroines in Late Qing China*. Chengdu: Sichuan University Press, 2013.]

王韬：《倡设日报小引》，《循环日报》1874年2月5日，第4页。

[Wang Tao. "A Proposal for Founding Daily Newspapers." *Universal Circulating Herald* 5 Feb. 1874: 4.]

韦廉臣：《续希利尼律例备考》，《万国公报》1877年第459期，第2—3页。

[Williamson, Alexander. "A Study on Hellenic Politics (Sequel)." *Chinese Globe Magazine* 459 (1877): 2–3.]

夏晓虹：《晚清女性与近代中国》。北京：北京大学出版社，2004年。

[Xia Xiaohong. *Women in the Late Qing Dynasty and Modern Chinese Society*. Beijing: Peking University Press, 2004.]

——：《序言："西学东渐"的如实记录》，《近代汉译西学书目提要》，张晓。北京：北京大学出版社，2012年，第1—3页。

[一. "Foreword: A Real Record of Western Learning Spreading to the East." *Bibliography of the Chinese Translation of Western Learning in Modern Times*. By Zhang Xiao. Beijing: Peking University Press, 2012. 1–3.]

谢放、谢尚芸：《基督教传媒与西方民主思想在近代中国的传播——以〈万国公报〉为中心》，《深圳大学学报（人文社会科学版）》2013年第6期，第207—215页。

[Xie Fang and Xie Shangyun. "Christian Missionary Media and the Spread of Western Political Values in Modern China: The Case with *A Review of the Times*." *Journal of Shenzhen University (Humanities & Social Sciences)* 6 (2013): 207–215.]

熊月之：《华盛顿形象的中国解读及其对辛亥革命的影响》，《史林》2012年第1期，第88—103页。

[Xiong Yuezhi. "Chinese Interpretation of Washington Image and Its Impact on the 1911 Revolution." *Historical Review* 1 (2012): 88–103.]

松尾洋二：《梁启超与史传——东亚近代精神史的奔流》，《梁启超·明治日本·西方——日本京都大学人文科学研究所共同研究报告》，狭间直树编。北京：社会科学文献出版社，2012年，第221—254页。

[Yoji Matsuo. "Liang Qichao and Historical Biography." *Liang Qichao, Meiji Japan, and the West: Joint Investigations of the Institute for Research in Humanities at Kyoto University*. Ed. Naoki Hazama. Beijing: Social Sciences Academic Press, 2012. 221–254.]

余亚莉：《〈万国公报〉和它的读者》，《新闻界》2013年第19期，第70—74页。

[Yu, Yali. "*Chinese Globe Magazine* and its Readers." *Journalism and Mass Communication Monthly* 19 (2013): 70–74.]

赵晓兰、吴潮：《传教士中文报刊史》。上海：复旦大学出版社，2011年。

[Zhao Xiaolan and Wu Chao. *A History of the Missionaries' Chinese Press*. Shanghai: Fudan University Press, 2011.]

卓南生：《中国近代报业发展史：1815—1874》。北京：中国社会科学出版社，2015年。

[Zhuo Nansheng. *Chinese Modern Newspaper History: 1815–1874*. Beijing: China Social Sciences Press, 2015.]

《万国公报》汉译传记研究

胡 燕

内容提要：《万国公报》刊登了大约一百部西方汉译传记。西方君主及王室译传重在凸显其血统、出身及姻娅，将相译传重在叙述其获得功勋之始末。教士译传紧紧围绕着教士身份、"道"（即悟道、入道、修道及传道）叙述生平、塑造形象与阐释贡献。格致家译传论述其生活经历及个性成长，重在论述基督教信仰对其成长及所取得科学成就的积极影响，借以传播自然神学学说。林乐知编译的三篇女性传记重在凸显传主信道、守道的虔敬。王文思编译的四篇女性传记呈现出鲜明特色即以中释西、男女比较、中西比较，意在为中国女性树立典范并借此传教。《万国公报》试图通过译传以传播西政、西教、西学，最终目的在于传播基督教。

关键词：《万国公报》 近代汉译传记 身份 传教

作者简介：胡燕，文学博士，西华师范大学教授。主要从事传记研究、古代散文研究，近期发表了《清末民初（1903—1919）商务印书馆汉译传记出版研究》（《现代传记研究》2018年秋季卷）等。邮箱：huyanplzh@163.com。

Title: The Study of Translated Chinese Biographies Published in *The Globe Magazine*

Abstract: *The Globe Magazine* published almost one hundred Western biographies translated into Chinese. The Chinese-translated biographies of Western monarchs and royal families emphasize bloodlines, origins and marriage. Those of generals and prime ministers aim to tell the whole story of their feats. The biographies of priests account for the life stories, shape images and interpret contributions from the perspective of their identity and career, i.e. receiving epiphany, taking holy orders, conducting spiritual practice and spreading the religion. Those of scientists focus on their life experience and personal growth, and the positive influence of Christianity on their scientific achievements, so as to spread natural theology. The three female biographies compiled by Young John Allen highlight the subjects' piety of preaching and following the doctrine. The four biographies compiled by Wang Wen-si intend to set an example for Chinese women and spread the religion through an interpretation of the West in Chinese discourse, a comparison between men and women, and a comparison between the China and the Western. The ultimate intention of *The Globe Magazine* is to preach Christianity through biographies which introduced Western politics, religion and learning.

Keywords: *The Globe Magazine*, translated Chinese biographies, identity, spreading the religion

Hu Yan is PhD in Literature and Professor of Literature at China West Normal University, China. Her research concerns life writing and ancient prose. She is the author of "The Publishing of Translated Biography in Chinese by The Commercial Press (1903−1919)." (Journal of Modern Life Writing Studies, Autumn 2018). **E-mail:** huyanplzh@163.com.

　　美国传教士林乐知（Young John Allen，1836—1907）于1868年创办《教会新报》，后于1874年将其改名为《万国公报》，1883年暂时停刊。该报于1889年复刊，成为广学会的机关报，1907年终刊，实际发行时间长达二十八年。《万国公报》刊载了大约一百篇西方人物汉译传记。[①]传主身份多样，包括君主、王室、将相、传教士、科学家、慈善家、诗人、画家、天文学家、探险家等；传主国籍包括英、美、德、俄、法、日等，英国最多，俄国次之，排序与其国的世界影响力一致；以男性传主为主，亦有少量女性传主。《万国公报》所刊译传大多由林乐知、李提摩太、韦廉臣、马林等传教士口译，沈毓桂、范袆、蔡尔康等笔述、润色而成，内容丰富，文笔畅达，篇幅大多短小精悍，对国人了解西方政治、历史及文化与近代科学有重要意义，是西学东渐的重要组成部分之一。

　　《万国公报》所载译传根据传主身份、传记叙述方式、叙述结构及传记功能等可分为四种类型：西方君臣简历式略传；传教士宣道译传；西方格致家学术译传；西方女性译传。若以1889年复刊为界，传教士译传贯穿始终，西方君臣简历式略传主要刊登于1889年之前，西方格致家与女性传记主要刊登于1889年之后。大部分译传因为囿于篇幅，只有传主生平的简介，缺少细节和轶事，更没有关于传主个性的细致描摹，突出之处在于对传主身份的准确认定，进而围绕着身份这一中心，叙述生平，解释传主。

一、西方君臣简历式略传

《万国公报》所载君臣简历式略传为数最多，大约有三十篇，约占全部译传的三分之一。君王或王室译传如《丹国君主略传并像》，寥寥数语，仅简要介绍丹麦君主格理斯长第九的生年、即位年，夫人的家世、生年，所生子女的姓名、生年及婚嫁情况，特别是子女的婚嫁对象均详列其家世，重在展示"外戚之尊贵，子女之显荣，赫赫巍巍"（《丹国君主略传并像》11）。而身为君主最应为人所关注的治国理政则笼而统之，泛泛而论，且将其置于最末。这表明时人对君主的关注聚焦于血统、出身、姻娅，与19世纪欧洲君权下移、实行虚君政体的状况有关。将相译传如《大德国将军马德基传并像》亦如君王译传一般，篇幅短小，仅有生平履历的扼要简介，包括姓名、生年、出生地、军旅或政坛沉浮、职官或爵位迁转。二者不同之处在于君王即位源于出身与血统，而将相之升迁源于功勋，"非常之人特建非常之功，谁堪媲美哉！从此由男爵升任侯爵，为全德国大将军"（《大德国将军马德基传并像》55）。故将相译传重在叙述获得功勋之始末、由来。该类译传囿于报刊篇幅有限，故多简短粗略，仅按照时间先后顺序扼要罗列传主生平经历，无法见出各个时期的主要活动、接触的主要人物及其对传主的影响，更因缺乏必要的细节与轶事而无法见出传主的个性。

此类译传均未署名，结构相似，语气、句式雷同，似出于同一人之手，而源文本应该是同时期的西方报纸（杨代春 45-46）。"林君广译西字各报，兼辑中国邸抄。五洲之大，六合之遥，所见异辞，所闻异辞，所传闻异辞者会萃于一册之内。"（沈毓桂 37）故据笔者推测，此类译传极有可能系林乐知口译、沈毓桂笔述合作编译完成。《万国公报》刊载部分君臣列传，或是因为传主与中国时政密切相关，如《大俄罗斯国钦差大臣伊格那替并福传》所言伊格那替并福（Nicholas Ignatieff，今译作伊格那提也夫）。1880年前后，清廷与俄国因伊犁问题产生严重摩擦，两国剑拔弩张。伊格那替并福因熟悉各国外交事务且曾经于1860年任驻华公使，故于1880年8月前后被俄皇派遣至北京，协商解决相关问题。《万国公报》于此时刊登俄国公使的译传应是有意为之，借清廷上下所关注的外交大事来提升自身影响力。

《万国公报》在大部分君臣译传中刊载了传主正面、静态、正装、半身画像，表情肃穆，仪态端庄，面容描绘注重立体感和细节表现，冠服刻画逼真细腻，表现出鲜明的西方衣饰风格，运用西方绘画技法表现传主的个性特征，营造出一种凝重的政治氛围，以直观的形式凸显出传主特殊的身份地位，以唤起读者的敬畏崇敬之情，具有强烈的实用性色彩。

二、传教士宣道译传

《万国公报》作为由新教传教士所主持的报刊，自然会持续刊登教士列传以直接宣扬基督教教义，教士列传约有十三篇。林乐知长期担任《万国公报》主编，于1907年5月去世。沈毓桂长期担任林乐知的助手，亦于1907年9月去世。故《万国公报》刊登了由美国人刘乐义（George Robert Loehr）著、任保罗翻译的《林乐知长老行述》《百龄耆硕沈君毓桂传略》两部普通教士译传。英国人李提摩太（Timothy Richard，1845—1919）与李润之合作翻译了《郭丹宣道记》，与蔡尔康合作翻译了《摩西列传》《保罗列传》《奥仕仃列传》《毕那德列传》《方济谷列传》《伊拉思慕列传》《路德列传》等八篇圣徒译传。除此之外，《万国公报》还刊登了其他三篇由李提摩太与蔡尔康合作翻译的传记，分别是佛教创始人释迦牟尼的传记《释迦牟尼列传》，波斯拜火教创始人琐罗亚斯德的传记《索老阿师德列传》，伊斯兰教创始人穆罕默德的传记《慕罕默德列传》。以上十篇（除《郭丹宣道记》外）均转载自1898年由广学会出版的《地球百名人传》的"道学传"。

著译者在圣徒或普通教士译传中都紧紧围绕着教士这一身份、"道"（即悟道、入道、修道、传道）这一核心叙述其生平、塑造其形象、阐释其贡献。圣徒译传相较于教士译传，很少叙述传主的真实事迹，也几乎不关注完整人格的塑造，而仅仅叙述其与基督教有关的活动，甚而杜撰所谓"神迹"，有意将圣徒神圣化，存在着以神性代替人性的倾向。因为传主的个体差异，译传在基于传主生活经历及贡献的基础上，在叙述如何悟道、为何入道、怎么修道、怎样传道等方面各有侧重，而非面面俱到、平均用力。《保罗列传》重在写保罗如何悟道及传道。《方济谷列传》重在叙述方济谷怎样修道。当然，悟道、入道、修道的最终目的还是为了传道，故译传叙述核心还是在怎样传道。如何传道呢？其一，身体力行以传道。或以教义规劝众人，郭丹"见人有小过，必极力规正，以故乡人皆敬之。后举会师兼劝勉职，任事尽心竭力，不辞劳瘁"（《郭丹宣道记》130）。或以己身为范引领众人，方济谷弃家事神，"盛誉渐播于四国。且雅西西富人贝那朵深感先生之苦心孤诣，竟自尽售业产，得巨金以赡穷间，而躬从先生诵经救人，无间寒暑"（《方济谷列传》14）。其二，著书立说以传道。奥仕仃著书以驳斥异端、申明正道，"于当时之左道，悉加驳辨，即随事申明正道，冀人悔而来归"（《奥仕仃列传》1）。路德不满天主教四处贩卖赎罪券以敛财的陋行，"忧愤填膺，历举不可从者九十五条，奋笔直书，通行于欧洲全境"（《路德列传》11）。

三、西方格致家学术译传

《万国公报》从1890年复刊后始刊登西方格致家译传，约有八篇。其中六篇均为英国人韦廉臣翻译，分别是《格致有益于国第一章：巴士德》（上、下），巴士德即 Louis Pasteur（1822—1895，今译作路易斯·巴斯德，简称巴斯德），法国著名微生物学家；《瓦雅各先生格致志略》[②]，瓦雅各即 James Watt（1736—1819，今译作詹姆斯·瓦特，简称瓦特），英国著名发明家，改良了蒸汽机；《格致有益于世：多尔敦先生化学志略》，多尔敦即 John Dalton（1766—1844，今译作约翰·道尔顿，简称道尔顿），英国化学家、物理学家，创立了原子论；《礼弥由司先生植学志略》，礼弥由司即 Carl Linnaeus（1707—

1778，今通常据瑞典文原名Carl von Linné，译作卡尔·冯·林奈，简称林奈），瑞典生物学家，近代植物分类学奠基人；《泰西格致诸名家传乃端先生志略》，乃端即 Isaac Newton（1643—1727，今译作艾萨克·牛顿，简称牛顿），英国著名物理学家、数学家，"近代物理学之父"；《格致有益于世：法拉待先生电学志略》，法拉待即 Michael Faraday（1791—1867，今译作迈克尔·法拉第，简称法拉第），英国物理学家、化学家，"电学之父""交流电之父"。以上传主均是西方18—19世纪在微生物学、化学、物理学、植物学等方面作出杰出贡献的自然科学家，足以代表近代西方自然科学的最高成就。韦廉臣所言的格致大约是生物学、物理、化学等自然科学的总称。以上译传刊登于1890年3月至1891年1月，其中后四篇译传乃是韦廉臣的遗稿。

译传既论述传主的生活经历及个性，呈现伟大科学家的成长，也概述其在自然科学领域的发现、贡献及相关知识，有利于自然科学知识与现代科学观念在近代中国的传播。译传在叙述传主生平时，重点介绍其成为格致家的必备素养、品质及宗教信仰；在介绍其科学研究时，重点叙述其格物的对象、方式、过程及成就；在解释其何以取得科学成就时，重点剖析宗教信仰，特别是基督教对传主的影响；对其缺点或性格缺陷略而不谈，竭力将格致家塑造成理想的科学完人形象。

译传通常在开篇介绍传主生年、出生地、父母姓名及职业、家族、学习经历等。生平简介往往会强调其宗教信仰，"英之伦敦京城一格致士名法拉待，亦耶稣教友也"（《格致有益于世：法拉待先生电学志略》10）。在韦廉臣看来，要成为杰出的格致家，需要具备博览群书、随时留心观察并探究根本、有恒心与毅力、专心致志等素养与品质。其一，博览群书，特别是算学、重学、化学之书。"统观巴士德一生行述令人启无限之智慧。知人当自幼潜心读书，不可浮慕。先算学，次化学"[《格致有益于国第二章：巴士德》（下）6]。其二，要随时留心观察并探究根本。瓦雅各"格致之精，非徒恃乎天资明敏，亦恃其随时随地随物而留心也"（《瓦雅各先生格致志略》11）。其三，应具有异于常人的恒心与毅力。比如乃端为了准确计算出太阳、地球、月亮之间的吸力而花费了整整十六年的时间。其四，专心致志。巴士德之所以能在微生物学领域作出巨大贡献就在于他从青年时代开始就保持着对科学研究的钻研、专注，"尝闻伊二十六岁方娶，至娶妻之日，彼犹专心化学。于娶妻之事竟漠然而忘之，幸友人入告而后悟。其专心致知可知矣"［《格致有益于国第一章：巴士德》（上）9］。

韦廉臣在译写格致家生平及应具备的素养后，进而细论格物的方式、过程及本质。西方格物的方式主要有实验与计算。韦廉臣在译传中反复强调，实验是最重要的格物方式，是取得成果的重要保证，是近代西方自然科学的基石。巴士德被认为是医学史上最重要的杰出代表之一，他格物的唯一方式就是反复实验。巴士德通过显微镜发现了传染病的致病原因即病菌，并通过特殊培养方式减弱其毒力，最终使致病的病菌变成防病的疫苗，从而使得人或动物获得病毒免疫力。计算是近代西方自然科学另一格物方式。韦廉臣重点介绍了乃端作为理论物理学家通过计算发现万有引力定律的过程。乃端在观察到苹果由上而下坠于地后，思考其原因，发现物与物之间存在着牵引力，花了十六年时间反复计算，方有所得。格致家通过实验、计算来格物，这对中国传统的格物学有着巨大的冲击。

韦廉臣作为一名志在传教的传教士为何会系统性地编译格致家传记呢？韦廉臣《泰西格致诸名家有益于国序》认为格致的价值甚大：就个体而言，格致有裨于一己之身心、学问，即"增人智慧""益人愉快""助人论谈"；就家国而言，格致关乎一国之兴衰隆替。从更深层面来看，韦廉臣编译西方格致家传记，意在通过传播西方自然科学知识以吸引中国士绅的关注、满足士绅的渴求，最终借此宣扬基督教的自然神学学说。译传成为宣传自然神学的载体，宣扬自然神学思想成为编译格致家传记的最终目的。自然神学（Natural Theology）"就是理性地探究上帝的存在与本质和属性及其与宇宙万物和人类关系的学说"（翟志宏 20）。自然神学关于上帝是否——以及在什么程度上——能够通过自然来知晓这一问题，有三种思路：即诉诸理性、诉诸世界的秩序和诉诸自然的美（麦克格拉思124）。后二者建立在思考自然世界本身，与重在探究自然的格致家关系更为密切，故韦廉臣着力通过格致家的自然科学研究来证明全知全能的上帝是如何设计世界的秩序和创造自然的美的。韦廉臣深受英国约瑟夫·巴特勒（Joseph Butler，1692—1752）的影响，认为自然与宗教具有类比性，可以通过自然来认识上帝（孙邦华 493）。韦廉臣在高度评价乃端在物理学方面的成就后，"尝谓天地万物必有一至聪至明、无限无量、无所不能之主宰维持其间而后能有条不紊、历久而不变也"（《泰西格致诸名家传：乃端先生志略》15）。慕维廉也持同样观点。韦廉臣不但极力鼓吹上帝设计了世界的秩序，还盛赞上帝创造了自然的美。礼弥由司在四处调查各地植物时，曾偶然发现"英之南山有一种丛生细木，花硕大而鲜明，光彩夺目，奇品也。伊乍见，喜不自禁，叩首在地，连声呼曰：感谢上帝，感谢上帝，不知几费心力乃造成此妙品以赐我"（《礼弥由司先生植学志略》14）。原来自然之美乃是上帝的杰作。

综上，韦廉臣编译格致家传记的目的在于鼓吹基督教为西方格致之源，中国要引入并发展近代自然科学，自然亦需全面引入基督教，"中国而亟图兴盛焉，宜先尊崇上帝之善道，不可轻忤。盖国家之兴旺衰败，与圣道实相维系。国家弃上帝之道，上帝必弃其国，可知家国人民之福，惟上帝是赖"（安保罗 1）。

四、西方女性译传

《万国公报》刊载了八篇女性传记，传主身份多样，以慈善家为主，还包括女王、天文学家、画家等。维多利亚女王死于1901年1月，故林乐知与蔡尔康于1901年2月合译并发表《大英国大行君主印度太后帝大维多利亚外传》，该传系达文德对刚刚去世的维多利亚女王的功业、品德的扼要评述，特别强调"盖君主维多利亚实上帝之赐诸吾英以福吾民者"（《大英国大行君主印度太后帝大维多利亚外传》3）。林乐知与任保罗又于1902年9月合译《大英故君主维多利亚圣德记》，论述女王的品行、盛德，即守时、尽职、教养儿女、行善、厚待他人、虔心守道，重点颂扬其如何虔诚信道、守道，编译目的是勉励世人要以之为效法榜样。二人合译的《突弗林夫人传略》的传主系印度总督达弗林（the Earl of Dufferin，1884—1888任印度总督）之夫人，夫人受维多利亚女王之嘱托在印度救助印度女性，包括筹款设立印度女医公会、女医院、药房等。以上二传都特别提及英王、印度总督夫人对印度女性的救助，但略而不谈英国对印度殖民统治的种种屈辱、压迫与破坏，美化甚而夸大英国对印度的所谓善行、善事，赤裸裸地为西方殖民统治摇旗呐喊。

王文思编译了四篇传记，包括《天文女史汉嘉禄林传》，汉嘉禄林即Caroline Herschel（1750—1848，今译作卡罗琳·赫歇尔），第一位女天文学家；《法国女画史濮耨氏小传》，濮耨即Rosa Bonheur（1822—1899，今译作罗莎·博纳尔），19世纪法国著名的风景、动物画家；《丹国许美门女伯小传》《翕尔嬝善女创立代养婴孩院记》即丹麦许美门女伯爵、英国翕尔嬝二位女慈善家行善事、善举之记录。

王文思，男，生卒年不详。据《黄绮涛先生行述》《美国范约翰八旬双庆记事》《美国范约翰八旬双庆记事·寿歌》，王文思少时就读于上海清心书院（Lowrie Institute），师从范约翰，通英语，后加入圣教书会传教。王文思所译传记原文本基本来自同时期的英文报刊，"爰就英文女史报中译，登公报以公同好"（《天文女史汉嘉禄林传》24）。纵观《万国公报》所刊登译传的译者，基本上均是西方传教士，如林乐知、韦廉臣、李提摩太之辈，西译中述的合作翻译方式意味着译传主要传达的是西方传教士的看法、主张。王文思是《万国公报》所刊载译传唯一的中国译者，其将自我的族群身份投射到译传中，使得其所编译的传记体现出鲜明的中国特色。其一，以中释西。译者的翻译实践大多基于本土话语、本土文化，对异质文化进行有选择的接受与诠释。王文思虽然接受过西式教育，但其所受的传统文化毕竟根深蒂固，故而他在翻译传记时常常基于本土传统文化解释西方外来文化。濮耨所画的《售马市》，"人之见之者，恍如身入冀北之野。杜工部诗曰：腾骧磊落三万匹，皆与此图筋骨同。又曰：斯须九重真龙出，一洗万古凡马空。移赠此图，定无魁色，诚当世无双之作也"（《法国女画史濮耨氏小传》4）。杜甫诗是译者所增加的，所引诗句出自杜甫《韦讽录事宅观曹将军画马图》《丹青引赠曹将军霸》。译者借中国读者所熟知的杜甫诗中所咏叹的曹霸精湛画马技艺来比拟、解释在西方盛名不衰却并不被中国读者所了解的濮耨的栩栩如生的画马艺术，有助于中国读者深入理解濮耨的高超技艺。其二，男女比较。王文思所译传记的传主均为女性，他特别关注传主的女性身份，汉嘉禄林是天文女史，濮耨是女画史，许美门是女伯爵，翁尔燈是女慈善家。

> 综计女史（即濮耨，笔者所加）一生，凡古今画史之尊荣品级，实备膺之，又获尊荣之名望。是皆由立志上达，不以女流而自弃，不因畏难而中止，卒成千秋万国中第一著名之画女。须眉男子，类多甘拜下风。噫嘻！有志者事竟成！孰谓琐琐裙钗，终不能超于男子乎？（《法国女画史濮耨氏小传》5）

王文思认为，濮耨能够成为杰出女画家，令诸多男子甘拜下风，成为巾帼英雄的典范，实值得深思。王文思接受过西式教育，自然受到西方民主自由思想和男女平等观念的影响，目睹中国男女不平等的现实，特意选取西方杰出女子以表明巾帼不单不逊于须眉、更可能强于须眉的观念，关键在于女子要立志、不自弃、不放弃。这对于提振中国女性信心、改善女性地位大有益处。其三，中西比较。汉嘉禄林的"兄伟廉、侄约翰，一门三俊，俱称天文名士，不啻汉代班固之有妹，大家也"（《天文女史汉嘉禄林传》24）。汉嘉禄林的兄长是威廉·赫歇尔，侄子是约翰·赫歇尔，均为著名天文学家。汉嘉禄林协助威廉观测及计算数据，在其去世后整理1800年威廉发现的2 500个星云列表，又发现了八颗彗星和三个未知星云。汉嘉禄林兄妹同为杰出天文学家；班固、班昭兄妹同为杰出史学家，班昭在兄长去世后整理《汉书》、补写《异姓诸侯王表》等八表。译者以继承父兄遗志续写《汉书》的班昭比拟协助兄长并整理星云列表的汉嘉禄林，同为女子，同为兄妹相承，同为俊杰，令读者顿时明了西方有同为俊杰的汉嘉禄林兄妹，中国亦有同为俊秀的班氏兄妹，毫不逊色。比较中西的习俗差异可以更准确地理解传主的生平经历，"西俗，琴师讴女俱视为上艺，都人士群相尊敬，不似中国优伶歌妓为可鄙也"（《天文女史汉嘉禄林传》24）。

林乐知、王文思等编译女性传记的目的有二：其一，为中国女性树立典范，以之教化、激励女性巾帼不让须眉，"且冀中华妇女闻之，知读书明理、格物致知之功不尽皆男子事，而叹女子无才为德之说，误人非浅鲜矣"（《天文女史汉嘉禄林传》24）。其二，借此以传教。丹麦许美门女伯爵目睹渔民的悲惨生活，故出资为渔民修建渔户公所，设立讲堂，建立医院等，更屈尊降贵，"与共寻水乡之乐，渐以救世教福音，循循善诱，渔人感其德而信其道者，指不胜屈"（《丹国许美门女伯小传》5）。许美门的善举最终仍是为了更有效的传道，当然也客观改善了渔民生活。译传对此津津乐道，反复强调许美门之举使得渔民尽变为良民，借许美门事迹以宣道、传道的目的一目了然。

综上，《万国公报》通过刊载西方君臣译传以介绍西方政坛的基本状况，通过刊载西方教士译传以宣扬基督教教义，通过刊载西方格致家译传以说明西教为西学之源，通过刊登西方女性译传为中国女性树立典范并传道，以上译传涉及西学、西政、西教等。范袆乃是《万国公报》编者之一，他认为，"知西艺最易，知西政已较难，而知西教则如探水而得真源，艺果而获佳种，是即公报之最大要义也"（范袆 2）。传播西教是《万国公报》的根本宗旨。对于《万国公报》借译传或明说或暗示所竭力宣扬的基督教教义，中国的士绅是如何看待的呢？严复精通西学，明确指出："自达尔文出，知人为天演中一境，且演且进，来者方将，而教宗抟土之说，必不可信。"（严复 5：1325）"西学之与西教，二者判然绝不相合。"（严复 1：52）易鼐，号甓无，湘潭人，廪生，其《论西政西学治乱兴衰俱与西教无涉》亦持同样观点。他们将《万国公报》所传播的西学、西政、西教区别对待，虽积极了解西方政坛与吸纳西学，却对基督教或敬而远之，或竭力拒斥，这在教士看来，是"格于宗教之成见，拾其糟粕，弃其精华"（范袆 2）之举，但也说明了有识之士对以上三者之别有清醒认识。主编《万国公报》的林乐知们主观上试图通过译传以传播西政、西教、西学，最终聚焦于传教，多数中国读者对西学、西政几乎全盘吸收，却对基督教持保留态度。这种"种瓜得豆"的错位，颇值得玩味。

致谢【Acknowledgement】

本文为国家社科基金一般项目"近代汉译传记文献整理与研究（1810—1919）"（19BZW156）阶

段性研究成果，得到全国哲学社会科学规划办公室的经费支持，作者谨致谢忱！本文亦由西华师范大学科研创新团队资金资助。

My acknowledgement and gratitude go to general project of National Social Science Fund "Collection and Research of the Modern Chinese Translation Biographies (1810–1919)" (19BZW156) sponsored by the National Planning Office of Philosophy and Social Sciences. This research was supported by the Innovation Team Funds of China West Normal University.

注释【Notes】

① 连载传记如英国人李提摩太译、李润之述的《郭丹宣道记》，虽连载十二期，亦计为一篇。

② 瓦雅各先生的译传连载于《万国公报》第16、17册（1890年5、6月），标题略有不同。上篇为《瓦雅各先生格致志略》，下篇为《瓦雅各传》。

引用文献【Works Cited】

《大英国荫袭男爵贞女传并图》，《万国公报》第六百十九卷，1880年12月18日。

["Baroness of Great Britain's Biography and Portrait." *Globe Magazine* 619（1880）.]

《泰西格致诸名家传：乃端先生志略》，韦廉臣译，《万国公报》第23册，1890年12月。

["Biographies of Famous Scientists in Tessie: the Life of Isaac Newton." Trans. Alexander Williamson. *Globe Magazine* 23 (1890).]

《丹国君主略传并像》，《万国公报》第六百二卷，1880年8月21日。

["The Danish Monarch's Brief Biography and Portrait." *Globe Magazine* 602 (1880).]

范祎：《〈万国公报〉第二百册之祝词》，《万国公报》第200册，1905年9月。

[Fan Yi. "Greetings in Volume 200 of the *Globe Magazine*." *Globe Magazine* 200 (1880).]

《方济谷列传》，李提摩太译、蔡尔康述，《万国公报》第155册，1901年12月。

《大德国将军马德基传并像》，《万国公报》第六百七卷，1880年9月25日。

["The Great German General Madeki's Biography and Portrait." *Globe Magazine* 607 (1880).]

安保罗：《〈经学不厌精遗编〉序》，《万国公报》第160册，1902年5月。

[Kranz, Paul. "The Preface of Confucian classics can never loathe elaboration." *Globe Magazine* 160 (1902).]

《奥仕汀列传》，李提摩太译、蔡尔康述，《万国公报》第152册，1901年9月。

["The Life of Augustine." Interpreted by Timothy Richard and recorded by Cai Erkang. *Globe Magazine* 152 (1901).]

《大英国大行君主印度太后帝大维多利亚外传》，李提摩太译、蔡尔康述，《万国公报》第145册，1901年2月。

["The Life of the Great British and India Monarch Victoria." Interpreted by Timothy Richard and Recorded by Cai Erkang. *Globe Magazine* 145 (1901).]

《大英国大行君主印度太后帝大维多利亚外传（附跋）》，林乐知译、蔡尔康述，《万国公报》第145册，1901年2月。

["The Life of the Great British and India Monarch Victoria (with Postscript)." Interpreted by Young John Allen and Recorded by Cai Erkang. *Globe Magazine* 145 (1901).]

《丹国许美门女伯小传》，王文思译，《万国公报》第107册，1897年12月。

["The Life of The Danish Countess Xu Meimen." Trans. Wang Wensi. *Globe Magazine* 107 (1897).]

《法国女画史濮耨氏小传》，王文思译，《万国公报》第104册，1897年9月。

["The Life of French Woman Painter Rosa Bonheur." Trans. Wang Wensi. *Globe Magazine* 104 (1897).]

["The Life of Francesco di Assisi." Interpreted by Timothy Richard and recorded by Cai Erkang. *Globe*

Magazine 155 (1901).]

《路德列传》，李提摩太译、蔡尔康述，《万国公报》第159册，1902年4月。

["The Life of Martin Luther." Interpreted by Timothy Richard and recorded by Cai Erkang. *Globe Magazine* 159 (1902).]

《天文女史汉嘉禄林传》，王文思译，《万国公报》第101册，1897年6月。

["The Life of Female Astronomer Caroline Herschel." Trans. Wang Wensi. *Globe Magazine* 101 (1897).]

《突弗林夫人传略》，林乐知译、任保罗述，《万国公报》第183册，1904年4月。

["The Life of Mrs. Dufferin." Interpreted by Young John Allen and Recorded by Ren Baoluo. *Globe Magazine* 183 (1904).]

阿利斯特·E·麦克格拉思：《科学与宗教引论》（第二版），王毅、魏颖译。上海：上海人民出版社，2015年。

[McGrath, E. Alister. *Science and Religion: A New Introduction (Second Edition)*. Trans. Wang Yi and Wei Ying. Shanghai: Shanghai People's Publishing House, 2005.]

《礼弥由司先生植学志略》，韦廉臣译，《万国公报》第22册，1890年11月。

["Mr. Carl Linnaeus's Study on Phytology." Trans. Alexander Williamson. *Globe Magazine* 22 (1890).]

《瓦雅各先生格致志略》，韦廉臣译，《万国公报》第16册，1890年5月。

["Mr. James Watt's Record on Physics." Trans. Alexander Williamson. *Globe Magazine* 16 (1890).]

韦廉臣：《泰西格致诸名家有益于国序》，《万国公报》第14册，1890年3月。

《郭丹宣道记》（第一章），李提摩太译、李润之述，《万国公报》第六百六十五卷，1881年11月19日。

["Records of the Preaching of Guo Dan." (Chapter 1) Interpreted by Timothy Richard and Recorded by Li Runzhi. *Globe Magazine* 665 (1881).]

《格致有益于国第一章：巴士德》（上），韦廉臣译，《万国公报》第14册，1890年3月。

["Science is Good for the Nation: the Life of Louis Pasteur." (Chapter 1) Trans. Alexander Williamson. *Globe Magazine* 14 (1890).]

《格致有益于国第二章：巴士德》（下），韦廉臣译，《万国公报》第15册，1890年4月。

["Science is Good for the Nation: the Life of Louis Pasteur." (Chapter 2) Trans. Alexander Williamson. *Globe Magazine* 15 (1890).]

《格致有益于世：法拉待先生电学志略》，韦廉臣译，《万国公报》第24册，1891年1月。

["Science is Good for the World: Mr. Michael Faraday's Study on Electricity." Trans. Alexander Williamson *Globe Magazine* 24 (1891).]

沈毓桂：《兴复〈万国公报〉序》，《万国公报》第1册，1889年2月。

[Shen Yugui. "The Preface of *the Globe Magazine* Renewal." *Globe Magazine* 1 (1889).]

孙邦华：《从〈万国公报〉看自然神学在近代中国的传播》，《基督宗教研究》（第五辑），卓新平、许志伟主编。北京：宗教文化出版社，2002年，第490—506页。

[Sun Banghua. "The Spread of Natural Theology in Modern China from *the Globe Magazine*." *Study of Christianity (Vol.5)*. Eds. Zhuo Xinping and Xu Zhiwei. Beijing: Religious and Culture Press, 2002. 490–506.]

[Williamson, Alexander. "The Preface of Biographies of Famous Scientists in Tessie." *Globe Magazine* 14 (1890).]

严复：《天演论》案语，《严复集》第5册。北京：中华书局，1986年。

[Yan Fu. "The Comment on *Theory of Natural Selection*." *Yan Fu's Collected Works*, Vol. 5. Beijing: Zhonghua Book Company, 1986.]

——：《救亡决论》，《严复集》第1册。北京：中华书局，1986年。

[—. "The View about Saving the Nation from Subjugation." *Yan Fu's Collected Works*, Vol. 1. Beijing: Zhonghua Book Company, 1986.]

杨代春：《〈万国公报〉与晚清中西文化交流》。长沙：湖南人民出版社，2002年。

[Yang Daichun. *The Globe Magazine and Cultural Exchanges between China and the West in the Late Qing Dynasty.* Changsha: Hunan People's Publishing House, 2002.]

易鼐：《论西政西学治乱兴衰俱与西教无涉》，《湘学报》第28期，1898年3月。

[Yi Nai. "On the Irrelevance of the Rise and Fall of Western Politics and Western Learning to Western Religion." *The Xiang-Xue Newspaper* 28 (1898).]

翟志宏：《阿奎那自然神学思想研究》。北京：人民出版社，2007年。

[Zhai Zhihong. *Aquinas's Natural Theology Studies*. Beijing: People's Publishing House, 2007.]

约翰·罗斯金与先拉斐尔派三画家

陈瑞红

内容提要：约翰·罗斯金与先拉斐尔派三位主要画家亨特、米莱斯和罗塞蒂之间的关系，是他们传记研究中的重要内容。罗斯金所倡导的自然主义美学，深刻影响了年轻的先拉斐尔派艺术家；先拉斐尔派又在1851年面临评论界围攻的生死存亡之际，成功争取到罗斯金的声援与支持，从而与其缔结了真挚的友谊。罗斯金与三位先拉斐尔派艺术家之间，既有相互成就的成分，又存在着难以调和的矛盾。尽管后来他与他们愈行愈远，但已经在彼此的生命与艺术生涯中留下了永不磨灭的印记。

关键词：约翰·罗斯金　先拉斐尔派　传记　关系

作者简介：陈瑞红，南京师范大学文学院副教授，主要从事英国唯美主义与维多利亚时期文化研究，已发表《奥斯卡·王尔德与宗教审美化问题》（《外国文学评论》，2009年第4期）等论文。邮箱：crhnj2008@163.com。

Title: John Ruskin and the Three Pre-Raphaelite Brotherhood (PRB) Artists

Abstract: The relationship between John Ruskin and the three dominant PRB artists Hunt, Millais and Rossetti is an important issue of their biographies. Ruskin's naturalism in aesthetics deeply influenced the young pre-Raphaelites. When the works of PRB were criticized severely in 1851, Hunt and Millais wrote to Ruskin and successfully gained the critic's support. The pre-Raphaelites had ever been very close to Ruskin who had helped them generously, but they distanced themselves from the critic later for various reasons. However, the critic and the pre-Raphaelites have left indelible stamp on each other's lives and careers.

Keywords: John Ruskin, the Pre-Raphaelite Brotherhood, biography, relationship

Chen Ruihong is Associate Professor in the College of Liberal Arts at Nanjing Normal University, China. Her research interests are focused in the areas of British Aestheticism Movements and the Victorian culture. She is the author of "Oscar Wilde and the Problem of Christian Aestheticism"（*Foreign Literature Review*, vol.4, 2009）. **E-mail:** crhnj2008@163.com.

约翰·罗斯金（John Ruskin，1819—1900）是英国维多利亚时期最具影响力的批评家，也是牛津大学的首任斯莱德艺术学（Slade Professor of Fine Art）讲座教授。他的批评领域囊括了绘画、建筑、政治、教育、经济等多个领域，对英国维多利亚时期的社会与文化产生了深远的影响。罗斯金与先拉斐尔派艺术家之间的关系，向来是传记学和西方艺术史家们所关注、探讨的重要问题，国内学者对这一论题尚鲜有论及。本文拟在此揭示罗斯金的美学思想对先拉斐尔派画家的影响，追溯他与该派三位主要画家亨特、米莱斯和罗塞蒂之间的交往、互动，透视其友谊在彼此生命和艺术生涯中的特殊意义。

一、挽救先拉斐尔派的危局

约翰·罗斯金出身于伦敦一位富有的酒商家庭，其父母原为表姐弟，两人婚后仅育有一子，因而特别重视对儿子的教育和才能的培养。约翰从12岁起开始学习绘画，还得到过名家的指导。他最初写作绘画评论的动力，主要来自想为他们父子都喜爱的风景画家威廉·透纳（William Turner，1775—1851）辩护的愿望。1843年，他的艺术评论《现代画家》（第1卷）面世，随即以优雅而又富于激情的文笔、对透纳作品的细腻描绘和独到解读，受到华兹华斯、丁尼生、伊丽莎白·巴瑞特·勃朗宁等文坛重要人物的关注与好评，在艺术学生与一般读者中也产生了较大影响。该书在结论部分劝告年轻的艺术家们："应当以专一的心走进自然，勤勉与信任地与自然同行，心无杂念，只想着如何才能最好地参透其意义，不舍弃、不挑剔、不藐视任何东西。"（Ruskin 624）之后十几年间，罗斯金又陆续推出了《现代画家》的其余四部，探讨了绘画中的一系列理论与实践问题，除了透纳作品之外，还根据论题的需要讨论了很多其他的画家画作，从而奠定了他19世纪重要艺术批评家的地位。

19世纪50年代初，罗斯金开始成为先拉斐尔画派的著名庇护人。先拉斐尔派的创始人是威廉·霍尔曼·亨特（William Holman Hunt，1827—1910）、约翰·埃弗里特·米莱斯（John Everett Millais，1829—1896）和但丁·加百列·罗塞蒂（Dante Gabriel Rossetti，1828—1882），他们也是该画派最杰出的代表。其中，亨特年纪最长，最先与罗斯金建立起重要的精神联系，后来他又与米莱斯一起争取到这位批评家的支援，扭转了该画派所面临的危局。

亨特出生在伦敦东区的切普赛德（Cheapside），从小酷爱画画，但遭到身为商店经理的父亲的反对，他的艺术之路主要是靠着兴趣、天分和刻苦自学走出来的。1843年，亨特经人推荐进入皇家艺术学院做旁听生。1847年夏天，亨特辗转从怀斯曼主教处借到罗斯金的《现代画家》（第1卷），借阅时限仅24小时。他将这次与罗斯金的精神相遇称为"具有最重大意义的事件"。亨特写道："为读完这本书我花了将近一个通宵，在我能够充分领会其中一定的精义之前却不得不将它归还。但是，在它所有的读者之中，没有一个人会像我这样强烈地感到它是特别为自己写的。当它离开我的时候，它话语的回声却与我一同留了下来，而且，每当我更庄严的情感被触发时，它们都会获得更加深远的价值与意义。"（Hunt 73）尽管亨特热爱绘画，但由于生活环境和家庭的关系，他自然而然地沿袭了英国人对于艺术从业人员的传统偏见，即艺术行业不属于智慧高尚的圈子。但罗斯金的著作从根本上改变了亨特的认识，他对同学米莱斯说："罗斯金比我读到的任何其他作者都能感受到艺术的力量和责任。"（Batchelor 124）更为重要的是，罗斯金自然主义的美学理念引起了亨特的强烈共鸣，继而通过亨特影响到米莱斯，以至于先拉斐尔画派后来将"像孩子一样顺从大自然"当作自己的宗旨（Hunt 132）。

米莱斯是一个早慧的天才，11岁就进入皇家艺术学院学习。亨特与米莱斯两个少年之间相交甚笃，罗塞蒂则偶尔来学院旁听，还经常到亨特的工作室拜访。这三个年轻人虽然个性、才情、趣味、追求不尽相同，但他们逐渐形成了相近的艺术观，即反对学院派推崇拉斐尔式的古典技法和风格，抗拒拉斐尔之后由一些矫饰的画家所开启的机械主义的画风，也不喜欢暗沉压抑的色调。他们受到罗斯金"与自然同行"美学理念的感召，崇尚达·芬奇那种模仿自然的技法。当时，还有一本画册对他们影响很深，那就是中世纪晚期意大利比萨圣陵壁画的复制本，亨特后来写道："当我们一幅幅翻看这些画时，我们意识到圣陵的设计是非凡的，因为它们源于对无穷无尽的大自然的细心观察，并详细描绘了它所创造的奇特魅力。"（Hunt 133）三人又由此受到启发，开始对拉斐尔之前、中世纪晚期（或者说文艺复兴早期）的意大利绘画产生了浓厚的兴趣，并试图以亲身的绘画实践推进英国绘画艺术的革新。他们又招募了评论家威廉·米歇尔·罗塞蒂（William Michael Rossetti，但丁·罗塞蒂的弟弟）、画家斯蒂芬（F. G. Stephens）、科林森(James Collinson)以及雕塑家伍尔纳（Thomas Woolner），7人于1848年9月组成了"先拉斐尔派兄弟会（the Pre-Raphaelite Brotherhood）"，简称"P.R.B."。先拉斐尔派画家秉持着忠实于自然的精神，从《圣经》和莎士比亚、济慈等人的文学作品中寻找题材与灵感，他们的画作讲究对事物的逼真描绘，色彩温暖明亮，不强调立体感，富于装饰性，具有鲜明的艺术个性，有些画作包含着象征主义和神秘主义的因素。

先拉斐尔画派最初试图在皇家艺术学会寻求认可，但这种努力后来被证明是一个错误。早在1850年皇家学院的春季画展中，亨特和米莱斯的画就已经遭到来自报刊的严厉批评。1851年，米莱斯送展的画作是《玛丽安娜》《鸽子飞回方舟》和《樵夫的女儿》，亨特则展出了《瓦伦汀从普罗丢斯救下西尔维亚》，此外还有受他们影响的画家柯林斯（Charles Allston Collins）的《修院思想》。这一次，他们的遭遇更差，展览开始不久就受到了飓风一样的攻击！5月7日，《泰晤士报》上刊登了一篇堪称恶毒的评论文章，对米莱斯、亨特等人的画作从技法到思想做了全盘否定，就连查尔斯·金斯利这样的名流也著文讥嘲："实现先拉斐尔派理想的唯一可能的方法是让一个石化的独眼巨人去画他被石化的兄弟……你说，除非照抄自然否则一幅画就一文不值。但你不能照抄她。她比任何人所能够和敢于描绘的都要美10倍。"（Hunt 252）当时，皇家学院里有位教授因课上提及先拉斐尔派画作而引起很大骚动，甚至有个学生威胁米莱斯：下次在街上遇见他时要砍他！亨特描述自己的处境就像一个

"无人怜悯的罪犯"：邮件里都是匿名的辱骂信，不再有人请他画像，原来请他为朗费罗诗集做插画的出版商也毁约了；债务一天天增加，连最重要的创作都不得不停下。这时候，罗塞蒂由于一些亲戚的慷慨接济，基本生活需求还没问题，但他停止了展览，终止了大型的画作，只是做些设计，画些小水彩画。而科林森则已彻底放弃绘画去学习神职了。

米莱斯是先拉斐尔派兄弟会中最坚定的一个，他托诗人派特莫尔（Coventry Patmore）问批评家罗斯金是否愿意为他们写点什么。罗斯金在认真研究了他们的画作之后，分别于5月13日和30日向《泰晤士报》写了两封公开信，为先拉斐尔派声辩。他的辩护是权威、谨慎的，保持了距离，却非常有效，被亨特称为"晴朗天空里的一声惊雷"（Hunt 254）。罗斯金首先指出："我相信这些年轻的艺术家正处在其职业生涯的最关键时期——处在一个转折点，从这里他们可能沉入一文不名的境地，也可能升至非常伟大的境界。同时，我也相信，他们选择向上还是下沉在不小的程度上依赖于他们的作品所承受的批评的性质。"（Ruskin 319）所以，他们不应该被蔑视和全盘否定。罗斯金强调：先拉斐尔派并非、也没有假装在模仿古董画作，更没打算放弃现代知识、发明为艺术提供的一切优势，"就他们的意图来说，他们只是在如下一点上回到早期：即画他们所看到的，或者他们所渴望表现的场景中应该存在的真实，而不考虑任何绘画规则"（322）。罗斯金细腻辨析了画作的艺术特色，指出了不足，更肯定了它们的价值，并且就先拉斐尔派画家表现出的勇气、力量、耐心和审美判断力，预言了其未来可能达到的成就："他们可能会在英国为一个比300年来世人所见的任何画派都高贵的艺术流派奠定基础。"（327）罗斯金的声援、支持和公允的赏析，提升了米莱斯、亨特等人在画坛的地位，在关键时刻为先拉斐尔派赢得了宝贵的生存空间。

亨特和米莱斯对罗斯金十分感激，特意在隔了一段时间之后，两人联名致信对他表示感谢，并附上米莱斯在高尔街的住址。收信的第二天，罗斯金即携妻子艾菲·格雷（Effie Gray，1828—1897）到高尔街拜访。此次会面，双方均十分愉快。他们都主张艺术忠实于自然，欣赏中世纪晚期的绘画，反对文艺复兴以来的理性主义。艺术审美方面的重要契合，让先拉斐尔派与罗斯金缔结了真挚的友谊。这一友谊对于罗斯金也同样重要，正如巴彻勒所说："在视觉艺术界看起来都在与罗斯金背道而驰的时候，在英国发现一组有迹象将来创立罗斯金式'艺术学派'的年轻艺术家，对于罗斯金来说是一件好事。"（Batchelor 127）

二、罗斯金与米莱斯

1851年春末，米莱斯就与罗斯金夫妇成为亲近的朋友，他经常到后者家里去拜访，在致托马斯·库姆（Thomas Combe）的信中，米莱斯写道："我与罗斯金一起用过早饭和正餐，我们现在是如此要好的朋友以至于他邀请我今年夏季陪他一起去瑞士……然而我们关于艺术的看法也有很多分歧。其中一个重要的分歧就是关于透纳。他相信我会变得更懂他的作品，而我认为他对他的敬仰会逐渐懈怠……"（Hilton 156）透纳是自然风景画家，尤其擅长描绘大海的光色和气流的变化，后被认为是印象主义画派的先驱。亨特与米莱斯的作品更加倾向于表现社会活动和情感，因而他们无法像罗斯金那样崇尚透纳的风景画；而罗斯金却执着地想找到先拉斐尔派与透纳之间的联系，这种努力在他的论文《先拉斐尔主义》（1851年）中表现出来。该论文重申了他在《现代画家》中向英国年轻艺术家提出的"与自然同行"的劝告，虽然主要分析的是透纳的画，但似乎旨在预示先拉斐尔派的发展方向。

1852年，米莱斯已经凭借《奥菲利亚》和《胡格诺教徒》轰动了画坛。翌年初，米莱斯提出请罗斯金年轻的妻子艾菲做自己一幅画的模特，后者勉强同意了。艾菲是一位苏格兰律师的长女，美貌聪颖，性格活跃，尤其具有音乐和语言天赋。米莱斯以艾菲为模特的画作《1746年释放令》在当年皇家学院画展中大获成功，以至于警察不得不守在画前，以防止拥挤的参观人群过于靠近它。艾菲本人为此深感自豪，并且开始不遗余力地向她所交往的上流社会圈子引荐米莱斯。先拉斐尔主义开始活跃、流行起来，也逐渐感召一些新的画家与诗人加入进来。

1853年夏初，罗斯金邀请米莱斯随他们夫妇到苏格兰度假，同时受邀的还有画家亨特以及米莱斯的兄弟威廉，但亨特因故未能同行。罗斯金在致父母的信中谈到他发现年轻的米莱斯所受的教育不够完备，很难循着逻辑推进思考，骄傲，没有耐心，心智活跃，忧乐无常。他原打算在此旅程中引导米莱斯阅读欧几里得，希望他归来时能变成一个温顺而有条理的人。（195）但后来证明事与愿违。由此可见，罗斯金虽然爱惜米莱斯的才华，但并不能完全理解与把握他的个性与创造力。7月初，罗斯金一行抵达位于斯特灵西北数英里处、风景优美的格伦菲纳斯山地（Glenfinlas）。按照约定，米莱斯要在这里为罗斯金夫妇画一幅伴侣画像，但他推翻了原来的构想，只画了罗斯金一个人的像，这就是后来那幅著名的肖像画《约翰·罗斯金》（1853年）：批评家身着黑色大衣立在岩石上，身后是黑褐色的山岩与湍急的白色溪涧，他的双目静静地望着溪流的方向。该作品现保存于牛津的阿什莫林博物馆。

在格伦菲纳斯的大多数时间里，威廉享受他的垂钓，罗斯金待在他们租来的乡间小屋中忙于准备他的演讲稿——他受邀将于11月份在爱丁堡哲学研究所做几场演讲，这也是此次苏格兰之行的重要目的。于是，总是米莱斯和艾菲待在一起。米莱斯喜欢画置身于不同环境中的艾菲，用玉米穗、橡树子和鲜花装扮她，他们白天常常一起在山间散步，很晚才回来，两个富于激情的年轻人终于堕入情网。可米莱斯处于非常纠结矛盾的境地：一方面，他深深恋上自己原本敬重、爱戴的批评家的妻子，另一方面却要努力为那位丈夫画一幅令其满意的像。8月中旬，威廉离开了格伦菲纳斯，罗斯金、艾菲和米莱斯这种奇怪的三人组合持续了整个9月。蒂姆·希尔顿认为，在此期间，艾菲已经将她婚姻的真相告诉了米莱斯：丈夫沉浸在孤独的工作中，忽视妻子，关键是两人从未有过夫妻生活。这一真相虽然令米莱斯不再那么愧疚，却又使其陷入一种更加激动甚至愤恨不平的心情中。处于坏心情和坏天气之中，米莱斯病倒了，画像也未能按计划完成。

三人抵达爱丁堡之后，罗斯金做了关于建筑、装饰、透纳和先拉斐尔主义的四次演讲，场场听众均逾千人，还有新闻界的报道，可谓大获成功。但他并没有多少心情享受这份成功的喜悦，因为他终于发现了妻子与米莱斯的恋情。在他1880年代撰写的回忆录《过去》中，罗斯金对这场失败的婚姻只字未提，甚至也没有谈自己对其他异性的情感。1869年，他在拒绝美国作家诺顿（Charles Eliot Norton）为其写传记的请求时曾说："我对有没有人写自己的传记无所谓——但我知道没有人能写出我的美好人生——因为我的生命从来就不美好——也永远不会令人满意。"（Batchelor 224）由此我们不难窥见健康与爱情的缺失令他默默忍受着何等的痛苦！

米莱斯兄弟都有这样的想法，即罗斯金因为无法过夫妻生活，故意在寻找机会摆脱艾菲，结束这场婚姻。1854年4月25日，艾菲在父母的安排下永远离开了罗斯金家。7月15日，法院裁判该婚姻无效。罗斯金一家未做任何申辩，只希望尽快私下了结此事。米莱斯后来又再次回到格伦菲纳斯完成了罗斯金的画像，但拒绝与罗斯金继续保持友谊和艺术上的合作关系。1855年7月，米莱斯和艾菲宣布结婚，婚后育有8个子女，虽然堪称美满，却饱受社会舆论的争议，对画家的社会形象也带来一定的负面影响。多年以后，罗斯金已经释然了，米莱斯却依然无法释怀。后来亨特追述此事时说：在此后的很多年里，任谁也做不到同时跟米莱斯和罗斯金两人真诚交好。他本人由于与米莱斯向来相交甚笃，所以也不得不渐渐疏远了罗斯金。（Hunt 94）米莱斯后来成为先拉斐尔画派中最杰出的画家，他以卓越而丰富的创作赢得了王室赐予的准男爵头衔，并于1896年当选皇家学院院长。

三、罗斯金与罗塞蒂

罗斯金初次接触罗塞蒂的画作是在1852年底和1853年春，但两人的亲密友谊是在米莱斯与他断绝关系之后才迅速建立的，在某种意义上，这也是对米莱斯所带来的伤痛的一种补偿。从罗塞蒂这一方来看，这一友谊满足了他那个阶段多层面的需要。在先拉斐尔派兄弟会成立后的5年中，米莱斯、亨特已经崛起为闪亮的画坛新星，米莱斯甚至从一个异端登堂入室，被接纳为皇家学院的准会员。但罗塞蒂的画却一直卖不出去，他的《受胎告知》完成后等了3年，才以50英镑的价格卖给了先拉斐尔派的早期赞助人麦克拉肯（Thomas McCracken）；而米莱斯的《1746年释放令》刚动笔，就有人给出了400英镑的高价。罗塞蒂深知自己没有皇家学院的背景和成熟的透视技法，他要成名的唯一捷径恐怕就是评论家的认可了。所以，尽管他并不看重罗斯金的艺术批评，但依然渴望获得这位既富有又著名的批评家的支持。以上思虑在他1853年致伍尔纳的信中说得很明白。（Hilton 208）

罗斯金固然倾向于自然主义的画法，但他对当时英国的一些浪漫主义、象征主义画家，如帕尔默（samuel palmer）、沃茨（George Frederic Watts）等也熟悉。1843年，他还曾通过画家瑞奇蒙（George Richmond）购买过被视为英国象征主义艺术先驱的威廉·布莱克的画集。罗塞蒂的艺术与布莱克之间的相似点是明显的：它们都是诗意的、非写实的、充满激情的，且具有鲜明的象征性和宗教色彩。此外，罗塞蒂的父亲朱塞佩·罗塞蒂（Giuseppe Rossetti）是伦敦大学国王学院的意大利语教授，研究诗人但丁，家里藏有很多关于14世纪意大利诗歌的书籍。罗塞蒂从小耳濡目染，也培养了对意大利早期诗歌与艺术的热爱——而这一点，无疑成为他与罗斯金交流的另一个共同话题。所以，希尔顿认为，尽管罗塞蒂在两人交往之初就怀着功利目的，但他们的友谊自有其真诚动人之处。1855年5月，罗塞蒂在给姨母夏洛特·波里道利（Charlotte Polidori）的信中这样谈论罗斯金："他是我在家庭之外曾经有过的最好的朋友。"（210）

罗斯金当时的情感严重空缺，他把罗塞蒂当自己的孩子一样宠爱：公开撰文评论他的画作，盛赞他的天才，邀请他参加文化圈的聚会，推荐他参加一些展览……不仅为其争取舆论支持，还为他和他的情人西达尔（Elizabeth Siddal）的生活买单。看到西达尔身体病弱，罗斯金就敦请好友、牛津大学的医学教授亨利·阿克兰（Henry Acland）为其诊治，随后又安排她去法国南部休养。此外，包括罗塞蒂的兄弟和学生等，也都得到批评家的援助。亨特在追述一度疏远罗斯金的原因时说：起初，罗斯金对先拉斐尔派的画家同样看待，后来却在其《学院注释》（Academy Notes）以及其他语境中将罗塞蒂置于他和米莱斯之上，不仅抬高罗塞蒂在先拉斐尔派兄弟会的始创之功，甚至错误地将亨特说成是罗塞蒂的学生。

然而，罗斯金与罗塞蒂友谊的结局注定是悲剧的：批评家希望他所庇护的年轻画家以自己理想的方式去画；画家却只想获得来自批评家的资金和舆论支持，而拒绝接受他关于创作的任何建议。因为有求于罗斯金，罗塞蒂在相当长的一段时间里都容忍着他的那些评论和建议，甚至破例允许他到工作室里来看自己作画。然而，两人之间的平衡是短暂的，罗塞蒂这位放荡不羁、具有波希米亚气质的艺术家，永远也成不了谨守福音派教义的罗斯金所希望的那种朋友。随着时间的推移，罗塞蒂逐渐走进公众视野，他的画作也形成了独树一帜的感性风格，就连学院派也认可了他的艺术。于是，他与罗斯金之间的矛盾就绽露出来。

自负的罗塞蒂在很多场合都表达过对罗斯金的藐视：他曾对伍尔纳说，罗斯金对艺术问题只是半知半解，其赞扬与指导从专业的角度来看没什么价值。在另一场合，他甚至说罗斯金是一个心灵贫瘠的人，仅仅是个批评家而非艺术家（Batchelor 140）。罗斯金并非没有察觉到画家的抗拒与藐视。1855 年 7 月，他在给阿克兰夫人——后者曾在来信中抱怨当时跟他们同住的西达尔邋遢乖张——的致歉信中写道："这些天才们全都一样，不论才能大小。我认识他们中的 5 个了——透纳、沃茨、米莱斯、罗塞蒂和这个女孩——我都不知道哪一个最执迷不悟。"（Hilton 221）正是由于西达尔在阿克兰家的不愉快经历，在阿克兰、罗斯金召唤先拉斐尔派艺术家们参与牛津大学自然历史博物馆的设计和建筑时，罗塞蒂没有作出任何贡献，而伍尔纳等其他先拉斐尔派艺术家却参与了此项建设。

1860 年初秋，罗斯金赠金并致信罗塞蒂，祝贺他与西达尔结婚。但这场婚姻是不幸的，婚后不到两年，西达尔因服食过量的鸦片酊而死，罗塞蒂本人也开始越来越深地依赖鸦片酊。在此期间，罗斯金的生活和思想也发生了很大变化，尤其是其父亲于 1864 年 3 月去世后，他的性情也进入一个振荡期，似乎再也无法包容罗塞蒂了。1865 年 7 月，他在致后者的信中写道："我感谢你的爱，但是我已经不再想要爱了。……你对我一无所知，对我的知识和思想也是如此，……除非你也能像我对你那样意识到我的优越之处，我对你再也无话可说。"（Ruskin 493）在致其他友人的信中也写道："罗塞蒂及其他人现在我再也不会见了——他们走他们的路我走我的……"（Bradley 66）罗斯金与罗塞蒂的分道扬镳，除了源于性情、教养、品格、思想和审美趣味方面的差异，还典型地体现出批评家与艺术家之间那种既相互依赖、又难以调和的矛盾关系。1869年夏天，亨特在威尼斯参观时巧遇罗斯金，他后来如此追忆当时的欣喜心情："近年来情境的复杂使我无法与他保持亲近的交流。一看到《现代画家》的作者，一听说他来了这个城市，我就非常真切地感到经常渴望能恢复我们的亲密关系……"（Hunt 258）当天，两个故友一同乘着小舟参观了乔尔乔涅、提香、丁托列托等画家的名作以及其他的名胜古迹。晚餐时，罗斯金对亨特说："我想请问，你今天上午说看到我多么高兴时，你仅仅是说句恭维话呢还是认真的？"亨特反问他："是什么让你怀疑我说话时从容的坦率？"罗斯金答道："因为这么多年来，如果你想见我，坎伯韦尔离丹麦山没多远，你来看我很容易，或者让我过去看你。可是两样你都没做。"（Hunt 264）亨特于是委婉地向罗斯金暗示了其中的诸多缘由，也得到了后者的谅解。两个饱经沧桑的故友异国重逢，前嫌尽释，在威尼斯的桨声灯影里一同追忆往昔的时光……这一画面，也为本文所呈现的罗斯金与三位先拉斐尔派画家之间的关系增添了一抹温暖的亮色。尽管他与他们愈行愈远，但已经在彼此的生命与艺术生涯中留下了永不磨灭的印记。

引用文献【Works Cited】

Batchelor, John. *John Ruskin: No Wealth but Life.* London: Chatto & Windus, 2000.

Bradley, J. L. *Ruskin Chronology.* London: Macmillan Press, 1997.

Hilton,Tim. *John Ruskin: The Early Years 1819–1859.* New Haven and London: Yale University Press, 1985.

Hunt, W. Holman. *Pre-Raphaelitism and the Pre-Raphaelite Brotherhood.* 2 Vols. London: Macmillan and Co., Limited, 1905.

Ruskin, John. *The Works of John Ruskin.* 39 Vols. Eds. Edward Tyas Cook and Alexander Wedderburn. London: Cambridge University Press, 2010.

浮云流水知音远
——陈铨与冯至的交谊与德国文学之学术志业

叶　隽

内容提要：本文选择两位具有留德背景的德文学科重要开创者陈铨、冯至为个案，考察彼此之间的学术交谊，从最初的留德时代到归国后学术场域里的交往，从陈铨为冯至博士论文所撰的学术书评到1960年代仍在阅读其主编的《德国文学简史》，可以见出那代知识精英们的持久友谊，更可体现出在中国现代学术建立期里日耳曼学呈现的某种面相及可能，其中既有宝贵的学术实绩，也有丰厚的学术经验、教训和启迪，对于他们所表现出的"德国文学史"撰作情结尤其予以肯定，可以说是代表了中国日耳曼学人代际相传的学术理想。

关键词：冯至　陈铨　德国文学　学术史

作者简介：叶隽，同济大学人文学院特聘教授。

Title: The Friendship between Chen Quan and Feng Zhi and the Academic Occupation of German Literature

Abstract: This paper selects Chen Quan and Feng Zhi, two important pioneers of German literature, as the case to study their academic friendship, from their learning experiences in Germany, to the academic interaction after returning to China. From Chen Quan's book review for Feng Zhi's dissertation to his reading of *History of German Literature* edited by Feng Zhi in the 1960s, it features the everlasting friendship of intellectual scholars at that time. It is also apparent that Germanic studies presented a certain face and its possibilities in the period of the establishment of modern Chinese scholarship, in which there are valuable academic achievements as well as rich academic experiences, lessons and inspirations. It may be regarded as certain that they represent the intergenerational academic ideal of Germanic scholars in China and the pursuit of writing a German literary history with Chinese character is particularly commended.

Keywords: Feng Zhi, Chen Quan, German literature, academic history
Ye Jun is Professor in School of Humanities at Tongji University, China.

作为中国德语文学学科第二代学者中的佼佼者，冯至（1905—1993年）与陈铨（1903—1969年）的命运迥异而又共通，其实是很难得的"双星联璧"，他们之间的友谊不仅是私交，而且更折射出本学科（也可视作"日耳曼学"）的曲折历程，值得梳理。无论是被鲁迅誉为现代"中国最为杰出的抒情诗人"的冯至，还是被吴宓以"天才"相许的陈铨，都是那代知识精英中的出类拔萃之才，也是本学科堪称骄傲的闪烁之星辰，更是杰出的作家。两者一位出自北京大学，一位源于清华大学，代表了中国现代学术的不同源流。至于留学经验，更是一位留德五年，另一位先留美后留德，有着多元异文化经验。以这样的天赋和教育背景为依托，本该是龙腾虎跃、气象非凡，参与书写现代中国的"文化华章"，但他们的腾跃，似乎仅仅主要光耀于1930至1940年代的"烽火连天"之中，正是"千古文章未尽才"。检点其交谊得失，既可展现学人生活史之风景线，也是观察学术史进程的有益窗口。

一、留德交谊：从柏林到海德堡

陈铨与冯至虽然曾有一段同在北京求学的经历，但两人的相识是在1930年代初期的柏林。虽然陈铨在基尔（Kiel），冯至在海德堡（Heidelberg），但仍都起意到柏林暂居，或许也是因为首都的魅力以及柏林大学的赫赫声名吧。冯至留下了记录："有时同一两个德国人谈一谈，很少见中国人。做《天问》的那位陈铨在此地学文学，此外没有人。"（12：131）这句话透露的信息颇堪玩味，一是冯至此期在柏林的交往范围是较为狭窄的；二是陈铨几乎是唯一的国人，而且更重要的是两者乃同行，都是学德语文学的；三是绝非不重要的一个潜台词，即作为小说家的陈铨，这里提到的《天问》，正是陈铨借以成名的少年作品，这对作为诗人和作家的冯至来说，显然是不陌生的。

关于这段经历，陈铨自己也提及："弟去年冬季曾一度转学柏林。今年春复返克尔，……自六月后直接回国或再留他处，当以清华准否延长为转移。"（《陈铨自德国克尔来函》30-31）这段话应是基本符合陈铨留德的实际情况的，即1931年冬季学期他转学到柏林大学；关于申请清华大学批准事，其在1932年9月致函清华大学留学监督处，申请延长庚款资助官费一年，但只被批准了半年，所以本来1933年上半年到期就延长到了1933年底（孔刘辉 78）；1933年5月在基尔大学博士考试完成之后即离开，先到柏林，再去海德堡，并在此于11月收到博士学位证书，之后又去法国，在巴黎、里昂等地游历会友；再赴意大利威尼斯，由此登船归国，时间在1933年12月中旬（78-79）。

陈铨与柏林的关系，恐怕并不止于这半年转学，这也为其自己所证实："男自前日起来柏林，度此十余日寒假，一学期工作后得稍为休息，身心亦觉舒展，大约在一月七号左右再返克尔，重新工作。"（78）这是1932年12月的家书。当然在这样的假期中，与冯至等朋友谋面叙旧畅聊的可能性自然也是有的。对于陈铨的穿梭于基尔、柏林之间，也得到了杨能深的印证："弟等定于后日星期四日（十一月二十九）约集青励会同志到城外程登科家聚会一日，陈铨亦已来柏，故在德之弟兄们，此次可以会齐，殊为高兴。"（杨能深 33）这里说的应该就是陈铨1932年末的柏林之行以及在程登科家的青励会聚会。

那么，陈铨在柏林的生活如何呢？按照陈铨自己的说法："柏林七个月的大学生活，要算我一生中的黄金时代。因为我那时有足够的金钱，我生平最大两个嗜好，买书和看戏，都得着了最好的机会。"（转引自孔刘辉 62）也就是说，在1931年冬季学期前后，陈铨是在柏林大学注册入学的，具体时间当在1931年9月至1932年4月之间。而这段时间冯至也是在柏林的，两人正好在学校有交集。

1933年，陈铨完成博士论文之后曾到海德堡一游，估计冯至可能是"地主"，自然要尽招待之谊。想来他不会不将自己得意的博士论文赠予冯至一份，而冯至对中德文学关系显然也并非不了解，他此前就做过相关工作，譬如卫礼贤（Richard Wilhelm，1873—1930）应《小说月报》之约而撰写《歌德与中国文化》一文，日后被收入《歌德之认识》一书。冯至则受托将此文中所引用的歌德组诗《中德四季晨昏杂咏》译为中文，显然能看出他作为诗人的妙笔。

所以，冯至对歌德与中国文化的关系是熟知的，自然也不会对陈铨这样的开拓性研究不感兴趣。

二、中国现代学术场域的日耳曼学面相：
以学术书评的多重功用为引子

两人重逢之时恐应是1935年的北平，其时陈铨正在清华大学任教，冯至坚持不在"首都"南京任职，而选择到北平的中德学会担任中方秘书一职。这略显愚拙的选择显示了冯至坚定地与政治划线的态度，他显然更希望能从事文化、学术、教育类的工作，所以他开始时坚拒了张贵永代表朱家骅的延揽（姚可崑 47）。虽然在北平的时间并不长，但以冯至主持中德学会的便利，自然不会将同在北平的陈铨放在圈子之外，陈铨大概率是由此得到了冯至的博士论文。

1935年，冯至在海德堡大学完成博士论文《自然与精神的类比是诺瓦利斯作品中的文体原则》，陈铨随即就在《清华学报》上发表了长篇书评，对其进行了系统评述（陈铨，《陈铨德国文学研究论集》248-259），开篇即从其学术背景谈起："冯先生在中国北京大学肄业的时候，就师从德人洪德生专攻德国文学，并且帮助他把《西厢记》《琵琶记》翻译成德文。后来到德国进柏林大学，以后又转海岱山大学，继续他德国文学的研究。"（陈铨，陈铨德国文学研究论集 248-259）这里表现出陈铨对冯至是有所了解的，尤其强调其师从洪涛生（Vincenz Hundhausen，1878—1955），并帮助老师翻译中国古典戏曲，其实在某种意义上也可算是合译的。但细节则不准确，按照冯至自己的说法："我只帮助他（指洪涛生，笔者注）译过《琵琶记》，《西厢记》是另一个人帮助他译的。"（12：492）而冯至之所以选择海德堡大学，是因为受到洪涛生的指点（4：399）。

陈铨在稍微论述宏观背景后，[①] 即分析冯至的方法论："冯先生研究的方法，是从罗发利斯作品的风格，去探求作者的主张，再就他的主张来阐明他的风格。……这一本书，本来是探讨罗发利斯作品的风格，但是他的目标却是罗发利斯的精神，所以它对于形式方面有最严格最科学的分析，但是对于精神方面又有最深刻最明达的了解。……也就是冯先生此书第一个特点。"（陈铨《陈铨德国文学研究论集》248-249）这段分析可谓是"洞察幽微"，尤其是把握了"形式研究"与"精神研究"的关系，深得其中要义，德语关键词的明确标示，更是直接交代出这种学术渊源。②

　　冯至在民国时代的学术语境里，其实多少有些曲高和寡，他的博士论文并未用汉语出版，所以关于诺瓦利斯的研究虽然他德国的导师评价甚高，但冯至自己并未太在意。事实上，除此之外，似乎很少能见到学界对其著作的评价，对冯至的诺瓦利斯研究的重视要到1980年代以后才逐渐开始。陈铨的这种言论，可谓是"知己者言"。尤其需要指出的是，此乃德语博士论文，常人难得之，更难读懂，而若要润笔为文且能胜意迻出，则难上加难，故此一篇文字当是学者交谊的可贵表现。遗憾的是，陈铨似并未获得冯至的"酬唱应和"。因为在1936年4月，陈铨出版了《中德文学研究》（依据自己的德语博士论文翻译加工）一书，估计自然会投桃报李的赠送冯至一册，即便没有，冯至也不应没有看到此书。但在当时学界颇为热闹的数篇书评中，我们未能见到冯至的署名；在目前能接触到的材料里，也没有发现冯至留下的任何意见。这无疑有些遗憾，因为作为同学科的精英与好友，冯至本是最合适作评的人。就此书的影响力来说，似乎确实不小，譬如张威廉在多年之后仍称："老友陈铨的《中德文学研究》，译成中文后为举世所推崇。"（《序》）此书甚为重要，作为学科中人，冯至不可能不读，读后自然也不会无观感，但引而不发，却也自有其可能的"隐衷"与"考量"在。

　　其实，陈铨与冯至并非没有面谈论剑的可能。由抗战而引起的南迁，固然是血与火的考验，但对中国知识分子来说也未必不是一种精神提升与"知识侨易"的契机。在昆明，两者有同事之缘。陈铨随着清华大学南迁，自然归属西南联大之行列；而冯至则是在1939年坚决离开了同济，转到北京大学，同属西南联大。这三年，直至1942年陈铨离开清华大学休假并从此一去不返，两人在昆明仍有相聚共事的同行之雅，三校的外文系尽管兵合一处，但仍未能招收德文专业的学生，仍是以给英文专业学生提供相关课程为特色，③

这方面既有二外德语教学：教师有杨业治、陈铨、冯至、洪谦，还包括外教如雷夏（Eric C. Reicher）、④李华德（Walter Liebenthal，1886—1982）等；也有专业性的通识课程（选修课），如德国文学史、德国抒情诗等，都由冯至授课；（李赋宁 74-75）还有些具有学术色彩的专题课，如"歌德""浮士德研究""浮士德与苏黎支""尼采"等，主要由冯至授课。（76）从这样的课程设置情况来看，在西南联大扮演主要德文师资角色的显然是冯至，这当然也与时间有关，陈铨早在1942年后就作别昆明了，其学术理想也基本铩羽。

即便是到了1940年代后期，两人仍有重聚首的契机，至少陈铨是有此意识的。1946年，陈铨出任同济大学外文系主任，他曾向校长董洗凡推荐拟聘任姚可崑（1904—2003年）为德文教授："洗凡校长勋鉴，前承面嘱加聘德文教授一人，……兹拟聘姚可崑先生（月薪四百四十元）为外语系教授，……如蒙钧准请即嘱教务处发出聘书，由铨代转，或直交北平国立北京大学冯至教授转，同时与铨一通知。"落款是1946年11月30日。显然，陈铨是有着一定的人才布局考虑的，因为姚可崑、冯至是夫妻关系，前者既来，后者当随。12月2日的批示为："照聘，自十一月份起薪。"12月7日，董洗凡的批示是："聘书速备就送陈铨主任转交。"⑤遗憾的是，此事当属未果。

但我们可以看到，陈铨对冯至夫妇是念兹在兹的。作为中国现代学术场域里少有的"双子星"，冯至、陈铨两人合则力强，分则势弱。尽管如此，日后北京大学德文学科的蒸蒸日上及日后中国学术场域里的角色足以证明冯至选择的是正确之路；而同济的德文甚至连专业地位都保不住，被归并到复旦大学、南京大学，这当然与历史大潮流有关，但也从另一方面印证了陈铨学术眼光的某种"短视"。冯至曾提到过战国策派，却对陈铨避而不谈，他说："'战国策派'主要人物是林同济。……在昆明时他曾约我给《战国策》写文章，我给他写过一篇《一个对于时代的批评》，讲基尔克郭尔的。事后我听说林同济办这刊物是企图给蒋介石出谋献策，我也就不再给他写东西了。他与存在主义无关。他推崇尼采。尼采的思想充满矛盾，他的言论，在各党派中从左到右都可以引用，是各取所需。"（12：494）说此言时冯至已是85岁高龄，但似乎记忆犹新，让我们大略可以体会到其时的政治背景与学术、思想和文化的关系。

而作为战国策派核心人物且是文学领域唯一主将的陈铨，冯至却回避了。为什么？这无疑是一个值得思考的问题。

三、德国文学史情结：20世纪五六十年代的学脉断续

在现代中国的语境里，冯至和陈铨的命运即便不算是"天壤之别"，也是南辕北辙。1949年，宛如一道生命的笨重闸门，缓缓降落，将不同的归宿安置给不同的选择方向。在北京的冯至，仿佛如鱼得水，春风得意；而在南方的陈铨，则艰辛坎坷，跌落困境。首先是从同济被调整到他校，到了1952年的院系调整更是发生了大转变，他不但要换学校，还要换城市，从上海被安置到了南京。南京大学虽是一所历史悠久的大学，但曾经的中央大学履历在新时代非但不能加分，反而成为一种隐形的负面资产。

陈铨并没有忘记冯至，他在日记里留下了阅读冯至著述的感受："开始读冯至及一些北大教师和同学集体编著的'德国文学简史'，大体来说编得还不错。取材叙述很扼要，思想时代能鲜明突出。……我想这和冯至先生的领导分不开的。"（陈铨，《日记》541）这是在1961年，他还戴着"右派"帽子的时候，他还只能"下陈"，不能走上讲台。这部《德国文学简史》虽然日后被冯至本人引为败笔，但在那个年代至少是从事学术的可能方式，并且确实也体现了其作为一代日耳曼学人的德国文学史观。两人的志业理想其实有共通的一面，这大概也是同一学科的学人难免的"志业共相"吧。

这套《德国文学简史》是冯至最不愿提及的作品，但确有其学术史价值（严宝瑜 15-18）。此书的第1版分上、下两册，30万字。应该承认，虽然时世艰难，但冯至还是在努力保证自己的学术良知与学术水准，他撰写序文称："这部《德国文学简史》是在党中央提出了鼓足干劲、力争上游、多快好省地建设社会主义的总路线以后，北京大学西方语言文学系德语专业一部分师生组成的'德国文学史研究小组'……集体编写的。"（7：147）这是事实，上册由冯至独著，下册的作者则有田德望、张玉书、孙凤城、李淑、杜文堂。其中田德望（1909—2000年）是教师，其余的都是学生。这就决定了前者基本可

作为学术著作来参考，后者则可归属于译介性的资料。此时正是"大跃进"口号自上而下，而"反右"斗争刚过去不久，知识分子面临着另一种强势的话语背景。冯至只笼统说"大量参考了德意志民主共和国有关德国文学史各阶段的著作"（7：147），实际上他接触了不少德语资料，譬如梅林的《德国文学史论文集》、佩奇的《语言理论的基本问题》、凯泽尔的《语言的艺术作品》、汉斯・麦耶的《德国文学批评的经典作品》等（冯至、田德望 417）。所以陈铨是有眼光的，他意识到冯至在《德国文学简史》撰写中的核心作用。

而这个问题不应局限在冯至、陈铨两人之间的彼此应和，或彼时南北大学在特殊政治语境中的德文学科状况，而应将那代人的德国文学史情结和整体学术史进程纳入更阔大的视域考察。中国最早的德国文学史是张威廉的《德国文学史大纲》（1926年），张威廉正是冯至在北京大学德文系的早年学长；而当时与张氏同班的商承祖，也在持之以恒地做这一项工作。两人都长期在南京大学工作，是德语专业的开创者，而商承祖更是担任外文系主任，具有实际的学术主导权。陈铨来到南京大学，本该是难得的高手风云际会，彼此有很多共同语言才是，但事实则不尽然（叶隽 99-105）。再行追问：既然冯至在北京大学能组织师生完成这样的著作，为什么商承祖在南京大学就不能呢？而以南京大学德文专业之精英荟萃，至少在"1952年院系调整时，调来了同济和复旦的德语师资和图书；师资有陈铨、廖尚果、凌翼之、贺良诸教授，焦华甫讲师，德国女教师陈一荻和作家布卢姆，真可说是人材济济，盛极一时"（张威廉，《德语教学随笔》161）。这样的时机和人才集群效应未能发挥，实际结果是"为时不过十年，便就风流云散了"（161），虽然历史不能假设，但此追问作为学术史发展过程中的"幽暗面相"其实不能不有所体认和考察。

民国时代试作德国文学史的还有唐性天、刘大杰、李金发、余祥森等，[⑥]可谓在一个相对狭小的学术领域里展开了一种"异域文学史对话"。这种势态在进入1950年代后除了冯至主持的《德国文学简史》外似乎难以维系，据说商承祖曾编写过《德国文学史》，[⑦]但未得见。在整个外国文学史领域这也好像是唯一的"幸运儿"，由此更能体会到那个时代学术持守的不易。

这种血脉其实还在一直断裂下去，直到20世纪90年代初期余匡复的《德国文学史》出版，才算是将传统延续下去。但此书有强烈的教科书印迹，诚如作者所言："这部《德国文学史》是作者在讲授德国文学史的讲稿基础上补充、加工、修改而成的。"功能是"既可作大专学生的德国文学史教科书，也可作其他读者了解德国文学史的入门书籍"，其定位是"面向大众的"（余匡复 1）。近三十年来中国"德国文学史"撰述虽在专业知识扩充上有进步，但因"学术理想"的衰微反而欠缺了民国时代那种自由峥嵘的气象。

四、"谊长情伤"与"余音绕梁"

1979年，南京大学为陈铨平反，举行正式会议。可能是获悉冯至彼时正巧在宁，于是也发去了一份通知。冯至并未亲临现场，而以一封短札发给"陈铨先生治丧委员会"，称："在北京时得到通知，陈铨先生追悼会将于本月二十一日举行。我因事路过南京，仅留一日，不能参加追悼，甚以为憾。谨修唁函，以致悼念，并请代为慰问家属。"（孔刘辉照片页）日程紧张固然是事实，或许也未必不是怕睹物思人，徒伤情尔。此时距离陈铨离世，恰好十年。可陈铨却只落了个"平反""治丧"，冯至心情值得玩味。

尽管如此，我们仍不得不说，陈铨对冯至是有着相当的"学术情结"的。这至少表现在以下几方面，一是青年时代的"切磋琢磨"，无论是柏林的初逢，还是海德堡的长访，应该说他们之间有着相当不俗也充分的交流，以他们的专业背景和文学兴趣，应是"知音难得"。这方面的材料我们如今能看到的很少，但按照逻辑推断，当不出意外。

二是学术上砥砺切磋，这一点充分表现在陈铨为冯至的博士论文撰写的学术书评上。对于知识人来说，最高的褒奖莫过于专业层面的"知者之言"，而对于肯撰文相唱和的学术同行，内心肯定会有胜过"高山流水"之音的感觉，如果说"君子之交淡如水"是描绘彼此的人格高度，那么"学术之交淡如菊"则可显示志趣情怀的相契合。经历过现代大学体制及学术规训的这代学人更濡染上现代学术的思维和行文特征，譬如学术书评的讨论形式。

三是"德国文学史"情结的共通和表露。这一点非学科中人恐较难理解，作为以德语文学为专业的中国现代学者，其内心深处必然有着为中国学术开辟新领域和新境界的理想，而他们所新拓的日耳曼学（具体说是德语文学研究），乃是"西学"大范畴中的一个相当重要也特殊的专业。陈铨、冯至在生性上恰为两极，一者激烈冲动，一者沉静内蕴。陈铨"德国文学史"志向早就树立，早在1930年代他在清华大学任教授时就慨然谓："我正预备作一部歌德的评传一部尼采评传，和一部大规模的德国文学史。"（陈铨，《我的生活》26）这样的学术规划可谓是雄心勃勃了。可惜的是，文学史计划付诸东流，连歌德评传、尼采评传也都未成，只是在西南联大时代写了些战国策派的激进型文章。而冯至则不然，他对德国文学的兴趣发端甚早，无论是当初的北京四中阶段即学习德语，还是受到堂叔冯文潜影响而醉心德国诗人，尤其对歌德确实下功夫进行了深度研究，而其《德国文学史》撰作实践则是在1950年代的特殊背景下引发与完成的，对此姚可崑有比较细致的解释，[⑧]应算是努力协调政治任务与学术兴趣的一个尝试。

对于德文学科来说，南京大学的德文学科史是最为曲折且典型反映出其毁伤崩离的面相的。其实，以陈铨、冯至的学养，本当开辟更为开阔与辉煌的中国日耳曼学之盛业，他们都是外语出身而雅善文学，且兼及研究、翻译与创作，更是怀有多学科兴趣，尤其深谙德国文哲并重传统，对那些大人物如尼采、叔本华、黑格尔乃至康德，都饶有兴趣，甚至是专门研究；即便对海外汉学，尤其是德国汉学，也都颇为关注和熟稔。这些都赋予了他们以必要的知识资源，但便如拾得了满地散落的珍珠，终究找不到方法将其串联在一起一样，这固然有其前述时代背景的制约，但作为学者自身不能坚定学术上的青云之志，也不能说完全没有自己的主观内因作用。姚可崑这段话对理解冯至很重要："冯至……认为人与人之间除爱人与个别友人外，难得有真正的了解，……至多不过是彼此呼应一下而已。既然如此，就不妨互不干扰，各行其是。他常常隐蔽自己，不求人知。"（姚可崑 139）这可以视为理解冯至心理奥秘的一把钥匙，这是沉思的诗人的精神之基，也是其哲思之鹄的，虽然尚未达致，但冯至无疑是有着向"诗哲"迈进的路径和可能的，对歌德及其作品世界的研习能使得研究者借此契机获得与常人不同的知识与思想资源，更何况本就是天才诗人的冯至，若是天假以时，让其按照昆明时代的学院诗思自然生长，也未必不能产生"中国现代最杰出的哲性诗人"。

而陈铨则是要"粉墨登场"的，他认定："世界是一个舞台，人生是一本戏剧，谁也免不了粉墨登场，谁也不能够在后台休息。"（陈铨，《蓝蝴蝶》2）其一生命运之悲剧或许也正肇基于此，正是过于急切地加入时代洪流中去，陈铨才无可扭转地择定了背离学术的生命方向，无论其理由如何充足，但其命运是非常遗憾的。冯至虽然也未能如愿以偿，但至少在昆明时代完成了他一生中最灿烂的"天才高光时代"。被时代潮流所裹挟也同样在他身上表现出来，他也付出了巨大代价，但无论如何还算是"保全性命"，虽然只是"两害相权取其轻"，也还能部分守护住自己坚持的学术道路，较之陈铨应算是幸运些了！

注释【Notes】

① 但这并不代表陈铨的认知就是完全正确的，譬如他说："冯先生专研究的范围，是德国初期浪漫主义运动。……那时德国的文人，差不多同时都是哲学家。凑巧那个时候，又是德国哲学的极盛时代，康德还没有过去，继续又产生了德国理想主义的几位大师——费希忒薛陵黑格尔。……他们的哲学同德国初期浪漫主义运动又发生了密切得不能分开的关系，要了解德国浪漫主义运动，非了解德国理想主义不可。"（陈铨，《陈铨德国文学研究论集》248）这里有一个较重要的理解问题是有偏差的，即德国古典文学与古典哲学，也包括古典艺术、古典学术、古典教育等各知识领域的同生共兴，是一个关联现象，是必然现象，而非偶然现象。

② 这里牵涉两代留德学人之间的重大差别，在陈寅恪那代人，还是抱有"取珠还椟"的思路的（吴宓，2：102）。这尤其表现在不采取西方学术的注释体例，不明确交代相关资料的西方来源等。这固然有其一定的合理性，但从学术发展的角度来看，未必可取。

③ 关于西南联大开设外文（包括德文）相关课程的情况，可参见李赋宁执笔的西南联合大学外文系的介绍（李赋宁71–77）。

④ 关于雷夏其人，何炳棣回忆1930年代求学清华时的情况说："为加强阅读德文的能力及外交史知识，我结交了避难来华犹太籍德文教员雷夏（Eric Reicher）先生，请他指导我攻读我自己选自德国外交密档Die Grosse Politik第九及十四册中几篇有关胶州湾交涉的电文，以作为利用外交档案的初步练习。"（何炳棣65）

⑤ 这份同济大学的档案的影印件由冯姚平先生见赐，特此致谢。

⑥ 唐性天、刘大杰、李金发、余祥森。

⑦ http://www.nju.cn/cps/site/NJU/nju100/people_stories/classmate/note/Shang_Chengzu.htm，访问日期：2005年2月20日。《商承祖的主要著作》，https://zhidao.baidu.com/question/1370266724575447299.html，访问日期：2020年4月24日。

⑧ "这年7月，北大党委号召全校科学研究'大跃进'，要苦战四十天，做出成果准备于10月1日向国庆献礼。……他下定决心，与几位同事合作，集体编一部《德国文学简史》。……他两年来讲授德国文学史讲稿已经写到十九世纪中叶，可以作为基础，其他部分大家加一把力，分头撰写，到时不愁不能完成。……由于大家的辛勤努力，文学史的初稿终于如期完成。……冯至的日记里写着：'25

日晚十二时校对完毕，从通县回到家里已深夜一时半。'第二天他又到系里向大家谈编写文学史的原则问题。"（姚可崑 143-144）

引用文献【Works Cited】

Walravens, Hartmut, hrsg. *Vincenz Hundhausen (1878–1955): Leben und Werk des Dichters, Druckers, Verlegers, Professors, Regisseurs und Anwalts in Peking*. Wiesebaden: Harrassowitz Verlag, 1999.

陈铨：《陈铨日记》（手稿复印件），由陈光琴提供。

[Chen Quan. *Chen Quan's Diary*. MS. Collection of Chen Guangqin.]

——：《陈铨自德国克尔来函（1932年9月30日）》，《青年励志会会务季刊》1934年第6/7期，第30—31页。

[—. "Chen Quan's Letter from Kehl, Germany (September 30, 1932)." *Youth Inspirational Society Quarterly* 6/7 (1934): 30–31.]

——：《陈铨德国文学研究论集》，韩潮编。西安：陕西人民教育出版社，2016年。

[—. *Collected Studies in German Literature by Chen Quan*, Ed. Han Chao. Xi'an: Shaanxi People's Education Press, 2016.]

——：《蓝蝴蝶》。重庆：青年书店，1943年。

[—. *The Blue Butterfly*. Chongqing: Youth Bookstore, 1943.]

——：《我的生活和研究》，《清华副刊》1936年第44卷第3期，第26页。

[—. "My Life and Research." *Tsinghua Supplement* 44, 3 (1936): 26.]

冯至：《冯至全集》（1—12卷）。石家庄：河北教育出版社，1999年。

[Feng Zhi. *The Complete Works of Feng Zhi*, 12 Vols. Shijiazhuang: Hebei Education Publishing House, 1999.]

冯至、田德望等编：《德国文学简史》下册。北京：人民文学出版社，1958年。

[Feng Zhi and Tian Dewang eds. *A Brief History of German Literature*, second volume. Beijing: People's Literature Publishing House, 1958.]

傅吾康：《为中国着迷———一位汉学家的自传》，欧阳甦译。北京：社会科学文献出版社，2013年。

[Franke, Wolfgang. *Im Banne Chinas (Fascinated by China: The Autobiography of a Sinologist)*. Trans. by Ouyang Shu. Beijing: Social Science Academic Press (China), 2013.]

何炳棣：《读史阅世六十年》。桂林：广西师范大学出版社，2005年。

[He Bingdi: *Sixty Years of Reading History and Reading the World*. Guilin: Guangxi Normal University Press, 2005.]

胡适：《疑古与开新———胡适文选》，俞吾金编选。上海：上海远东出版社，1995年。

[Hu Shi: *Doubting the Ancient and Opening up the New — Selected Writings of Hu Shi*. Ed. Yu Wujin. Shanghai: Shanghai Far East Publishers of China, 1995.]

孔刘辉：《陈铨评传》。北京：人民文学出版社，2020年。

[Kong Liuhui. *Review of Chen Quan*. Beijing: People's Literature Publishing House, 2020.]

李赋宁：《学习英语与从事英语工作的人生历程》。北京：北京大学出版社，2005年。

[Li Funing. *A Life Journey of Learning English and Working in English*. Beijing: Peking University Press, 2005.]

李金发：《德国文学ABC》。上海：ABC丛书社，1928年。

[Li Jinfa. *The ABCs of German Literature*. Shanghai: ABC Series, 1928.]

厉啸桐：《陈铨〈中德文学研究〉指瑕》，《国立武汉大学文哲季刊》1936年第1期，第263—265页。

[Li Xiaotong. "Correction of Chen Quan's *Chinese and German Literary Studies*." *National Wuhan University Quarterly Journal of Literature and Philosophy* 1 (1936): 263–265.]

刘大杰：《德国文学大纲》。上海：中华书局，1934年。

[Liu Dajie. *Outline of German Literature*. Shanghai: Zhonghua Book Company, 1934.]

牟永锡：《牟永锡自德国柏林来函》，《青年励志会会务季刊》1934年第6/7期，第34—38页。

[Mou Yongxi. "Mou Yongxi's Letter from Berlin, Germany." *Youth Inspiration Society Quarterly* 6/7 (1934): 34–38.]

唐性天：《德国文学史略》。汉口：江汉印书馆，1932年。

[Tang Xingtian. *A Brief History of German Literature*. Hankou: Jianghan Printing House, 1932.]

王佐良：《语言之间的恩怨》，刘洪涛、谢江南选编。天津：天津人民出版社，1998年。

[Wang Zuoliang. *The Grudge between Languages*, Eds. Liu Hongtao and Jiangnan Xie, Tianjin: Tianjin People's Publishing House, 1998.]

卫礼贤：《歌德与中国文化》，《歌德之认识》，温晋韩译，周冰若、宗白华编。南京：钟山书局，1933年，第255—284页。

[Richard, Wilhelm. "Goethe and Chinese Culture." Trans. Wen Jinhan. *The Recognition of Goethe*. Eds. Zhou Binruo and Baihua Zong. Nanjing: Zhongshan Book Bureau, 1933. 255–284.]

吴宓：《吴宓日记》第2册。北京：生活·读书·新知三联书店，1998年。

[Wu Mi. *Wu Mi Diary*. Book 2. Beijing: SDX Joint Publishing Company, 1998.]

——：《吴宓日记》第7册，吴学昭整理注释。北京：生活·读书·新知三联书店，1998年。

[—. *Wu Mi Diary*. Book 7. Annotated. Wu Xuezhao. Beijing: SDX Joint Publishing Company, 1998.]

严宝瑜：《评〈德国文学简史〉》，《读书杂志》1959年第5期，第15—18页。

[Yan Baoyu, "Review of *A Short History of German Literature*," *Du Shu* 5 (1959): 15–18.]

杨能深：《杨能深自柏林来函（估计约1932年）》，《青年励志会会务季刊》1934年第6/7期，第33页。

[Yang Nengshen. "Yang Nengshen's Letter from Berlin (estimated to be around 1932)." *Youth Inspiration Society Quarterly* 6/7 (1934): 33.]

杨武能：《"图书管理员"陈铨》，《文汇读书周报》2006年1月6日。

[Yang Wuneng, "Chen Quan, the Librarian." *Wenhui Book Rewiew* 6 Jan. 2006.]

姚可崑：《我与冯至》。南宁：广西教育出版社，1994年。

[Yao Kekun. *Feng Zhi and I*. Nanning: Guangxi Education Publishing House, 1994.]

余匡复：《德国文学史》。上海：上海外语教育出版社，1991年。

[Yu Kuangfu. *A History of German Literature*, Shanghai: Shanghai Foreign Language Education Press, 1991.]

余祥森：《德意志文学》。上海：商务印书馆，1930年。

[Yu Xiangsen. *German Literature*. Shanghai: The Commercial Press, 1930.]

——：《德意志文学史》，上海：商务印书馆，1933年。

[—. *A History of German Literature*. Shanghai: The Commercial Press, 1930.]

——：《现代德国文学思潮》。上海：华通书局，1929年。

[—. *Modern German Literary Thought*. Shanghai: Huatong Bookstore, 1929.]

张威廉：《德国文学史大纲》。上海：中华书局，1926年。

[Zhang Weilian. *Outline of German Literary History*. Shanghai: Zhonghua Book Company, 1926.]

——：《德语教学随笔》。南京：南京大学出版社，2000年。

[—. *Essays on Teaching German*. Nanjing: Nanjing University Press, 2000.]

——：《序》，《尼采与中国现代文学》，洪天富译，殷克琪。南京：南京大学出版社，2000年。

[—. "Preface." *Nietzsche and Modern Chinese Literature*. ed. Yin Keqi. Trans. Hong Tianfu, Nanjing: Nanjing University Press, 2000, title page.]

林鹏侠传记形象与中国女性的现代经验
——以《西北行》及民国报刊为中心

魏梓秋

内容提要：林鹏侠所著《西北行》和民国报刊对林氏西北考察的系列报道，为研究20世纪初中国女性身份的转换提供了极具代表性的传记文本，从中体现了中国女性脱离传统封建文化的强制表征，以独立自由的姿态进入社会公共空间的历程，丰富了现代中国的生活方式与情感想象，构成了中国现代性经验的重要组成部分。林鹏侠以女飞行员和冒险家的身份，突破传统女性柔弱、保守的形象，其阳刚、强健的身体经验拓展着文明群体的时空观念，象征着未来理想的国家社会图景。林鹏侠因其在社会事务与公共生活中产生的影响，成为"标准女性"的突出代表，参与塑造了现代中国的国族想象与公民形象。

关键词：林鹏侠 《西北行》 传记形象 中国女性 现代经验

作者简介：魏梓秋，西北师范大学国际文化交流学院副教授，历史学博士。主要研究方向为中外文化比较与跨文化传播。邮箱：576937471@qq.com。

Title: The Biographical image of Lin Pengxia and the Modern Experience of Chinese Women: Focusing on *Travels in Northwest China* and the Newspapers of the Republic of China

Abstract: *Travels in Northwest China* by Lin Pengxia and the series of reports on Lin's investigation in newspapers and periodicals of the Republic of China provide a very typical biographical text for the transformation of Chinese female identity in the early 20th century, in which women broke away from the compulsory representation of the traditional feudal culture and entered the social public space with an independent and free identity, enriching the life-style experience and emotional imagination of modern China and constituting an important part of the Chinese modernity experience.

As a female pilot and adventurer, Lin was not confined to the traditional feminine and conservative body image, but expanded the sense of time and space of civilized groups with her masculine and strong physical experience, symbolizing the ideal national and social picture in the future. Lin Pengxia has become a prominent representative of "standard women" because of her influence in social affairs and public life, and participated in shaping the national imagination and civic image of modern China.

Keywords: Lin Pengxia, *Travels in Northwest China,* biographical image, Chinese Women, modern experience

Wei Ziqiu, PhD in History, is Associate Professor at College of International Cultural Exchanges, Northwest Normal University. Her research interests include the comparison between Chinese and foreign cultures and the intercultural communication. **E-mail:** 576937471@qq.com.

林鹏侠的《西北行》记录了她于1932年至1933年只身考察西北的经历和见闻，陈述了西北之行的缘起，追忆其家世出身和少时的生活求学经历，她在接受媒体采访时，也常以"个人略史见告"，这些报道与其著述形成互文，勾勒出林鹏侠的家族历史，以及她自幼年到1949年之间的主要人生经历，可视为"自传的边缘形式"（杨正润《现代传记学》355），成为解读中国现代化进程中女性性别空间和文化身份重构的生动文本。中国近代转型时期，女性在封建、殖民、家庭与现代多重历史语境的杂糅中，经历着社会角色与生活情感的矛盾撕裂。林鹏侠西北之行独特的生活经历与生命体验，提供了透视中国现代性经验的一种女性视角。现代女性身份的形成与国家启蒙的现代进程相一致，女性强健身体形象的书写承载着反殖民、反封建和去男性视角等多重复杂的含义，成为建构未来社会理想图景的切口。林鹏侠对公共生活和社会事务的积极参与，隐秘地助推了独立自主女性形象的生产及现代中国的国民想象。本文以《西北行》与民国报刊对林鹏侠的书写为研究对象，从女性传记的视角考察中国现代性经验的复杂维度，体现传记书写依托人物而为时代发声的特征。

一、独立与自由：现代女性身份的转换

林鹏侠，原名林淑珠，1907年5月17日出生，系莆田城内坊巷林氏名门

闺秀，父亲林心香曾为亚细亚火油公司莆田分公司经理执事，20世纪20年代闯荡新加坡创业，经营橡胶园，人称"橡胶大王"。林家父母素有爱国之心，且热衷公益，曾积极捐助莆田哲理中学、莆田基督教堂、创办恤嫠院、筹办孤儿院等，在东南亚华侨中颇有声望。林鹏侠少时就读于基督教会所办的哲理中学，1925年毕业于天津中西女塾，之后留学美国哥伦比亚大学（肄业），继入芝加哥大学，1928年获政治经济学士学位，转学英国皇家驾驶学校，1930年毕业，期间改名林鹏侠，字霄冲。林鹏侠的家庭环境及其受教育经历，使她很早就接触到西方的自然科学知识和"女权"观念，了解西方国家女性的社会地位，为其今后的人生选择奠定了基础。

　　"一·二八"淞沪抗战爆发后，受母亲急召，正在新加坡代父经营橡胶园的林鹏侠于1932年春回国，直奔上海。但她到达上海时，淞沪抗战已然结束，《淞沪停战协定》签署，林母忧心国事，"减食废眠，寖成不起"，林鹏侠报国无门。其时抗战形势日益严峻，"东北四省失矣，华北与沿海各省，相继为恶势力包围，东亚和平之局，已成绝望"（林鹏侠 1），西北遂成为战略后方，开发西北的呼声日益高涨。欲开发西北首先应了解西北，需要有志之士不畏艰险，了解边情。正巧林家接触到西北来的女传教士，得知西北灾况严重，妇女生活惨痛，遂遍索西北史地图籍，逐日参究。准备充分后，林母激励爱女，"尔为一女子，如作西北壮行，尤能打破国人畏难之心理，则所助于国家开发西北者，其效匪浅"（2–3），林鹏侠遂于1932年冬至1933年夏离家西行，赴陕、甘、青、宁、绥各省考察，1948年夏至1949年夏赴新疆考察，历时十余月，行程数万里。①

　　林鹏侠第一次西行历经"苏豫陕甘青宁绥察平津各地"，历时六月零十日，自费3 000余元（时事89），所费资财主要为家庭出资，她虽有记者和西北航空线组织考察员的身份，但其实并未受政府或任何机构派遣。林鹏侠在西北途中，与青海省政府主席马麟、绥靖公署驻甘行营主任邓宝珊、国民党驻平凉第三十八军军长孙蔚如、青海省广慧寺敏珠尔呼图克图等各级军政人员、宗教人士均有会晤，对所访民政厅、建设厅、教育厅、银行、学校、医院、电政管理局、禁烟善后局等机构和人物均详记姓名、时间及地点，于游历中关照所历事件，显示其具有良好的史传意识。林鹏侠充分利用自己的家世背景和媒体力量，对沟通"上下之情"、边地与内地、汉族与少数民族做出了巨大努力。

西行返回后，林鹏侠为抗战需要，经常出入重庆、上海、南京、广州、武汉等地，宣传抗战救国，开发西北，并与民盟负责人张澜、国民党左派重要人物宋庆龄等交往甚密，后来林鹏侠加入民盟，当选为民盟中央委员。1934年，林鹏侠与宋美龄、何香凝、丁玲、胡蝶和倪桂珍（宋美龄之母）等人一同被新闻界评为标准女性。抗战期间，林鹏侠还在家乡创办莆青中学，任校长，1936年与妹妹林荫民创办《福建新报》。抗战胜利后，林鹏侠前往美国。1949年，她应邀回国参加新中国成立典礼，后定居美国，逐渐淡出国人视线，1979年因病在夏威夷去世。

林鹏侠终身未婚，其传记文本鲜有触及感情经历，据其亲属追忆，"那时，仰慕林鹏侠的男士很多，可是敢于追求她的人却不多。很多人暗恋她，可是她的冒险精神总让人望而生畏"。[2]林鹏侠第一次游历西北返回上海后，接受一位记者采访时谈到"她不喜欢美貌，她还没有感觉到有爱人的需要，因为依她个人的观察，中国的男子对于妻子多半是自私的。她深怕结婚会阻碍她的工作，所以宁愿为工作而牺牲她个人的幸福。她愿意终身为女子服务，尤其是这次由西北回来，更觉得自己责任重大。西北的妇女，现在大多数都是度着非人的生活，受教育的，等于凤毛麟角"（碧瑶 40-50），因此，她计划不久以后仍要回到西北从事妇女教育工作。对林鹏侠西行也有怀疑误解之人，以流言中伤讥讽，揣测她西行是"为访晤情人；或则疑为寻常之情场失意，遂至铤而走险；或叹其胆力太粗，世情之认识过浅；或消其不知享受自然之福，行动有类神经病态"，面对这样的质疑，林鹏侠宣告："余自堕地之辰，即有一情人——祖国"（22），她身体力行，表达着对祖国的一往情深。林鹏侠的婚恋观与传统相悖，即便在今天看来也属超前，但当时的社会舆论竟对如此革命性的观念表现出宽容甚至赞许，反映了特殊的时代语境对女性评价的新标准。

身份认同是组织传记的基本原则，在自传阅读中处于中心位置（赵白生99），传记一般需要考虑"作者的身份认同"和"读者的身份认同"，林鹏侠的多重身份均指向独立自由的共性。她出身东南亚华侨家庭，其考察西北的目的之一就是"为海外失业华侨寻找出路"，她是留学海外的知识精英，是中国早期女飞行员之一，时称"我国第一女飞行家"，③她是一位"中国资产阶级"女性，她的住所位于"都会（上海）之中心点"，周围是跑狗场、电影院、跳舞厅，是资产阶级金迷纸醉的区域，但她洁身自好，不与世俗同流合污。抗战爆发后她毅然回国，做好了为国捐躯的准备，被赞为"抗日巾帼英雄"。无缘战场后，她又克服艰险只身前往西北，其豪侠之气绝不逊色于男子。许啸天曾感慨秋瑾就义后"中国女界竟感空群"，后有王灿芝④学习航空，然"今王女士已六珈象服，俨然夫人矣"，怅惘之余，他结识了林鹏侠，不由赞其"倜傥豪爽，允文允武，宛如当年秋侠"（林鹏侠 8），可见，林鹏侠已为当时中国精英阶层的一个精神象征。在其诸多身份中，最引人瞩目的是"女飞行家"和只身探险西北的"奇女子"。

以清晰的自我认知为基础，林鹏侠实现了经济独立、智识独立、人格独立和情感独立，从而具备了实现理想和行动自由的内在力量，她发出"女何逊于男"的豪言壮语，但对女性独立并无偏激的态度，认为"至近三十年间，先觉女子力争平等自由，虽已得到较佳之成绩，而余则又为之悬心。盖平等自由，已多误解；骄奢淫逸，寝成风尚。夫人必自侮而后人侮之，既不能尽其知能于家庭教育，又不能贡其心力于社会国家，徒知驰逐交际场中，求高度之享乐，而自鸣为解放"（21），她批判时下女子虚荣娇养之风，"既不能为木兰，又不肯为孟母"的情状，是对国家和民族的不负责任，体现了极富洞察力的真知灼见。中国自清末以来，妇女解放运动兴起，五四运动之后，倡导个性解放对青年一代产生了巨大影响，求新、求变的思想深入知识精英的内心，由此涌现出一批力图突破传统，追求独立自由的精英女性，而林鹏侠在这一群体中的独特之处，又与其身体形象密不可分。

二、阳刚与强健："标准女性"的身体形象

传统女性缺乏独立和自由，很大程度上缘于"身体受限"，而"现代女性不得不在大厅里与人群混在一起，因此必须意识到她的每一个动作都会产生一定的效果——因此她必须练习引人注目的优雅姿势……几个世纪以来，女性

第一次暴露在人群的注视下，她们的'每一个动作'，已经成为公众监督的主要对象，甚至一个身体姿势也可能标志着现代性进程"（Francesca 108–110）。近代女性形象经由广告、月份牌和海报等视觉文本，参与了国家公共形象的建设。林鹏侠"女飞行员"的身体形象建构很大程度上基于读者的心理期许，拓展了现代中国的经验空间。

抗日战争全面爆发后，日军借空中优势肆意蹂躏，"航空救国"迫在眉睫，"国人咸知空军之重要，海外侨胞，醵金购机以捐助国家者，亦不乏其人"（愚春 1938 年），谋求在西北发展航空交通的设想也被提上日程。林鹏侠卒业于英国航天学校，回国后的正式身份是上海航空建设协会设计委员、西北建设协会考察西北专员，但综合各种资料来看，林鹏侠并未真正架机参加战斗。林鹏侠的侄女林惠贞讲述，"抗日战争时期，二姑（指林鹏侠）上了战场，但是参加飞行（空战）的次数不多"。1938 年，林鹏侠向当局请缨，倚"机"待命，准备北上，但"尚未及锋而试"。韩东珍也指出早期女飞行家的"飞行之志多不能顺利"，如林鹏侠和王灿芝"归国以后，却都没有看见她们显显身手，真是可惜得很"（《航空杂志》247–248）。然而，当时媒体却一直以"女飞行家"指认和命名林鹏侠的核心身份，正是因为这个文化符号所代表的身体形象和社会意义高度契合时代呼声。作为一种文化权力分配的产物，"女飞行员"指向特定形象的塑造，背后实际是一种国家政治文化的设计，在抗日救国的背景下，对女性身体审美的标准由阴性柔弱转向阳刚尚武，其身体意义的表征溢出了传统家族构建的文化空间，具备了参与公共话语实践的生理基础，有力地颠覆了中国传统的女性审美规范，女性身体变革由此与国家政治形象的重塑相互交织。

林鹏侠身体经验的延展依托强健自然的身体形象，不断放大并突破着女性的生理极限，西北恶劣的自然环境成为铸就这一形象的手段，从而服务于新时期的国民叙事。在《西北行》中，作者自述其"生平与医药无缘，间有小疾，亦止听其生灭"（林鹏侠 56），西北交通状况差，"车行甚急，道不平，颠乃特甚，肺叶震如欲脱，使非体骨坚定，诚不胜其劳苦"（10），她认为只要克服体力之弱，"则女子复何事必不能与男子并立以图成"（22），因此"有心国事之同志，其可忽于体魄之充实"（54）。她以"蒙番妇女身体强健而魁梧"

（133）为天然之美材，她在西行途中也多次染病，"虽困惫，仍强起，不欲示人以弱"（136），虽医药缺乏，但常以信仰及信念之坚定克服困苦，"以镇外邪"。她自称"性急好奇，但图捷径"，为旅途便利快速学习和掌握了骑术，陶醉于骑行之自由乐趣，危崖坠马也丝毫不使其畏惧。她"故作豪语，扬鞭独先"（129），冬日履薄冰登海心山探险，惊叹于绝域之奇景异态。她带病翻越一万两千尺的大坂雪山，虽经皮肉破碎而豪情不减……林鹏侠身体与意志力的双重坚韧具有强烈的感召力，象征着国家危困之际觉醒和抗争的希望之光。

五四时期产生了将国家与女性类比的观念（葛红兵、宋耕 71），"有问题的女性身体是国家衰弱和文化野蛮的象征，是民族羸弱的根源"（段炜 ii），近代女性形象从传统文弱保守的闺阁气质中解放，转而以阳刚进取的精神面貌，形塑出一种新时期标准化的女性气质，国民身体被纳入民族救亡的话语叙事——要使祖国振兴，首先需要女性身体同男性身体统一，具有强健的体魄和坚强的意志，"女飞行员、女使节、女律师和女运动员，尽管女强人的模式与国家倡导的女性身份不同，但她们仍服务于国家利益……林鹏侠独自走五千公里，熬了十天，忍受着饥饿，她唯一知道的就是每件事都要做到最好"（Yuxin Ma 303）。特定历史语境的转换推动了女性身体经验的延展，女性驾驶飞机的图像和文本拓展了整个文明群体传统的时空体验，女性身体由此成为一个现代话语实践的空间，与国家的现代性进程深刻联结，表征了一个孕育中的现代国家对未来女性的审美想象。

强健的身体形象背后是对女性性别属性的淡化。林鹏侠天足，男装，卷发，常被引以为奇特，她在青海都兰参加沙鲁尔大会时，"衣中山服，列于男宾内"（林鹏侠 139），被一貌美的藏族女子误认为是男人。她在肃州拜会马仲英时，众人皆以其"毫无女性之表现为奇。苟去卷发，固赫然一伟丈夫也"（175）。林鹏侠第一次西行时在英姿勃发中仍显清秀女子模样，在30年代"标准女性"的评选中，她刊登在杂志上的照片细眉巧笑，完全是一位名媛形象，她在西北拍摄的"着番装骑马像"于英武中透露着俏皮明艳，而在《新疆行》中，她的影像已几乎没有女性特征。在民族国家的视域下，林鹏侠的身体一方面脱离了传统父权制话语的符号化表征，不再是男性目光凝视的色情客体，获得了自由表征自我身体形象的权力，但同时也在一定程度上淡化了女性真实在场的体验。从封建王朝到现代国家的转型包含女性性别空间和角色的重构，林鹏侠身体代表的独特审美需求融入标准化的新时代女性模式中，参与象征并生产着未来的理想社会图景。

波伏娃指出，女性"体力上的无能表现为更普遍的胆怯：她不相信她的身体没有体验过的力量，她不敢行动、反抗、创造：她注定顺从、忍让，只能在社会上接受一个现成的位置。……不再信赖自己的身体，就是失去自信"（84），但同时，她也认识到女性如果"能在身体上确认自己，并用另一种方式展现于世界上，这种不足（指身体和力量障碍）也很容易得到补偿。无论是游泳、攀登峭壁、驾驶飞机，还是同自然界的暴力作斗争、冒险和探险，面对世界，她都不会感到我所说的胆怯"（85）。在中国传统的文化结构中，女性通常作为一个被物化的他者，女性身体在文化生产中被塑形为一种类的对象（孟悦、戴锦华 18），诸如中国古典意象的弱柳、软玉乃至"金莲"的物象。林鹏侠通过挑战和突破女性的生理极限，从而具备了独特的身体体验和心理上的超常自信，体力优势与敢于尝试和冒险的性格互相促进，为中国女性的身体重塑和人格健全做出了表率。

三、进取与为公：新时期女性的国族想象

女性作为"第二性"，无法忽视和回避其性别身份带来的诸多特征。李木兰指出，"中国参政女权主义者在运动中的不同时刻运用'平等观点'和'差异观点'"（2），以实现不同的政治诉求。西北地理位置偏远、气候严酷、交通阻塞、盗匪横行，被时人视为荒原绝域，面对如此畏途，林鹏侠"未尝以女子自居"，众人亦未尝以女子视之，但她也适时强调自己的女性身份，其"孑身弱龄"的形象与西行的艰难形成强烈对比，更有助于实现"打破国人畏难之心理"的目的。女性身份的凸显指向一种公共价值的建构，梁启超力图培育具有现代国民精神品质与生活趣味的"新民"，"不知民智、民德、民力，实为政治、学术、技艺之大原"（109），将国民生活情感的改造指向了特定的国族想

象与公民形象。塔依·杰里米则从海外华人群体的维度，阐释了林鹏侠与现代民族概念的联系，"西北问题无疑将海外华人和边疆的拓展置于同一讨论之中……归根到底，海外华人拓荒者的归国恢复了民族的整体性，促进了民族自力更生的未来"（70），而这种整体性的民族构想同样形成于女性形象与公共空间的张力关系，林鹏侠恳请黄警顽将其行踪时时见于报端，利用一般民众对"女子独行西北"的好奇，使自己的西行考察引起最广泛的社会关注，促成东南与西北合作，以助于来日开发西北。⑤

　　林鹏侠积极进入并参与社会生活与公共事务，折射出现代国家、社会理想与生活方式的变革。在传统的文化系统中，女性囿于家族与父权，长期被排斥于公共事务之外，其日常经验窄化于庸常的家庭空间，导致了家庭与社会、私人与公共生活的分割。而林鹏侠的西行考察记录生产了一种新时期理想的国民形象，中国女性性别身份的解放"正被用于一项非常现代的工程，即将无限制的妇女身体与新型生产力结合起来，同时被理解为政治、社会和经济生产力和新的价值体制……对这种转变的部分愿景取决于将妇女转移到工厂和家庭经济之外，或者使妇女成为具有剩余价值的生产者，而不仅仅是交换或使用价值的生产者"（Rebecca 64-65）。1931年12月，林鹏侠入陕，与党部委员余志先、赵剑影及汽车管理局局长吴抱平会晤，三人"对物质简陋荒旱频仍之西北，言及均索然意冷"，林鹏侠则以牺牲个人安逸，适应环境之所需的乐观进取精神激励三人，谓"诸君学识既优，经验自富，今但转移失望之心理，而易以自我创造之精神；更使此种精神，传布于同志间而加以扩大。安见西北开发之前锋，不即为吾人所担负"（林鹏侠 23），体现了极高的理想抱负和社会责任感。

　　面对旅途困境、灾民惨状与妇女孩童的悲惨遭遇，林鹏侠潸然落泪，发出"决意牺牲一切"的誓愿，她坦承"入陕以来，于女界同胞，特为注意。此同类相惜之心理，出于恒人天性"（19）。她细致地勾勒出20世纪30年代中国西北一隅各阶层女性的众生相，有当地进步的女同志，衣饰简洁，毅力坚忍，勤苦耐劳，"实非内地摩登妇女所能忘其项背"（20）；有地方上层爱国进步官绅的夫人，"朴实勤俭，躬自操作，谦和中礼，毫无官习"（58）；她赞赏贫家妇女能坚守孝道，善待公婆，欣赏少数民族妇女的健康、天真、活泼和勇敢的特性。通过她的观察和书写，边缘地区缺乏话语权的弱势人群也得以"被看见"，从而间接地进入公共空间，参与到女性权利、国家发展与民族复兴等诸多社会问题的讨论中。另一方面，"妇女作为现代公民参与国家的公共领域，但她们被期望成为国家或文明精髓的人格化"（Prasenjit 347），新时期公民生活趣味与精神品质的塑造并不在于描写革命、政治或民族解放，而恰恰是如何呈现积极、进取与担当的公民形象，女性生活情感与精神观念的革命指向了一种理想的国族概念，表现为民众身体与精神层面的自信与活力，培养公民的现代观念、情感、经验和生活方式，塑造新的社会精神，才是国家迈向现代化的持续动力。

林鹏侠西行的目的是详细了解边情，为国家做西北开发之准备，她提及"妇女探险旅行，在西方民族间，视为常事；而吾国社会，则认为诧奇"，主张"预知民间疾苦，必先亲历其境，身试艰难，否则徒托空言或凭理想，终无补于事实"（林鹏侠 11）。当时社会各阶层热议开发西北，主要关注发展交通、兴办教育、创办实业、开发农村经济等论题，林鹏侠则认为"中华民国由五族构成，有何民族之争"（129-130），高度警惕帝国主义对我国西北地区的侵略企图"最首要者，莫若联络民族感情"（徐培仁30）。西北地区民族众多，民族问题突出，抗战爆发后，西北作为战时后方，动员各民族团结一致共同抗战迫在眉睫。林鹏侠历陕甘、青海、宁夏及新疆各民族地区，"以第三者之眼光，公平之心理"（林鹏侠 72）尽可能广泛接触少数民族，考察回、藏、蒙等民族的风俗习惯、性情、信仰，致力于向内地民众介绍其所见情状，以消除民族误解，促进国内团结一致抗日，提出要重视少数民族教育，尤其是女子教育，改良风俗、创办学校、"识字以使各种族俱能接受汉文教育，且逐渐统一语言"（112），激发爱国观念。林鹏侠在其字里行间鲜明地洋溢着浓烈的女性特质，同时表现出与男性精英比肩的勇气、眼界和智识，当时有媒体人评价她"既具丈夫之胆识，复有女人之本色"（徐培仁 31），代表了新时代理想的女国民形象。

"女性修辞为独立的社会行动开辟空间、角色和基础；运用这种自主性来实现社会和道德的目标，是女性叙事中反复出现的一种模式"（Prasenjit

356），《西北行》一书注重观察政治、资源、教育、交通、妇女生活及民族等问题，林鹏侠的西行之举经媒体广泛报道而备受关注，她本人秉持"非介绍之人，与事实之需要，雅不欲扰及地方长官，使人疑余为沽名之客"（林鹏侠 38）的原则，但每到一地，常有当地政府官员或知名士绅接待和关照。如1933年林鹏侠抵兰州，"邵主席及各厅长师旅以次，均设宴款待、各界欢迎，非常热烈，全城震惊。元旦省府开会、邵主席亲邀演说"（《上海商报》1933年）。同时，她广泛接触社会各个阶层，以客观立场，致力于突破和消弭地域、性别和民族的隔阂与界限，在封建、殖民与现代的多重语境中，以独特的生命情感与精神品质参与了中国现代性进程，完成了女性的传记书写、国族想象及现代国家话语叙事的同步。

结　语

清末以来，有过异域体验的中国知识分子在鲜明的文化对比中，"民族意识和身份认定在这个时候更强烈地体现了出来。这种自我批判和民族反省反映了有志之士放眼看世界的心态和胸襟，对民族文化的剖析中带有民族自强的愿望"（杨正润，《众生自画像》219-220）。《西北行》体现了林鹏侠对异质文化的体验和选择，自我的确认和反省，中西方文化差异、区域差异、阶级阶层差异、民族差异、性别差异等，都在她的头脑中产生了强烈的激荡，深植心中的中国传统与强势的西方现实的相互调适，也是近代中国精英主动进行文化反思，传统自我意识向现代转型的过程。林鹏侠的生活经历与思想情感历程是透视中国现代性经验的重要切口，其文化身份脱离了传统父权的强制表征，强健阳刚的女性身体形象不再是男性凝视的对象客体，女性经验不再囿于个体生活情感的抒发与补白，而是以新的生活目标和价值追求引领了社会文化观念的转变。在性别、民族和国家话语的破碎、重组与转型中，健康、独立、进取、为公的女性形象成为现代中国国族想象的有机组成部分，助推着新时期国民精神与生活情感的培育。林鹏侠传记的女性视角不仅作为中国现代性经验的推动者，也主动地解释、塑造和生产着复杂多元的审美文化活动，丰富着现代中国的文化观念和生活意义，并且为摆脱性别边缘和文化边缘的双重困境指出了一条可行之径。

致谢【Acknowledgement】

本文为国家民委民族研究一般项目"清代西北地方志所见中华民族交往交流交融研究"（2021-GMB-046）成果，得到国家民委的经费支持，作者谨致谢忱！

My acknowledgement and gratitude go to the research project "A study on the Ethnic Exchanges，Communications and Integration seen in the northwest chronicles of the Qing Dynasty" sponsored by National Ethnic Affairs Commission of the People's Republic of China.

本文受益于《现代传记研究》匿名评审人提出的修改意见，作者谨致谢忱！

I am grateful to the editor of *Journal of Modern Life Writing Studies* and anonymous reviewers for their suggestions and comments.

注释【Notes】

① 笔者检索到近代报刊资料关于林鹏侠的报道大约157篇，她本人发表的游记23篇，其余报道134篇，这些媒体报道勾勒出林鹏侠从1932年到1949年大致的活动轨迹，以1932和1933年最为集中，1932年为林鹏侠西行之始，报道为28次，1933年为75次。报道林鹏侠或刊印其游记的报刊多达57种，除了《中央日报》《申报》《民报》《益世报》等影响力较大的报刊外，还包括福建、上海、天津、南京、南宁、青岛和甘肃等地方报刊，如《西北文化日报》《甘肃民国日报》等。另外，妇女报刊也是报道林鹏侠的重要阵地，《女铎》《女子月刊》《妇女研究》《女青年月刊》《女声》《妇人画报》等都曾刊印林鹏侠的游记、采访及照片。

② 参见樊前锋：《此抗战女飞行员：毕生未婚的白富美，生前痴心家国，身后至今成谜》，2021年8月16日，https://www.pinlue.com/article/2019/12/0915/189842006300.html。

③ 当时的新闻媒体给林鹏侠最多的称号是"女飞行家"（88次）、"飞行家"（3次）、"大飞行家"（1次）、"女航空家"（4次）、"女飞将军"（1次），占所有报道的72%，仅黄警顽为其冠以"女旅行家"的称号。

④ 王灿芝，秋瑾之女，为同时期知名度很高的女飞行员，1930年赴美学习航空。

⑤ 黄警顽（1894—1979），上海著名出版人，交际博士，创办大路服务社。参见林鹏侠：《西北考察的一封信》（《女子月刊》1933年第1期）。

引用文献【Works Cited】

碧瑾：《女飞行家林鹏侠》，《女铎》1933年第3—4期，第47—50页。

[Bi Cui. "Female Pilot Lin Pengxia." *Women's Bell* 3-4 (1933): 47-50.]

段炜：《晚清至五四时期女性身体观念考》，华中师范大学博士论文，2007年。

[Duan Wei. "The Study of Feminine Body Idea From the Late-Qing Dynasty to the 'May 4th Movement' Period." PhD thesis, Central China Normal University, Wuhan, 2007.]

Dal Lago, Francesca. "Crossed Legs in 1930s Shanghai: How 'Modern' the Modern Woman?" Ed. Geremie R. Barme. *East Asian History* No.19. Canberra: Institute of Advanced Studies, A. N. U, 2000.

葛红兵、宋耕：《身体政治》。上海：上海三联书店，2005年。

[Ge Hongbing and Song Geng. *Body Politics.* Shanghai: Shanghai SDX Joint Publishing Company, 2005.]

Tai, Jeremy. *Opening up the Northwest: Reimagining Xi'an and the Modern Chinese Frontier*. University of California Santa Cruz. 2015.

梁启超：《释新民之义》，《梁启超文选》上，夏晓虹编。北京：中国广播电视出版社，1992年，第109页。

[Liang Qichao. "Interpretation of the New Citizen." *Selected Works of Liang Qichao（Ⅰ）*. Ed. Xia Xiaohong. Beijing: China Radio & Television Publishing House, 1992: 109.]

李木兰：《性别、政治与民主：近代中国的妇女参政》，方小平译。南京：江苏人民出版社，2014年。

[Li Mulan. *Gender, Politics, and Democracy: Women's Suffrage in China*. Trans. Fang Xiaoping. Nanjing: Jiangsu People's Publishing House, 2014.]

《林鹏侠报告西北行情形》，《上海商报》1933年1月17日：第2版。

["Lin Pengxia's Report on Her Expedition to the Northwest." *Shanghai Business Daily,* 17 Jan 1933, 2.]

林鹏侠：《西北行》。银川：宁夏人民出版社，2000年。

[Lin Pengxia. *Travels in Northwest China*. Yinchuan: Ningxia People's Publishing House, 2000.]

Ma, Yuxin. *Women Journalists and Feminism in China, 1898–1937*. Amherst, NY: Cambria Press, 2010.

孟悦、戴锦华：《浮出历史地表：现代妇女文学研究》。郑州：河南人民出版社，1989年。

[Meng Yue and Dai Jinhua. *Emerging from the Horizon of History: Modern Chinese Women's Literature*. Zhenzhou: Henan People's Publishing House, 1989.]

《女飞行家李霞卿学成归国》，《航空杂志》1936年第1期，第247—248页。

["Li Xiaqing, Airwoman Returns Home after Finishing Study Abroad." *Aviation Magazine* 1 (1936): 247–248.]

Duara, Prasenjit. "Of Authenticity and Woman: Personal Narratives of Middle-Class Women in Modern China." Ed. Wen-Hsin Yeh. *Becoming Chinese: Passages to Modernity and Beyond*. Berkeley: University of California Press. 2000.

Karl, Rebecca. "The Violence of the Everyday in Early Twentieth-Century China." Eds. Madeleine Yue Dong and Joshua Goldstein. *Everyday Modernity in China*. Seattle: University of Washington Press. 2006.

时事：《林鹏侠抵沪》，《女铎》1933年第1—2期，第89页。

[Shi Shi. "Lin Pengxia Arrives in Shanghai." *Women's Bell* 1–2 (1933): 89.]

徐培仁：《林鹏侠女士访问记》，《妇人画报》1934年第18期，第29—31页。

[Xu Peiren. "An Interview with Ms. Lin Pengxia." *Women's Pictorial* 18 (1934): 29–31.]

西蒙娜·德·波伏娃：《第二性Ⅰ》，郑克鲁译。上海：上海译文出版社，2011年。

[Beauvoir, Simone de. *The Second Sex（Ⅰ）*. Trans. Zheng Kelu. Shanghai: Shanghai Translation Publishing House, 2011.]

杨正润：《现代传记学》。南京：南京大学出版社，2009年。

[Yang Zhengrun. *A Modern Poetics of Biography*. Nanjing: Nanjing University Press, 2009.]

——：《众生自画像——中国现代自传与国民性研究（1840—2000）》。上海：上海人民出版社，2009年。

[—. ed. *Self Portrait of Beings: A Study of National Character in Modern Chinese Autobiography (1840–2000)*. Shanghai: Shanghai People's Publishing House, 2009.]

愚春：《北上作战之女将军林鹏侠》，《东方日报》1938年1月18日：第2版。

[Yu Chun. "Lin Pengxia, a Female General Fighting in the North." *Oriental Daily,* 18 Jan 1938, 2.]

赵白生：《传记文学理论》。北京：北京大学出版社，2003年。

[Zhao Baisheng. *A Theory of Autobiography*. Beijing: Peking University Press, 2003.]

被遗忘的法政先行者
——汤铁樵的精英意识与布衣情怀

陈仁鹏

内容提要：汤铁樵是近代颇具影响力的法政人物，其法政事功、思想轨迹与时代脉搏同频共振，与法治近代化进程息息相关。汤氏的法政人生分为成长期、转型期、发展期和落幕期，精英意识与布衣情怀是贯其一生的鲜明特征。精英意识体现于收回治外法权的斗争，他赴日留学期间广译法政文献，入职法曹后组织东北司法事务，参与收回上海公共租界会审公廨，为巩固法权作出卓越贡献。布衣情怀促使其开展民商事习惯调查，为妥适调配外来法律与本土资源而努力。汤氏一生三变，由礼法转向法政，继而转向实业与科技。发掘汤氏的法政人生，既是还原史实，也能从中体察国家与社会的转型，领会文化与文明的碰撞，感悟人生与人心的嬗变。

关键词：汤铁樵　法政　精英意识　布衣情怀　思想轨迹

作者简介：陈仁鹏，中国政法大学法学院博士研究生，主要从事中国法律史研究。近期发表论文《论王船山民族主义思想的近代嬗变》（《原道》2020年第2期）、《清末民初湖南民商事习惯调查之研究及意义》（《民间法》2020年第2期）等。邮箱：2102010010@cupl.edu.cn。

Title: The Forgotten Forerunner of Law and Politics: Tang Tieqiao's Elite Consciousness and Down-to-Earth Character

Absrtact: Tang Tieqiao is an influential figure in the legal and political communities in modern China. His legal and political contributions and ideological trajectory keep pace with the development of the times and are closely related to the modernization of the rule of law. Tang Tieqiao's legal and political career can be divided into the phases of growth, transition, development and finale, and elite consciousness and down-to-earth character are the distinctive features throughout his life. Elite consciousness is manifested in the struggle to defend judicial independence. During his studies in Japan, he translated many legal and political documents. After working with the Ministry of Justice, he organized judicial affairs in Northeast China, participated in the court work in the recovery of the Shanghai Public Concession, and made outstanding contributions to the consolidation of the country's rule of law. Tang's quality of being close to the people has prompted him to investigate in civil and commercial habits, and make efforts to adjust foreign laws and local resources. His life has undergone three changes, i.e. from traditional law to modern law, and then to industry and science and technology. To explore Tang's legal and political career is not only to restore historical facts, but also to observe the changes of the country and society, understand the collision of culture and civilization, and understand the changes in life and people's hearts.

Keywords: Tang Tieqiao, law and politics, elite consciousness, down-to-earth character, ideological trajectory

Chen Renpeng is a PhD candidate at the Law School of China University of Political Science and Law and his research interests include Chinese legal history. He has recently published papers "On the Modern Evolution of Wang Chuanshan's Thought of Nationalism", *Yuan Dao*, 2 (2020); "The Research and Significance of Hunan Civil and Commercial Customs Investigation in the Late Qing Dynasty and the Early Republic of China", *Customary Law*, 2 (2020), etc. **E-mail:** 2102010010@cupl.edu.cn.

　　清末民初是中国法律史上的大变革时代，中华法系逐渐瓦解，近代法律体系初步建构，彼时的法律人贡献出智识与才干，演绎着各自的法政故事，为近代法治转型做出不可磨灭的功绩。百年间转瞬即逝，诸多法政先行者消失在人们的记忆中，汤铁樵即是其中之一。法史界虽有陈夏红、陈新宇、江照信诸先生致力于"寻找法律史上的失踪者"，却仅有张仁善关注到汤铁樵在收回治外法权方面所作的贡献（张仁善 40）。汤氏早年任教于长沙明德学堂，是黄兴等辛亥革命元老的同侪。后成为官派留日的法政精英，就读于早稻田大学。期间，翻译众多重要法政文献。民国创立之际，亦是其学成归来之时，他供职于司法部，组织或参与了民商事习惯调查、收回治外法权、保护故宫博物院等工作。1928年政权更迭后，汤氏离任法部。晚年远离政坛，主张实业救国、科技救国，曾任天津五三工厂经理、静生生物调查所委员等职。纵览汤铁樵的一生，经历了成长期（1878—1905）、转型期（1906—1911）、发展期（1912—1928）和落幕期（1929—1937）。其法政事功、思想轨迹与时代脉搏同频共振，每逢重要历史节点，总可窥见其身影。时势变迁促进汤氏成长，改变其思想进路，而他的每一次转型、发展也在推动近代法治的变革。理解汤氏心路历程的两把钥匙是精英意识与布衣情怀，此亦贯穿其法政人生的鲜明特征。发掘汤氏的法政事功与思想轨迹，既是还原史实，也能从中体察国家与社会的转型，领会文化与文明的碰撞，感悟人生与人心的嬗变。

一、精英意识：收回治外法权的努力

自1902年中英签订《续议通商行船条约》以降，美、日、葡等国陆续允诺，当中国将律例与西方国家法律改同一律后，放弃其治外法权。变革法律、收回治外法权成为贯穿近代法律史的主线，亦即近代法律人共同奋斗之方向。汤铁樵对于废除领事裁判权的意识尤为突出，且较之同时代的法政人物，其自觉时间更早。汤氏不仅翻译众多日文资料，引进先进的法律理念，且在实践中亦有贡献。他入仕后积极参与收回东北地区、上海、天津治外法权的工作。汤氏在此领域的知与行，就是其精英意识在法政活动中的具体表现。

1. 广译法政文献

清光绪三十一年（1905年），27岁的汤铁樵受湖南巡抚端方选派，开启赴日留学生涯。他先后在早稻田大学预科、高等预科及法学科修习，掌握日语、英语、德语等外语，学习宪法与行政法、民商法、破产法、刑法、诉讼法、裁判所构成法、经济财政学、国际法、法例与国籍，以及罗马法和法律哲学等专业课程。这既为其翻译法律文献打下坚实基础，也为其日后活跃于法政舞台埋下伏笔。明治三十九年（1906年），汤氏于早稻田大学修完预科，他在结业留言册《鸿迹帖》写下七绝八首，其六曰："国际当收治外权，须知政法有师传。我今得吸斯鸠泽，操纵乾坤妙转旋。"（汤铁樵，《鸿迹帖》20）表达出有志将所学回馈国家、收回治外法权的决心。其八为："披襟高唱大王风，专制炎威灼地红。他日南巢重建树，自由钟撞震蓬瀛。"（汤铁樵，《鸿迹帖》20）更显其捍卫法权、抵抗侵略的信念。

汤铁樵旅日期间翻译了《〈东报〉论法国对于中国经济政策》《〈东报〉载中国铁道各国经营表》《译日人中国宪政论》等重要文献，并刊载于《时报》《东方杂志》等极具影响力的报刊上。这些资料反映了国际社会对清末预备立宪、铁道经营情况和金融政策等方面的直观评价，其中一些统计信息，甚至详于国人所掌握的情况。但原文献中也常存在一些不实之处。在每篇译文后，汤氏专门撰写按语进行总结、评价，以正视听。如《译日人中国宪政论》篇末载："按日人此论，虑我国立宪之不成而影响于其国。其为我中国谋欤？抑为其本国谋也。读者自能瞭然，无待辨晰。第期摘发我国之病根虽多，过情之处而亦不无瘙着痛痒者，愿我国人有则改，无则勉，而毋令人言之幸中而已。"（汤铁樵，《宪政论》2）其拳拳之心，可见一斑。再如汤氏为《〈东报〉载中国铁道各国经营表》所撰按语云：

> 世界各强国，即土地质权、所有权、抵当权、矿业权及国立银行入股权等，禁止外人参入。凭为法律明文，若铁道为国家人民生命财产存亡所关，尤为厉禁森严，间不容发咄咄怪事。（我国）竟有外人经营铁道之奇现象，且约算之，我国自办者，即将京汉线加入之，亦不过二千数百里；而外国所修者，反达三千数百里。（汤铁樵，《中国铁道》39）

汤铁樵清晰地认识到路权与地权、矿业权、国立银行入股权皆为同等重要之国权。而在清末，列强不仅经营铁道，其所修铁路更远超国人所建里数，实为国耻。路权受侵，国权危矣。汤氏担心列强把持铁路是蚕食国土之前奏，长此以往，国家恐与殖民地无异。汤氏的译作为改良立法、兴革司法提供了重要参考。赴日期间汤氏不断完善知识储备，自称"因负笈从之教泽涵濡，幸沐瀛洲化雨。文潮鼓荡，亲披海国春风，人由云麓而来，曾通学派，身跻蓬壶之上，饱吸文明"（汤铁樵，《鸿迹帖》18），汤氏修习的法科课程使其归国后在司法舞台上大显身手，研习的经济学、簿记学，在日后组织东北司法事务、经营天津五三工厂、发展静生生物调查所等经历中也凸显作用。汤氏对日本的情感较为复杂，既有对早稻田大学及其创立者大隈重信的感谢之情，亦有对日本觊觎我国国土的忧愤，可谓爱憎分明，故而于辛亥革命爆发后果断回国，入职法曹，为国效力。

2. 组织东北司法事务

汤铁樵为近代东北地区的司法改革作出卓越贡献。1917年，汤铁樵首次以司法部参事的身份赴东北调研。他被派往奉天检查沈阳、锦县、营口县、辽阳县、安东县等各厅县不动产登记事务。奉省试办不动产登记事务实属创举，汤铁樵经过调研发现有诸多疏漏之处。其称：

> 揆以各国登记之先例，其（奉省）组织方法尚欠精详。固由于各种行政机关之极不完全，及行政事务之未臻美备。若长此以往，将来权利变态，日盛月增，错杂纷纠，事所必至。……以全部改良为唯一无二之最上办法，并拟定由部参酌日本及其他各国登记成法之能适用于我国者，订定暂行登记各种办法，以便遵循而防纷乱。（汤铁樵，《赴奉调查》90）

汤铁樵指出将国外不动产登记法律移植到国内，产生排斥反应的根源是基层司法机关组织单薄，未能建立配套行政机构。因此，不能一味地嫁接先进法律，而应考察法律规范与现实社会的适配性。他建议由北洋政府司法部根据彼时的国情选择借鉴的对象，将日本等国的相关规范引入。奉省之行，汤氏不仅撰写了详细的调查报告，还绘制了长达三十余页的《奉天各厅县登记事务表及清单》，为改良东北地区乃至全国的登记事务贡献良策。

1920年，汤氏被派往哈尔滨组织法院书记事宜。因哈埠系首次办理收回领事裁判权事务，汤铁樵总揽全局，悉心谋划，组织编纂各式规范性文件。汤氏厘定事类，将各种文件归为四类：已经实行，成绩昭著而尚待部令发表者；已经部令发表，久已实行而成绩昭著者；急待实行并曾经哈厅屡次函电交权而刻下尚在审查，必待付印后，方能正式发表者；已经发表，即日实行者。作出如此详尽的划分，可见汤氏用心之实。据记载："以樵驻哈八阅月办理结果兼考察将来应办事宜不可枚举，似此简放全部厅员，无论如何困难，要必慎选真才，以期法务继续进行，日臻完善，方足以符中外人民之望，而跻国家于国际平等之阶。"（汤铁樵，《奉派往哈》129）汤氏努力健全司法组织，是为巩固国家法权，实现哈埠司法权的真正移交，不负民众之期待。

1928年，汤铁樵三赴东北督导司法改革，此行旨在调查东省特别区域及奉、吉、黑三省司法事务。东省特别区域的特别之处，既在于其为我国首次收回治外法权的区域，乃国际观瞻所系，亦在于其为当时司法改良的试验田。因东省特别区域法院系由俄国边境地方法院继受而来，部分制度得以沿袭，故与他省法院存在诸多不同。汤铁樵将其总结为"法院制度""会计制度""翻译官""监护处""录任俄员""不动产登记""书记事务"等八个方面，并提出改良司法人员选任、建设厅舍、改良监房等三个应注意的事项，以及衔接公证制度、警察行政事务。东省特别区域及奉、吉、黑三省进行的诸多改良措施效果甚佳，为全国的司法改良及处理涉外诉讼提供了有益借鉴。

3. 收回租界公廨

1925年"五卅惨案"发生后，民众的民族主义情绪高涨，对列强在华势力形成一定压力。北洋政府司法部迅速设立"收回沪廨委员会"，汤铁樵即委员会成员，其他委员为：法权讨论会长张耀曾、大理院院长余棨昌、检察厅检察长汪曦芝、检察官翁敬棠、修订法律馆副总裁应时、司法部部长林志钧等。委员会着手组成临时法院，接管上海公共租界的会审公廨。1927年元旦，前任廨长关炯之、检察官西人惠勃与新任法院院长徐维震完成交接，中国政府正式接收上海公共租界公廨，改组临时法院。宣告公共租界的法权基本收复，收回司法主权运动取得初步胜利（张仁善40）。

除为收回上海公共租界会审公廨献力外，汤铁樵还为收回天津英租界付出努力。天津的英租界于咸丰十年（1860年）设立，经三次扩张，成为天津最大的外国租界，也是天津九国租界中设立最早、发展最迅速的租界。1927年，北洋政府拟收回天津英租界，委派汤铁樵与安国军司令部外交处会商接受天津英租界的法律事项（司法部 5）。虽然北洋政府终因时局变迁未能收回天津英租界，但汤氏付出的努力有目共睹，其受委会商之事被《法律评论》等重要法学期刊宣传报道，激励着更多法律人为收回司法主权而奋斗。

二、布衣情怀：开展民商事习惯调查

在欧风美雨的冲击下，晚清中国走的是一条从器物到制度再到文化的近代化之路。彼时，参酌各国法律，重整本国律例，以国际化法制改良传统法制，进行超文化立法，成为主流。质言之，移植外来法律，整顿本国制定法，是后发国家法制近代化的必由之路。难能可贵的是，一些国家在进行法律移植时，能够深入思考移植外域法律所带来的排斥反应，以及弥合固有法与继受法之间鸿沟的良方。清末民初的民商事习惯调查是法政先辈为妥适调配域外经验与本土资源而进行的努力。

1. 汤氏组织调查之缘起

在近代化进程中，西欧之德意志、东亚之日韩皆有于编纂法典前进行法制习惯调查的传统，此举是将传统习惯融入移植法典的奠基之举。我国在清末预备立宪时也开展了大规模的习惯调查，度支部、学部、商部、巡警部、民政部、理藩部、矿政局等均有进行社会调查。宪政编查馆与修订法律馆为编订民律草案，专门进行了民商事习惯调查。但随着清廷式微，当政者急于颁布民律，调查成果未能深度融入民律草案中。因此，彼时不乏对习惯调查的质疑之声，董康即言："各地习惯不同……闻法律馆调查报告已汗牛充栋，资料愈多愈难编辑，将来民法颁行，隔阂情形更可逆料。"（69）在革新法律时，究竟应模范列强，进行超前立法？抑或是对本国历史保有一种敬意和温情，在立法时承认并保留民间习惯？这成为法律继受进程中，当政者所必须回答的问题。回顾古今中外法律移植的史实不难发现，立法精英试图重塑个人、家庭与国家之间的关系。而民法作为万法之母、私法之重，自不免引发争议。与诸多有留洋背景的法学家不同，汤铁樵不仅具有追求先进法制的精英意识，还有尊重历史传统、保留民间习惯的布衣情怀。

1918 年，北洋政府司法部委任汤铁樵领导民商事习惯调查事务。调查民商事习惯，既是为编订民商法典做铺垫，也是为满足司法审判之需。民国伊始，久未颁行民法典，法院调处和审判疑难民商事纠纷缺乏制定法依据。以奉天高等审判厅为代表的一些地方法院，在司法实践中参酌当地民商事习惯进行裁判，取得了良好成效。经奉天省高等审判厅呈请，北洋司法部发布《仿办民商事习惯调查会通令》，命各省开展民商事习惯调查。汤铁樵受命总揽其事，成为此次调查的谋划者和负责人。汤铁樵深知，清末民初的中国虽在法律形式上追求近代化，但时局纷乱，诸多地区封闭贫瘠，司法组织并不健全，法学教育犹未普及，民众对法治之价值缺乏认同。若仅移植西方的制定法，或做同语异义的扭曲，必然会使新法徒具形骸、束之高阁。法律实质上是行为规范体系，是民众过日子的规则与逻辑。因此，必须在立法前衡平时代性与民族性，在近代的变局中洞察中国法文化不变的底色，这些底色蕴含在民商事习惯中。从这种意义上分析，汤铁樵所做的工作是在实践中重构域外法律与本土文明的关系。汤氏有记：

> 以吾国五方风习错综不齐，民商习惯又极复杂，若调查入手未有准绳，将来挂一漏万，举细遗大，甚至纠牵不析，则实效不可得而睹矣。覃思兼旬乃为之条析，事类厘定，项目制为程式颁行各省，并将奉厅章程略加修改，通令各省法院附设民商事习惯调查会，其会员除法院人员外，兼理司法县知事、承审员及其他法团人员皆许入会。（汤铁樵，《清册叙》1）

汤铁樵对民商习惯的复杂性有清晰的认知。乡土中国五里不同风，十里不同俗，各地习惯实未划一。若仿照清末宪政编查馆与修订法律馆的调查方式，派员赴各地调查，恐有诸多遗漏，且所得调查成果质量参差不齐。故汤氏主要考虑两个问题：其一，如何建章立规，厘定事类；其二，采取何种调查方式，如何组织人员。

2. 调查方式与成果

汤铁樵吸取了清末调查的教训，避免令出多头。他将调查组织附设于司法机关，将司法人员日常编录、会员实地调查、地方士绅协助调查等方式相结合，并调动工农商会、律师公会参与到调查工作中。具体而言，调查会附设于各省区高等审判厅及审判处，由北洋政府司法部审定各会章程，颁行各类表式。各省调查会由会长、会员、常任调查员、编纂、文牍和庶务等人员构成。会长由高等审判厅厅长兼任，会员则由当然人选和自愿人员组成。省内各级审判厅厅长、推事及兼理司法的各县知事、承审员作为当然人选。各级检察厅检察长、检察官及审检各厅书记官自愿加入的，也可成为会员。常任调查员为会长选派的专职人员。编纂员四人，皆由会长指定的高等审判厅庭长及地方厅厅长或庭长兼任，负责对会员及调查员的报告随时汇订，最终交由会长汇核。文牍及庶务的主任由会长指定的高等审判厅书记官兼任。较之清末调查局，民初的调查会显现出更为浓厚的专业色彩和官方背书。如此一来，既充分调动了现有资源，又保证了调查过程的效率和调查成果的质量。

史料显示，汤铁樵所负责民商事习惯调查取得了胜于清末调查的丰硕成果。汤氏盛赞："各省除边远外，络绎册报，堆案数尺，浩瀚大观。……积之累月，遂成兹册，名曰《各省区民商事习惯调查报告文件清册》。阅其所列项目，厘然各当，将来民商法典之胚胎在于是矣！"（汤铁樵，《清册叙》1）北洋政府司法部次长单豫升也评价道："语云'民之所好，好之；民之所恶，恶之'，斯录之作，敢谓举全国人民而尽知其所以好之恶之也，亦聊以立知所好恶之始基云尔。"（1）彼时的法政精英对民商事习惯调查报告青睐有加，认为其直观地反映了民众朴素的价值认知和规范意识，承载了使民商法典落地生根、适应国情的使命。20世纪30年代南京国民政府统治时期，为编纂民法典，立法院曾计划开展继清末民初之后的第三次全国性的民商事习惯调查，然阻力重重，不了了之。最终，仅由司法行政部将汤氏等人的调查成果编印刊行，即《民事习惯调查报告录》，但该报告录未包含商事习惯。较之北洋政府，30年代的南京政府更具实力，却无法推进习惯调查。究其缘由，恐与物力财力无关，而是政府高层缺乏如汤氏一般兼具精英意识与布衣情怀，深谙习惯法重要影响的法政人才。

三、思想轨迹：一生三变与晚年光景

汤铁樵的人生轨迹分为成长期（1878—1905年）、转型期（1906—1911年）、发展期（1912—1928年）和落幕期（1929—1937年）。汤氏最为突出之法政事功，莫过于戮力收回治外法权、总揽民商事习惯调查。除此之外，其在编辑《司法公报》、清室善后工作、保护故宫博物院、实业救国、禁烟等方面亦有贡献。作为一个复杂且立体的法政人物，汤氏的思想并非一成不变，而是一生三变。

1. 由礼法转向法政

处于成长期的汤铁樵是典型的晚清传统士子形象。汤氏友人在其五十寿辰的祝文中称："方其受书也，聪颖绝世，天悟过人。擅屈宋清才，具马班卓识。宋儒性道，早破藩篱；汉代经传，深窥堂奥。不沾沾于章句，岂汲汲于事功。课授高斋，秀濯渌江之浪；业修明校，雄腾岳麓之云。"（炼人 2）汤氏生于士绅家庭，少年时在醴陵渌江书院和长沙岳麓书院接受传统礼法教育，研习汉章句学、宋明理学。因其悟性极高，被誉为神童。值得注意的是，汤氏成长的时期是船山学复兴、湘学悄然转型的时代。在汤氏出生的十余年前，同样受业于岳麓书院的曾国藩、曾国荃兄弟攻克天京，剿灭太平军。湘军集团最为倚重的思想武器即王船山的民族主义思想。随着清廷衰微，维新派与革命派又通过改造船山的民族主义进行排满斗争。20世纪初，无产阶级革命派受马克思主义、梁启超学说启蒙，再次改造并超越了船山的民族主义思想，形成国家民族主义。汤铁樵在湖湘文化的重镇受业修习，受到船山学、民族主义的深刻影响。船山学在清末民初演化为典型的政治儒学，鼓舞着汤氏等湘人积极入世，改造国家。汤氏自称："樵本中邦世胄，楚国狂人也。生来屈子之乡，离骚惯习。家在贾公之国，忧愤横填。时局迫人，隐忧谁诉。……既承大命，敢竭微忱。"

（汤铁樵，《鸿迹帖》18）体现出强烈的爱国情怀、担当意识。

在转型时期，即汤氏留日期间，他更加深刻地认识到清廷的腐朽与礼法的缺陷，西式法政教育促使其由传统礼法思想转向近代法政思想。"礼法"与"法政"有着天壤之别。礼与法的相互渗透和结合构成了中华法系最本质的特征。传统中国，礼指导着法律的制定，礼典、礼文直接进入律法，定罪量刑"于礼以为出入"。而在近代转型时期，中华法系逐渐消亡，西法东渐带来以法领政、以法限政的法政理念深入人心。在此背景下，汤氏的思想从朴素的道德型法律观发展至系统的近代法治观念。发生这一转变的内生原因是汤氏基于日本法政教育所形成的法律信仰，外在动力即帮助国家收回治外法权的现实需求。尤可注意的是汤铁樵的法政观念在发展期经历了两个阶段。第一阶段是其1912年入职法曹至1917年赴奉天视察。此阶段正值民国草创，司法事务方兴未艾。因而汤氏主要关注国家制定法的创立、修改与废除，此亦为彼时法政精英的共同关注点。第二阶段自1918年汤氏总揽民商事习惯调查以降，其转而兼顾民间习惯法的收集、整理与利用，这是汤氏布衣情怀的重点体现。

2. 自法政转向实业

1928年，政权鼎革，北洋政府结束统治，东北易帜后，南京国民政府实现形式上的统一。北洋政府司法部总长、次长相继离京，由汤铁樵代理部务。他命令职员将经办事项了结清楚，妥为保管，以候国民政府派员接收，实现了平稳过渡。知命之年的汤氏自此进入落幕期，他远离政坛，转向实业救国、科技救国。1932年，汤铁樵受天津五三工厂董事会聘任，出任经理一职。五三工厂的诞生有着浓厚的时代烙印，其由天津抵制日货运动所征救国基金创办，经营纺织毛呢及印刷事业。但该工厂先天不足，资本薄弱。汤氏到任时，厂区形同荒野，设备七零八落，且与美商海京洋行、比利时电灯公司有商事纠纷尚未审结，成为悬案。汤氏深知五三工厂由反日会产生，与天津民众团体有密切关系，系社会所瞩目。若经营不当，极易产生风波。因此，他悉心筹划，事必躬亲，仅用五个月时间，便将厂区三十余间房屋整修一新，并铺设道路，进行绿化。同时，他还将工厂与外商的纠纷调处完毕。此外，汤氏发挥法律人的专长，为工厂建章立制，订定《组织章程》《事务课办事细则》《工务课办事细则草案》等规范，使工厂有序运营。五三工厂在汤氏的经营下达到鼎盛，其日产量达五百磅以上。然而好景不长，时逢乱世，工厂终因先天资本微薄，无力运营，汤氏遂辞去职务。汤氏在辞职书中称："现值国难方殷，抵制外货，借图补救，职所应为。今有真正制造国货之根本工业，自应同德同心，共图进展，否则从前苦心创办，历数年而成之□足者，窃恐一旦坏之而有余。"（汤铁樵，《五三工厂》2）民族工业在动荡的时局中左支右绌，汤氏亦进退维谷，实业救国的宏愿终究幻灭。

汤铁樵辞任后，返回北平，虽不问政事，仍热衷社会公益事业。1935年，汤氏被时任北平市市长袁良聘任为北平市禁烟委员会委员。委员会仅设委员七人，均为市长聘任的公正士绅，负责协助政府办理禁烟戒毒事项，并有督促考核之责（马模贞 1096）。此外，汤铁樵十分关注科学事业的发展，他早在1928年北平静生生物调查所（今中科院动物研究所和植物研究所前身）成立时，便受聘于调查所委员会。调查所是20世纪前半叶，中国著名的生物学研究机构之一，为中国现代生物学的发展奠定了基础。1937年，静生生物调查所委员会召开第十六次会议。会上，著名植物学家、静生所所长胡先骕先生谈到社会上有质疑静生所并未从事生产方面研究的声音，遂询问委员们是否要变更工作方针。汤铁樵斩钉截铁地答复道："诽语吾未之闻，即有非议之者，要为常识不足之人作不负责任之批评，吾人所闻者为所中工作努力，成绩甚佳。但凡作事，只求自己尽职，其不必过虑。"（胡宗刚 254）汤氏斩钉截铁的答复坚定了委员们的信念，也捍卫了调查所的方针。会议最终议决调查所的工作仍照原定方针进行。这段史料也是笔者检索到的有关汤氏的记载中时间最晚的一则。彼时汤氏已是年近花甲的老者，他随着战乱的时代逐渐淡出人们的视野，湮没于历史的烟波之中。

结　语

黄源盛将清末民国的立法史分为法典蜕变期（1902—1911年）、法典过渡期（1912—1928年）和法典整建期（1928—1949年）。将汤铁樵的法政人生带入这一理论便可发现，汤氏在湖湘沃土上成长、赴日留学中转型的阶段，恰是清末法制蜕变的时代。若言清末的时势造就了法政精英汤铁樵，那么留洋归来、入职法曹的汤氏也为民初法治近代化贡献了力量。他的精英意识体现于收回治外法权的斗争，布衣情怀又促使其开展民商事习惯调查。诸如此类的努力，促成其个人在法政领域的发展，也推动了民国初期法典的过渡。法典整建期亦是汤氏的落幕期，他因政权鼎革而远离政坛，但仍致力于实业救国、科技救国。纵览汤氏一生，亦是中国法治近代化的缩影，在内忧外患中艰辛探索，在西法东渐时寻求良方。百年间转瞬即逝，今人或应如邓正来所言："不能仅仅沉溺于缅怀或颂扬，而且还必须保有一种学术传承的担当并根据当下的时空认知进行反思和批判——亦即我所谓的对学术命运的'成就'"。（邓正来 6）

致谢【Acknowledgement】

本文为国家社科基金重大委托项目"中华法系与中华法律文化问题研究"（20@ZH038）阶段性成果。本文选题受南京大学法学院张仁善的启发，作者谨致谢忱。

This paper is a phased achievement of the major projects entrusted by the National Social Science Fund "Research on Chinese legal system and Chinese legal culture" (20@ZH038). The topic of this article was inspired by Professor Zhang Renshan of Law School, Nanjing University. The author expresses his sincere thanks to him.

引用文献【Words Cited】

邓正来：《序》，《百年中国法律人剪影》，陈夏红。北京：中国法制出版社，2006年。
[Deng Zhenglai. "Preface." *Silhouette of a Century of Chinese Legal Persons.* ed. Chen Xiahong. Beijing: China Legal Publishing House, 2006.]
董康：《前清法制概要》，《法学季刊》1924年第2期，第59—70页。
[Dong Kang. "Summary of the Legal System of the Qing Dynasty." *Law Quarterly* 2 (1924): 59–70.]
胡宗刚编：《胡先骕先生年谱长编》。南昌：江西教育出版社，2008年。
[Hu Zonggang, ed. *Mr. Hu Xianyu's Chronicle of the Year.* Nanchang: Jiangxi Education Publishing House, 2008.]
炼人：《芸郋参事五十嘏辞》，《交通丛报》1923年第91期，第2—3页。
[Lian Ren. "Consultant Tang Tieqiao's 50th Birthday Blessing Article." *Traffic News* 91 (1923): 2–3.]
马模贞主编：《中国禁毒史资料 1729—1949年》。天津：天津人民出版社，1998年。
[Ma Mozhen ed. *Chinese Anti-drug History Materials 1729–1949.* Tianjin: Tianjin People's Publishing House, 1998.]
单豫升：《民商事习惯调查录序》，《司法公报》1927年第242期，第1页。
[Shan Yusheng. "Preface to the Investigation of Civil and Commercial Customs." *Judicial Gazette* 242 (1927): 1.]

司法部：《法部委汤铁樵会商接收津英界》，《法律评论》1927年第44期，第5页。

[Ministry of Justice. "Tang Tieqiao, the Ministry of Justice, Negotiated to Take over the British Concession in Tianjin." *Law Review* 44 (1927): 5.]

汤铁樵：《参事汤铁樵呈报赴奉调查登记情形》，《司法公报》1917年第74期，第89—122页。

[Tang Tieqiao. "Consultant Tang Tieqiao Reported to the Fengtian Provincial Investigation Court for the Registration of Real Estate." *Judicial Gazette* 74 (1917): 89–122.]

——：《译〈东报〉载中国铁道各国经营表》，《东方杂志》1909年第10期，第37—39页。

[—. "Translated *Eastern Newspaper* Contains the List of Countries Operating China's Railways." *Eastern Magazine* 10 (1909): 37–39.]

——：《参事汤铁樵奉派往哈组织法院书记事宜报告书》，《司法公报》1923年第177期，第127—129页。

[—. "Report on the Judicial Affairs by Counselor Tang Tieqiao Dispatched to Harbin." *Judicial Gazette* 177 (1923): 127–129.]

——：《各省区民商事习惯调查报告文件清册叙》，《司法公报》1927年第232期，第1页。

[—. "Preface to 'The List of Documents of the Investigation Report on Civil and Commercial Customs in Various Provinces and Regions'." *Judicial Gazette* 232 (1927): 1.]

——：《鸿迹帖》，日本早稻田大学特别资料室贵重书库藏，编号01080–0005，第18页。

[—. *Guest Book,* in the collection of valuable books, Special Reference Room, Waseda University, Japan, No. 01080–0005: 18.]

——：《五三工厂过去状况暨开支报告》，《益世报》1932年12月27日：第2版。

[—. "Report on the Past Condition and Expenses of the Fifth Third Factory." *Yi Shi Newspaper*, 27 Dec. 1932: 2.]

——：《译日人中国宪政论》，《时报》1909年10月29日：第2版。

[—. "Translating Japanese to Discuss Chinese Constitutionalism." *The Times*, 29 Oct. 1909: 2.]

张仁善：《近代法学期刊：司法改革的"推手"》，《政法论坛》2012年第1期，第31—49页。

[Zhang Renshan. "Modern Jurisprudence Journal: The 'Pusher' of Judicial Reform." *Politics and Law Forum* 1 (2012): 31–49.]

博士论文征稿启事

　　近年来，世界各大学中越来越多的博士和硕士研究生选择传记研究为论题，写作博士和硕士论文。其中出现不少优秀之作，扩展了传记研究的范围，提高了传记研究的水平。对此类学位论文，《现代传记研究》十分欢迎并已选发多篇，请作者继续按"稿约"赐稿。

　　为了进一步繁荣学术、推介成果、交流信息，《现代传记研究》决定新设"博士论文"专栏，收集2001年以来已通过答辩的传记研究博士论文，经审核后发表，以飨读者。

　　有意赐稿者，请按本启事所附模式填写后发回。全部内容请不超过1 500字（中文）。《现代传记研究》信箱：sclw209@sina.com。

附：博士论文信息模式

博士论文标题（中文和英文）：

作者（中文和英文）：

内容提要（中文或英文，任选）：

关键词（中文和英文）：

授予学位的时间、学校及导师（中文和英文）：

Call for PhD Dissertation Extracts

An increasing number of life writing related MA theses and Ph.D. dissertations have been witnessed in recent years, many of which are excellent for they expand the the scope of life writing studies and promote the research. We welcome this trend and have published many of the dissertations and theses, while more are welcome in accordance with the "Call for Papers".

For the purpose of further promoting and introducing academic achievements and sharing information, we have decided to set up a new column called "Ph.D. Dissertations" which briefs on the dissertations on life writing studies having passed the defense since 2001. These dissertations will be published after passing our review.

Anyone who would like to submit the dissertation abstract please fill out the form herewith and return it to our email address: sclw209@sina.com. Please do not exceed 500 English words.

Appendix: the Form of Information about the doctoral dissertation
Title of the dissertation:
Name of the author:
Abstract:
Keywords:
Date, University and Supervisor:

稿　约

传记研究已进入当代人文社会科学研究的核心领域，为学术界日益重视。《现代传记研究》是中国第一个传记专业学术刊物，出版目的是拓展和丰富传记研究的内容，开展学术讨论，为国内外学者提供发表和交流的园地，吸引和培养本领域的学术新秀。

《现代传记研究》立足学术前沿，以国际化为目标，发表中文和英文稿件。倡导以现代眼光和方法研究中外传记的各种问题，设立［名家访谈］、［比较传记］、［理论研究］、［传记史研究］、［作品研究］、［自传评论］、［日记评论］、［人物研究］、［传记影视］、［书评］、［史料考订］、［传记家言］等近20种栏目，以长篇论文为主，也欢迎言之有物、立意创新的短文。《现代传记研究》尊重老学者，依靠中年学者，欢迎青年学者。

自2013年出版以来，《现代传记研究》得到了国内外学者的大力支持，上海交通大学也给予稳定的出版经费资助，在国内外学界的影响不断扩大。2017年，《现代传记研究》入选"中文社会科学引文索引"（CSSCI）来源集刊，也被一些国际著名大学列入"国际学术刊物"或将所发论文收入传记"年度学术论著目录"。

为了进一步提升质量和推进国际化，来稿请遵照以下要求。

1. 中文稿请勿超过10 000字，英文稿控制在5 000词左右。《现代传记研究》聘请国内外同行专家匿名审稿，在接到来稿3个月内，回复作者处理结果。《现代传记研究》只接受原创性稿件，谢绝已发表过的文稿（包括网络等其他形式发表过）。作者应严守学术道德，文责自负。

2. 学术论文类稿件须遵循以下文本格式和规范：中（英）文标题、作者姓名、内容提要（200字左右）、关键词（3—5个）、作者简介（包括学位和学衔、工作单位、研究方向、近期代表性成果1—2种、电子邮箱等，不超过150字），与以上相对应的英（中）译文。正文字体一律用宋体或Times New Roman（5号）、1.5倍行距（提要与作者简介同此），引文超过4行应独立成段（整体左缩进两字符、上下各空一行，中文用楷体）。文中内容如另需注解、释义或补充说明性等文字应以注释（Notes）形式置于文末，即手动插入连续带圈、上标的阿拉伯数字编号，文末相应给出内容。文献的引注请参照MLA格式，即采用文中括号夹注并文末列出相应引用文献（Works Cited）的方式。引用文献按作者姓氏首字母排序（无作者按文献名首字母），非西文文献须给出相应的英译信息。注释和引用文献字体为小5号。如作者在执行此格式中确实存在困难，请联系编辑部，编务人员将协助予以解决。论文如受到项目资助或他人和组织等具体帮助的，可在文末单列致谢（中英文）。

3.《现代传记研究》只接受电子word格式来稿，稿件请寄编辑部信箱：sclw209@sina.com，勿寄私人。

来稿出版后即付薄酬，并赠送样书2册。《现代传记研究》在上海交通大学传记中心设立编辑部，负责编辑、出版方面的具体工作。欢迎作者和读者就我们工作提出意见和建议。

Instructions to Contributors

Mission

Life writing studies have moved onto the central stage in the academia and gained ever more attention both in and outside China. As the first scholarly journal in the field of life writing in China, the biannual journal *Modern Life Writing Studies* intends to fill up the blank of life writing studies in China, provide a venue for scholars all over the world, attract and cultivate academic talents in the field.

Aiming to keep abreast of the cutting edge of life writing research, our journal seeks to, in modern views and perspectives, explore various topics of life writing in China and in the world, with almost 20 sections included, such as Interview, Comparative Biography, Theory Study, History of Life Writing, Text Study, Autobiography Study, Diary Study, Subject Study, Film Biography, Book Reviews, Life Writing Materials, From the Life Writer, etc.

Ever since its inception in 2013, our journal has been well-received by scholars at home and abroad and funded by a steady grant from Shanghai Jiao Tong University. It is exerting increasingly greater influence in academia with a due wide positive response. In 2017, our journal was included in CSSCI (Chinese Social Science Citation Index), and listed in the international academic journal or included in the annual annotated bibliography by world prestigious universities.

Our journal accepts both Chinese and English submissions. All articles will be subject to anonymous peer reviews.

Style

Submissions are welcome from both Chinese and international researchers. Simultaneous submissions are not accepted. English papers should be between 4,000 and 7,000 words of text in length (including notes), while English book reviews are about 2,500 words. Full-length articles are the main part of the journal, but short essays with originality and fresh ideas are also welcome.

Submission Guidelines

All written submissions should be formatted according to the eighth edition of *MLA Handbook for Writers of Research Papers*. All submissions should include a 100-word abstract , keywords (less than 5), a 70-word biographical statement, and works cited. Please adhere to the following requirements:

- Double spacing, Times New Roman, 12-point font
- One-inch margins
- Only Microsoft Word doc or docx files will be accepted
- Citations should be provided in parenthetical reference followed by "Works Cited".
- Endnotes are preferred if there are any.

Submissions should be emailed in Word format to the editor sclw209@sina.com. Each contributor will get two complimentary copies once his/her paper is published.

Our journal set up an editorial department at SJTU Center for Life Writing to be responsible for the specific work of editing and publishing. We welcome suggestions and proposals, from which we believe our journal will surely benefit.

编 后 记

杨正润

《现代传记研究》从本辑起改版，以新的面貌同读者诸君见面了。

回顾首次出版至今9年的历程，感慨、欣慰之余，想起了诗句："生命之树长青，郁郁葱葱。"传记，即生命写作，正是生命之树结出的果实和历史的留影。到了现代社会，重获生机，更加丰富多彩。

《现代传记研究》依托着传记强大的生命力诞生和成长。《现代传记研究》已经发表的三百多篇论文，如首次问世时所说，"对各种传记类型的问题，包括历史的、现实的和理论的问题，所进行的不同角度的研究和探讨"。改版以后，我们将继续奉行这一宗旨，"促进传记学术的繁荣，推动传记的发展"。

《现代传记研究》已设立的10多个栏目，新版将继续保留。"名家访谈"是《现代传记研究》的重点栏目之一。主要是对一批国际著名学者的专访，他们介绍自己的工作，或提出新的理论和观点，或回答读者感兴趣的问题，这些都有助于我们了解国际传记研究的当下发展。非常感谢扎卡里·里德尔（Zachary Leader）教授，他把同两位学者的谈话交给我们在本辑发表，这是法国索邦大学组织的一个关于欧洲各国传记研究现状调查项目的一部分，内容非常丰富。里德尔主编的《牛津传记史》从2018年起陆续分卷出版，至今年已出版了三卷。过去在英国文学史上只占很少篇幅的传记，居然出版了长达七卷的巨著，这同他对传记（life writing）的认知，都值得我们注意。在完成《牛津传记史》的同时，里德尔正在为"20世纪最好的一部传记"即艾尔曼的《乔伊斯传》写一部传记，为传记写传记，这是一个有趣的创新，我们也拭目以待。

　　《现代传记研究》第2辑（2014年）曾发文专门探讨"比较传记"的概念，此类论文愈来愈多，"比较传记"从一种文类发展为传记研究中普遍使用的方法，这同"比较文学"的发展相似。本辑的几篇论文，都扩大了"比较"的范围。

　　弟子回忆老师，是回忆录中常见的内容，梁庆标细读此类"师门回忆录"，发现一个问题"谁来教育老师"，他以开阔的眼界从中外名著中选材，考辨和比较弟子可以选择的两种价值取向："爱吾师"与"爱真理"，再进一步导入教育伦理学的思考。此文旁征博引、令人耳目一新。

　　《现代传记研究》曾发表过关于"城市传记"的论文，这类"传记"新作不断。本辑葛希建将叶兆言的《南京传》同阿克罗伊德的《伦敦传》进行比较，以"地方性精神"为中心，把"城市传记"的研究引入比较传记的领域，这可深化我们对"城市传记"的理解，也可启发对所谓"江河传记""企业传记"等非人物传记的思考。

　　杨炀探讨王鼎钧的回忆录对沈从文《从文自传》的继承与超越，属于传统的比较方法，但从生命体验、抒情传统和文史追求三个层面的分析，写出了新意。还有几位学者，承担了更加复杂的比较任务，把同一传主的不同作者、不同媒介，以至不同国家的作品进行比较：如石琪琪将罗斯金的自传、他传和影视进行比较，分析其中罗斯金形象所体现的不同"真实"，以及形成差异的原因；韩旭东则将有关萧红的两部电影和一部日本作家的作品进行比较，通过文本细读，发现其中萧红形象的不同，又进一步论证这些差异缘于3位作者的性别立场和文化心理所造成的不同视角。

　　本辑有几篇论文填补了学术空白。卢梭《忏悔录》在传记史上具有重要地位，产生了广泛的影响，夏益群和余敏把《忏悔录》的影响研究扩大到俄罗斯，以两位作家为例，结合文学语境和宗教传统，分析了这一接受过程的复杂性及其文化和社会意义；陈玲玲研究日本明治时代福泽谕吉的《福翁自传》，它记录了日本一个重要历史时期中的社会变革，展示了作者有别于传统的自我意识和独立精神，可谓日本第一部现代自传，这为日本传记研究提供了一个坐标。

传记史是传记研究的基石，七卷本的《牛津传记史》提醒我们：中国传记史的研究需要充实。迄今对中国报刊传记的研究还很少见，本辑刊载了两篇此类论文：赵美园考察从19世纪初开始的一个世纪里中文报刊所载的西方人物传记，胡燕则专题考察《万国公报》28年间所刊载的约100篇西方人物传记。这两文对中国传记史研究都有"补白"价值。

日记研究同样需要加强。曹天晓考察晚清官员宗源瀚的日记，他是这部日记的整理者，在文本细读中发现：日记中即时性书写与回溯性书写交织，自我文饰与借言标榜相辅，把隐秘的自我书写嵌入公共表达，以达到情绪纾解与自我疗愈目的，反映了近代日记文体功能的转型，这是一个值得重视的结论；《在华十三个月》是八国联军侵华战争期间，英军中印度士兵辛格的日记，张文钰通过辛格的战争叙事中所显示的矛盾心理与复杂情感，探索他的多重文化身份，也抓住了要害。

《现代传记研究》收到和发表的稿件中，自传和回忆录（这两者有时很难区分）研究占很大比例，理论和方法的创新也不断出现。

鹿佳妮采用"后记忆"理论，分析犹太幸存者后代所写的大屠杀回忆录，他们没有亲身经历，依靠档案和父辈的口述，采用图文混合的形式，"后记忆"理论说明了这类回忆录的合理性及其修复家族历史、传承犹太文化的价值；上海犹太难民自传已出版30多部，高晓倩从中选取3部，由点及面探析个体记忆中所包含的民族集体记忆，并由表及里地剖析其文化意蕴。回忆录数量越来越多，从同类作品中选取代表作研究，是可行的方法。

近半个世纪的自传类作品中，女性作者占据相当大的比例，并形成同男性自传不同的重点和风格。波伏娃的自传《安详辞世》，是她照料临终前母亲的记录，崔恩昊研究这位哲学家也是以女儿和女性主义者的身份对衰老和死亡问题进行思考，在老龄化问题日趋严重的今天，这一研究有其现实意义；赵文研究希拉里·曼特尔的《气绝》，这位以历史小说闻名的作家，在自传中所关心的问题却是自己的身体，由于疾病带来的身体失调使她转向精神世界，通过写作自我救赎，这一分析有助于全面认识这位小说家及其作品。

有时自传同小说很难区分，会引起争论。美国小说家苏珊·桑塔格的短篇小说常被认为具有自传特征，张俊峰对此提出质疑，他结合桑塔格的日记、访谈等与她的小说进行对比，并考察其写作意图，否定其小说的自传性。这一结论自然可以讨论，但这样的质疑有助于我们认识这位争议不断的作家。

人物研究是传记研究的基础，人物研究不仅需要发现和应用新的史料，更重要的是选择切入点和论证的目标与方向。本辑发表的4篇论文都注意到这个问题：陈瑞红研究19世纪英国批评家约翰·罗斯金，而从他同三位画家的关系入手，揭示他们之间的友谊在英国现代艺术发展中的意义；叶隽考察德国文学专家陈铨和冯至的交往与友谊，以他们编写德国文学史的志向为重点，从一个侧面展示了中国现代学术发展的崎岖道路；汤铁樵是对中国的法政事业作出过重要贡献的人物，陈仁鹏对这位被遗忘的先行者用"精英意识"与"布衣情怀"概括其一生事迹，突出其人格志向；魏梓秋对民国"标准女性"林鹏侠的研究，叙述她以飞行员和冒险家的身份积极进入公共空间参与社会事务的经历，说明在中国社会的转型期，这样一位突破传统的新女性出现的社会意义和文化意义。

这里我们感谢各位作者的赐稿，也希望学界和读者对《现代传记研究》继续鼎力支持，《现代传记研究》同仁将做出更大的努力，把她办得更好。

Editor's Note

Yang Zhengrun

This issue features the new edition of our journal.

Looking back upon the nine-year journey since the foundation of our journal, I am filled with memories and delight, recalling a poem that goes: The tree of life is evergreen and exuberant. It is life writing that the tree of life gives birth to and the history keeps its silhouette in, rejuvenating and prospering in the modern society.

Such a strong vitality is indispensable to the birth and development of our journal. After a review of over 300 papers published in our journal, you will find they are "research and explorations on all kinds of life writing issues (historical, practical and theoretical) from various perspectives" as declared on the inaugural issue. We will adhere to this principle after this edition revision and "facilitate the development of life writing and bring it to a new level of excellence."

The long-standing sections of our journal will be kept in the new edition, in which "Special Section: Interview" is the key one. The interview of world-renowned scholars, who brief on their work, propose new theories or perspectives, or answer questions of common interest, is conducive to a better understanding of the current development of life writing across the world. Our sincere gratitude is hereby extended to Professor Zachary Leader, who delivered his conversations with two scholars to us to publish in this issue. As a part of the survey initiated by Sorbonne University (France) in the status quo of life writing studies in European countries, this interview is very informative. *The Oxford History of Life-Writing* edited by Leader has been published in separate volumes since 2018 and the last volume will be launched this year. To the extent that life writing was merely slightly covered in the history of English literature in the past, this seven-volume publication and the editor's concepts of life writing both deserve our attention. After finishing this work, Leader is now writing a biography of the "best biography written in the 20th century", i.e. Richard Ellmann's *James Joyce.* The biography of a biography is an interesting innovation which we are looking forward to.

The concept of "comparative biography" has been discussed in our previous issue and, similar with "comparative literature", an increasing number of papers have been published on this topic. In the papers of this issue, the scope of "comparison" has been expanded.

A disciple's recollections of his/her teacher is common in the genre of memoir. After perusing disciple's memoirs, Liang Qingbiao identified the question of "who teaches masters". Widely selecting materials from masterpieces both at home and abroad, Liang examines and compares the two values orientations available to disciples, i.e. master orientation and truth orientation, and then elaborates on education ethics. This paper employs a new perspective and a great variety of materials.

Papers on urban biography have been previously published in our journal and scholars continue to discuss this topic. In this issue, Ge Xijian compares *Nanjing: The Biography* by Ye Zhaoyan and *London: The Biography* by Ackroyd by introducing the urban biography study into the field of comparative biography centered around "the spirit of place". In this way, the concept of city biography is better understood and the discussion of "river biography" and "enterprise biography" can be inspired.

Yang Yang's exploration of the inheritance and transcendence of Wang Dingjun's memoir writing from *The Autobiography of Congwen* by Shen Congwen falls into the category of conventional comparison, but the analysis on the three levels of life experience, lyrical tradition and pursuit of literature and history is innovative. Two other scholars conduct more complex comparison for they compare biography of the same subject by different biographers, in different media or in different countries. For instance, Shi Qiqi compares the autobiography, biography and film biography of Ruskin to analyze the different "truth" manifested in Ruskin's image and the reasons behind the difference. Han Xudong compares two film biographies of Xiao Hong and a Japanese biography to discover the difference of Xiao's image through close reading. He further identifies the difference in perspectives from the sex and cultural gender position and the cultural origin of parallax to account for the difference in Xiao's image.

Several papers of this issue fill academic gaps. Rousseau's *The Confessions* enjoys important status in history of life writing and exerts wide influence. Xia Yiqun and Yu Min expand the research on the influence of *Confession* to Russia. Taking the example of two writers, Xia and Yu, in combination with the literary context and the religious tradition, analyze the complexity of the reception process and the cultural and social significance. Chen Lingling discusses the Autobiography of Yukichi Fukuzawa by Fukuzawa of Meiji Period in Japan, a record of the social change in an important historical period in Japan demonstrating the autobiographer's unconventional self-awareness and spirit of independence. This work is, so to speak, the first modern autobiography in Japan and serves as a reference point for the research on Japanese life writing.

History of life writing is the cornerstone of life writing studies. The seven-volume *The Oxford History of Life-Writing* indicates that further efforts are needed on the research on the history of Chinese life writing. The research on biography published in Chinese press, however, is pretty rare. Two such papers are published in this issue, including Zhao Meiyuan's investigation in the Western biographies published in Chinese press since the early 19th century and Hu Yan's examination of some 100 translated Western biographies published in *The Globe Magazine* during 28 years. Both papers fill the gap in the research on history of Chinese life writing.

The diary study needs to be promoted as well. Cao Tianxiao compiles and explores the journal by Zong Yuanhan the late Qing official. In accordance with his discoveries through close reading, the "retrospective writing" and "instant writing" are interwoven and the self-disguise intermingles with the quoted eulogy, thus embedding the private self-writing into the public address to relieve emotions and heal the self, revealing the transformation of the stylistic function of the modern journal, a conclusion deserving our attention. *Thirteen Months in China* is a diary by an Indian solider serving with British troops during the invasion of the Eight-Power Allied Forces. Zhang Wenyu explores the diarist's multiple cultural identities from his ambivalent and complex emotions as revealed in the war narratives.

A large proportion of the papers we have received and published are the research on autobiography or memoir (difficult to distinguish though) and new theories and methods emerge too.

Lu Jiani employs the perspective of "post-memory" to analyze the holocaust memoirs by Jewish survivors after WWII, who depend on archives and their parents' oral history and use the intertextuality of word and image to write memoirs for want of their personal experience. The "post-memory" theory justifies this type of memoir and indicates the value in restoring broken family histories and preserving Jewish cultural heritage. Gao Xiaoqian selects three ones from over 30 autobiographies of Jewish refugees in Shanghai in WWII published to date to analyze the national collective memories in the individual memories and discuss the cultural connotation. To the extent that the number of memoirs is on the rise, it is feasible to select typical ones for research.

In the recent half century, female autobiographers account for a large share and develop focus and style different from those of male autobiographers. Simone de Beauvoir's autobiographical work *Une mort très douce* recounts her experience of caring for her mother, while Cui's research on this philosopher focuses on the autobiographer's identities of daughter and feminist and the meditation on aging and death too. In the context of the increasingly serious issue of aging population, the research is realistic. Zhao Wen conducts a research on *Giving Up the Ghost* by Hilary Mantel, who is famous for historical novels but focuses on her body in the autobiography. She turns to the spiritual world due to the physical disorder caused by disease and attempts at self-salvation by writing. Zhao's analysis enables us to achieve a comprehensive understanding of the novelist and her work.

It is difficult to distinguish autobiography from novel in some cases and disputes may arise. U.S. novelist Susan Sontag's short stories are usually considered autobiographical, but Zhang Junfeng poses his challenge for he compares the autobiographer's journal and interview with her stories and examines her writing intentions to deny them as autobiographical. This conclusion, of course, is open to discussion, but such a challenge enables us to better understand this disputable writer.

Subject study functions as the cornerstone of life-writing studies, requiring not merely the discovery and application of new historical materials, but more importantly the perspective and the objective and orientation of the argument, which are given duly consideration in all the four papers in this section. In Chen Ruihong's research on British critic John Ruskin of the 19th century, she starts from the subject's relations with three artists to reveal the significance of their friendship in the development of modern British art. Ye Jun examines the interactions and friendship between Chen Quan and Fen Zhi, two experts on German literature with the priority on their aspiration for writing a history of German literature. This paper reveals in part the toughness in the contemporary Chinese academic development. Tang Tieqiao has made essential contributions to China's law and politics. Chen Renpeng uses the "elite consciousness" and the "down-to-earth character" to define this forgotten forerunner and highlight his personality and aspirations. In Wei Ziqiu's research on Lin Pengxia, one of the "standard women" in Republican China, the subject's active participation in social affairs in the public space as a pilot and an adventurer is recounted to indicate the social and cultural significance of such a new female breaking free from convention in the transformation of Chinese society.

Finally, we want to express our heart-felt gratitude to our contributors, and wish for the continual support from the academic community and our readership to our journal. We will make every effort to present a better journal.